| 光明社科文库 |

# 中国装备制造业利用外资的
# 产业安全评价研究

郑先勇◎著

光明日报出版社

图书在版编目（CIP）数据

中国装备制造业利用外资的产业安全评价研究 / 郑先勇著 . —— 北京：光明日报出版社，2019.8

ISBN 978-7-5194-5491-3

Ⅰ . ①中… Ⅱ . ①郑… Ⅲ . ①制造工业—外资利用—产业发展—安全评价—研究—中国 Ⅳ . ① F426.4 ② F832.6

中国版本图书馆 CIP 数据核字（2019）第 186725 号

中国装备制造业利用外资的产业安全评价研究
ZHONGGUO ZHUANGBEI ZHIZAOYE LIYONG WAIZI DE CHANYE ANQUAN PINGJIA YANJIU

著　　者：郑先勇

责任编辑：曹美娜　黄　莺　　　　　责任校对：赵鸣鸣
封面设计：中联学林　　　　　　　　责任印制：曹　净

出版发行：光明日报出版社
地　　址：北京市西城区永安路 106 号，100050
电　　话：010-63131930( 邮购 )
传　　真：010-63169890
网　　址：http://book.gmw.cn
E - mail：caomeina@gmw.cn
法律顾问：北京德恒律师事务所龚柳方律师

印　　刷：三河市华东印刷有限公司
装　　订：三河市华东印刷有限公司
本书如有破损、缺页、装订错误，请与本社联系调换，电话：010-67019571

开　　本：170mm×240mm
字　　数：253 千字　　　　　　　　印　　张：16
版　　次：2019 年 8 月第 1 版　　　　印　　次：2019 年 8 月第 1 次印刷
书　　号：ISBN 978-7-5194-5491-3

定　　价：85.00 元

# 前　言

　　随着经济全球化进程的加快，国际资本的流动日渐活跃，利用外资逐渐成为一国促进国民经济发展的重要手段。各国积极吸引外资的主要动力是经济社会和工业发展等目标的需要，外资对东道国尤其是发展中国家的经济发展和工业进程具有不可忽视的积极作用，主要表现在弥补技术和资金缺口、促进对外贸易、改善国家收支、提高就业水平和培养人力资本等方面。但不可否认的是，当东道国的利用外资政策低效、经济基础薄弱或市场体制不健全时，外资也会对东道国的经济发展产生负面影响。尤其是外资可以利用其在资金、技术、营销和管理等方面的优势，采取行业控制、市场垄断、技术控制和股权控制等手段控制或排挤内资产业，对东道国的产业安全产生实质危害或威胁。因此，产业安全成为各国在利用外资过程中不可忽视的重要问题。

　　作为国民经济的基础并为其他行业提供技术装备的核心类制造业常被称为装备制造业。其特殊的地位和作用使之成为国民经济发展中应该重点保护的战略性产业，装备制造业的产业安全保护也成为中国利用外资时的重点问题。结合中国是最大的发展中国家的国情，研究外资对装备制造业及其子行业产业安全的实际动态影响及利用政策的调整问题，有利于深化发展经济学理论中关于发展中大国开放经济发展中面临问题的对策研究。

　　虽然国内外研究者和政府政策研究部门对产业安全问题的研究比较重视，但是目前仍存在着产业安全评价指标体系不全面、指标权重赋值的方法过多、样本数据不严谨等问题，导致研究的结果可信度较低，且目前还很少有研究者对中国装备制造业及其子行业利用外资的产业安全问题进行全面和动态的研究。在产业安全的形成机理研究方面，多数研究限于国际贸易和外商投资领域，很少从制度视角研究东道国利用外资政策效率对其产业安全的影响。本书在借鉴已有研究成果的基础上，依据外资对产业安全的影响机理，结合中国装备制造业利用外资情况，对中国装备制造业及其子行业相关产业安全状态变化进行实证分析，并对中国现有的装备制造业利用外资鼓励政策和限制政策进行评价，进而探讨利用外资条件下维护中国装备制造业产业安全的对策。

本书由重庆交通大学经济与管理学院郑先勇副教授、博士撰写，全书坚持理论—实证—对策分析这一思路，着重于实证分析和实践对策的研究，主要研究内容包括以下七点。

其一，利用外资条件下维护产业安全的理论基础。首先，分析了维护产业安全的理论渊源，从产业安全与经济安全重要性，开放经济条件下一国产业安全问题存在的现实性，国际投资理论、国际贸易理论和发展经济学理论中维护产业安全的思想等方面寻找利用外资中维护产业安全的理论依据。其次，分析了外资影响东道国产业安全的机理，利用动态非合作博弈模型分析了跨国公司行为与东道国引资目标对产业安全的影响。最后，结合政府规制理论分析了利用外资中的东道国政府规制的必要性及方法。

其二，中国装备制造业利用外资概况的分析。从利用外资对中国装备制造业发展的积极作用及相关问题方面进行正反面辩证分析。

其三，利用外资条件下装备制造业的产业安全评价模型构建，结合产业安全的影响因素构建相关评价指标体系和模型。

其四，中国装备制造业及其子行业利用外资的产业安全评价。利用模型估算1997—2017年中国装备制造业及其七大子行业的产业安全状况变化路径及利用外资相关数据与中国装备制造业产业安全度变化之间的关系分析。

其五，产业安全视角的中国装备制造业利用外资政策的回顾与评价。首先，分析了东道国利用外资政策相关理论，其中包括东道国利用外资政策的目标、类型及手段，世界各国利用外资政策的总体变化趋势和中国利用外资政策的变迁。其次，回顾了市场准入、市场经营和市场退出方面的中国装备制造业相关的外资鼓励政策和外资限制政策。最后，从产业安全的视角对中国的现有外资鼓励和限制政策分别进行实证分析和评价。利用内外资行业增值税实际税率差等代表性指标作为外资鼓励和限制政策的中间变量，来测度外资政策的变化。

其六，利用外资条件下维护装备制造业产业安全的国际实践比较。首先分别分析了代表性的发达国家和发展中国家维护装备制造业产业安全的不同政策。其次分析了 TRIMs 、MAI 等多边协议对成员国的规范及其对东道国利用外资中维护装备制造业产业安全政策的影响。最后分析了国际经验对中国装备制造业利用外资政策的启示。

其七，利用外资条件下维护中国装备制造业产业安全的对策研究。依据前文理论分析和实证分析的结果，提出了各方面的对策，包括优化中国装备制造业利用外资的政策体系，提升中国装备制造业的产业发展环境、产业创新力和竞争力，建立中国装备制造业利用外资的产业安全监测与预警机制等。

本专著的出版受重庆交通大学经济与管理学院专项科研经费资助，本专著的选题属于应用经济学学科。

# 目　录
## CONTENTS

第一章　绪论…………………………………………………………… 1

　第一节　研究背景与研究意义……………………………………… 1

　第二节　相关概念的界定…………………………………………… 5

　第三节　文献综述………………………………………………… 10

　第四节　研究思路与研究方法…………………………………… 29

　第五节　主要研究内容…………………………………………… 32

　第六节　研究的重难点及创新点………………………………… 34

第二章　利用外资条件下维护产业安全的理论基础……………… 36

　第一节　维护产业安全的理论渊源……………………………… 36

　第二节　外资影响东道国产业安全的机理分析………………… 44

　第三节　跨国公司行为与东道国产业安全……………………… 50

　第四节　政府宏观调控与政府规制的必要性…………………… 56

第三章　中国装备制造业利用外资的概况分析…………………… 64

　第一节　利用外资对中国装备制造业发展的积极作用分析…… 64

　第二节　中国装备制造业利用外资中的问题分析……………… 75

第四章　利用外资条件下装备制造业的产业安全评价模型构建⋯⋯⋯ 79

　　第一节　产业安全评价指标体系的选取原则⋯⋯⋯⋯⋯⋯⋯⋯⋯ 79

　　第二节　外资条件下装备制造业产业安全评价指标体系的选取⋯⋯ 80

　　第三节　指标的安全状态与预警界限的设置⋯⋯⋯⋯⋯⋯⋯⋯⋯ 86

　　第四节　各指标值到评价值的映射⋯⋯⋯⋯⋯⋯⋯⋯⋯⋯⋯⋯⋯ 91

　　第五节　产业安全评价值的综合⋯⋯⋯⋯⋯⋯⋯⋯⋯⋯⋯⋯⋯⋯ 92


第五章　中国装备制造业利用外资的产业安全评价⋯⋯⋯⋯⋯⋯⋯⋯ 94

　　第一节　外资条件下中国装备制造业及其子行业的产业安全度估算

　　　　　　（1997—2017）⋯⋯⋯⋯⋯⋯⋯⋯⋯⋯⋯⋯⋯⋯⋯⋯⋯ 94

　　第二节　利用外资影响中国装备制造业产业安全度的实证检验⋯ 118


第六章　产业安全视角的中国装备制造业利用外资政策的回顾与评价 127

　　第一节　利用外资政策的概述⋯⋯⋯⋯⋯⋯⋯⋯⋯⋯⋯⋯⋯⋯ 127

　　第二节　市场准入与开业方面的中国装备制造业利用外资政策回顾 133

　　第三节　市场经营方面的中国装备制造业利用外资政策回顾⋯⋯ 140

　　第四节　市场退出方面的中国装备制造业利用外资政策回顾 ⋯ 147

　　第五节　产业安全视角的中国装备制造业利用外资政策评价⋯⋯ 150


第七章　外资条件下维护装备制造业产业安全的国际实践比较⋯⋯⋯ 170

　　第一节　发达国家利用外资中维护装备制造业产业安全的实践比较 170

　　第二节　发展中国家利用外资中维护装备制造业产业安全的实践比较 180

　　第三节　多边投资协议对成员国维护装备制造业产业安全的相关规定 185

　　第四节　利用外资中维护产业安全国际实践的启示⋯⋯⋯⋯⋯⋯ 191

第八章　利用外资条件下维护中国装备制造业产业安全的对策研究… 195

　　第一节　从产业安全视角不断优化中国装备制造业利用外资的
　　　　　　政策体系 ………………………………………………… 195

　　第二节　不断改进中国装备制造业的产业发展环境…………… 202

　　第三节　提升中国装备制造业的自主创新力和竞争力………… 204

　　第四节　建立中国装备制造业利用外资的产业安全监测与预警机制 207

第九章　研究总结与研究展望 ………………………………………… 208

　　第一节　研究总结 …………………………………………………… 208

　　第二节　研究展望 …………………………………………………… 209

参考文献 ………………………………………………………………… 211

附录数据 ………………………………………………………………… 238

# 第一章  绪论

## 第一节  研究背景与研究意义

### 一、研究背景

（一）国际背景

随着经济全球化进程的加快，国际资本的流动日渐活跃，利用外资逐渐成为一国促进国民经济发展的重要手段。在利用外资的各种方式中，外商直接投资（FDI）因为其区别于外商间接投资（FII）的优点，从20世纪70年代中期起，日益成为最主要的国际投资方式。据联合国贸易与发展会议（UNCTAD）的历年世界投资报告的分析数据，全球外商直接投资流量体现一种在波动中逐渐上升的趋势，其中2000—2003、2008—2009、2013—2014、2016—2017等年份有明显的减少。随着全球贸易紧张局势的升级和全球国际投资的收益率大幅下降，2018年全球直接投资的增长依然乏力，全球各类经济体中只有发展中经济体的外国直接投资量保持稳定，其他经济体的情况不乐观。受全球直接投资变化趋势的影响，全球各国之间吸引外资的竞争日趋激烈，许多国家尤其是发展中国家积极进行制度创新，采取各种鼓励政策和便利化的投资措施，努力引进更多、更高质量的外资。

各国积极吸引外资的主要动力是经济社会发展和工业发展等目标的需要，因为外资对东道国尤其是发展中国家的经济发展和工业进程产生了一定的不可忽视的积极作用，主要表现在弥补技术和资金缺口、促进对外贸易、改善国家收支、提高就业水平和培养人力资本等方面。但不可否认的是，当东道国的利用外资政策低效、经济基础薄弱或市场体制不健全时，外资也会对东道国的经济发展产生负面影响。尤其是外资可以凭借其在资金、技术、营销和管理等方面的优势，采取行业控制、市场垄断、技术控制和股权控制等手段控制或排挤内资产业，对东道国的产业安全产生实质危害或威胁。因此，产业安全成为各国在利用外资过程中不可忽视的重要问题。

作为国民经济的基础并为其他行业提供技术装备的核心类制造业常被称为装备制造业，其特殊的地位和作用使之成为国民经济发展中应该重点保护的战略性产业，装备制造业的产业安全保护也成为利用外资中的重点问题。欧美等发达国家的实际做法也证明了国际上对外资利用中产业安全问题尤其是装备制造业产业安全问题的重视程度。如美国虽然是世界上外资流入较多的大国，但以维护国家安全（实质是产业安全问题）为由干预了多起外资并购活动。其中比较典型的案例有：1987年阻止了日本富士通公司对美国仙童半导体公司的收购，1990阻止了中国航空技术进出口公司对美国西雅图飞机零件制造商马姆科公司的收购，2005年阻止了中国联想集团收购IBM的北卡罗来纳三角区实验室，2008年阻止了中国华为公司收购美国3Leaf公司的技术资产，2012年阻止了中国三一重工的关联公司拉尔斯控股公司对美国俄勒冈州四个风电场的收购，2016年否决了中国福建宏芯投资基金收购德国半导体制造商爱思强在美国的业务等。欧盟同样也有完善的法制和专门的机构审查外商的投资行为，如德国利用"战略企业清单"限制外资对大众汽车的并购，防范了外资可能引起的产业安全问题。因此，中国作为利用外资最多的发展中大国，应该借鉴欧美发达国家的经验，在加大利用外资力度的同时，重视对外资引起的产业安全问题或潜在安全隐患的规制。

（二）国内背景

自改革开放以来，为了积极参与国际生产大分工、高效地融入全球化经济一体化的进程中，中国积极通过经济管理体制改革和出台鼓励外商投资的政策法规，不断地扩大利用外商投资的规模。中国不仅成为利用外商直接投资的最大发展中国家，而且一直属于利用外商直接投资较多的世界十大经济体之一。

2017年中国吸引外商直接投资1360亿美元，仍然为仅次于美国（2750亿美元）的世界第二位、发展中国家第一位的外商直接投资流入国。在中国利用外资的三大产业分布中，工业成为利用外资比例最大的产业，而工业中装备制造业利用外资的比例最大，表现为通信设备计算机及电子设备制造业、交通运输设备制造业和电气及器材设备制造业利用外资的增长较快、占比较大。

毋庸置疑，在鼓励为主的利用外资政策的促进下，大量的外商直接投资在引进资金、技术、先进管理经验，促进就业，促进市场经济体制改革等方面，对中国经济与社会发展做出了积极的贡献，尤其是促进了中国装备制造业的规模和产值的增长，国际竞争力不断提升。但是也不能忽视外资利用的相关问题。其一，外资的投入方向偏差加剧了产业结构与地区失衡问题。在外商投资的产业结构方面，当前中国的外资主要偏向于劳动密集型产业和初级加工产业，而较少投资于中国需要大力发展的基础建设产业、高技术产业、服务业和新兴产业，偏离了中国的产业发展政策，加剧了产业结构的低度化和同构化问题。同时在外商投资的地区结构方面，外资主要集中于中国的东部沿海地区，而较少投入中部和西部边远地区，导致中国的区域经济发展不平衡。另外，由于各区域内部分地方政府将引资数量作为考核政绩的重要指标，各地方政府竞相出台一些比中央政府更优惠的外资鼓励政策，导致了各地在引资方面的恶性竞争，加剧了外资布局的不合理现象。其二，外资的技术溢出作用不明显问题。技术溢出应该是利用外资的经济效应之一，东道国希望通过技术溢出效应带动国内技术的进步，然而在中国的引资过程中，以"市场换技术"的战略作用不明显，有时并不能够为企业换来技术。恰恰相反，该战略让部分企业形成了对外资技术的过度依赖，这也是中国产业安全问题的表现之一。其三，中国经济对外资资本的依存度过高问题。中国的产业资本对外依存度大大高于其他亚洲国家，反过来也会加大外资对国内产业的股权控制度，影响产业发展的自主性。其四，外资对中国装备制造业的消极影响也非常明显。如受外资装备制造业的技术封锁和市场控制，中国装备制造业的核心技术对外依赖严重，配套生产能力弱，国际产业价值链地位一直比较低，存在产业安全发展问题。因此，在不断加大外资利用的进程中，除了要正面肯定外资对经济发展的积极效应，还必须合理地规范由外资引起的产业安全问题。很多国家在利用外资时有一定的限制，在外资准入之前、准入后的经营管理及外资退出方面都有完善的法律规范和管理体系对外资进行规制，而中国长期实行的是以鼓励为主的利用外资政策，对外资的规制措施还不够完善和合理，使得基于产业安全视角的政策调整也非常有必要。

综上所述，在利用外资相关的产业安全问题中，利用外资对中国装备制造业整体及其细分行业的产业安全影响如何、现有外资导向政策在维护产业安全方面的效果如何、提高中国装备制造业利用外资总体效益的对策有哪些，对这一系列问题的研究尤为重要，也成为本书的研究起源和研究重点。

## 二、研究意义

### （一）理论意义

从一定程度上来说，发展中国家利用外资的过程中如果政策设置不当，就难免被外资利用。外资的大量进入对中国经济的发展做出了很多重要贡献，但是同时也对中国的经济和社会的发展构成了一些潜在的威胁。此外，随着中国逐步兑现加入 WTO 的承诺，中国的开放程度逐渐提高，中国的装备制造业和宏观经济面临外资的冲击更加强烈。基于这点考虑，选定《中国装备制造业利用外资的产业安全评价研究》作为研究题目，力图结合国际投资学、国际贸易学、产业经济学、制度经济学、计量经济学、政府规制理论和博弈论等学科相关知识，在区别于传统的主要强调经济效益目标的利用外资评价方法基础上，探索从产业安全相关的社会目标、政治目标和民族目标角度评价利用外资的正负面影响和评价中国外资政策的效率，进一步探讨国外利用外资过程中维护装备制造业产业安全的实践经验及中国装备制造业利用外资政策的调整等问题，以上研究可以充实国际投资的评价体系和对策体系。侧重于研究发展中国家尤其是像中国这样的发展中大国装备制造业利用外资中的产业安全评价及其政策调整研究，有利于深化发展经济学理论中关于发展中大国开放经济发展现实中面临问题的对策研究。

### （二）现实意义

以产业竞争力、产业自主创新力、产业对外依存度、产业受外资控制度等多元指标体系实证分析外资对中国装备制造业及其七大子行业产业安全的影响。以 WTO 的 TRIMs 等多边投资规则和产业安全理论为基础，比较分析美国、德国、日本等发达国家和巴西、印度、墨西哥等发展中国家的利用外资政策，借鉴国际实践中维护产业安全的实际经验和教训，同时比较分析中国装备制造业利用外资政策的变革和构成体系、评价现有外资政策的质量，并结合当前国际投资发展的新趋势，对"入世"之后中国外资政策的调整问题进行系统而深入的研究，有利于在新的国际、国内环境下，为中国更加积极有效地引进外资，充分发挥外资对中国经济发展的正面效应、限制其负面效应提供相关政策建议与借鉴，可以为相关外资管理和政策研究部门的政策制定提供决策参考。因此，本选题也具有较为重要的现实意义。

## 第二节 相关概念的界定

本书的研究涉及部分专有名词和概念，需要对其内涵和外延进行界定，分别表述如下。

### 一、装备制造业

"装备制造业"这个概念正式出现于1998年中国中央经济工作会议的相关文件，属于中国率先提出的概念，国际组织和其他国家目前还较少使用该概念。国内对装备制造业的内涵也没有形成统一的界定。根据国家发展计划委员会发布的《中国装备制造业发展研究报告》及国内多个学者的观点，可以界定装备制造业的内涵是为国民经济的再生产和国家安全的保障提供技术装备的工业部门总称。装备制造业不同于最终消费品制造业，可以通俗地称为"生产机器的机器制造业"。

装备制造业的外延包括机械、电子和军事工业中的投资类制成品，可以细分出金属制品制造业、通用装备制造业、专用设备制造业、交通运输设备制造业、电气机械及器材制造业、通信设备计算机及其他电子设备制造业、仪器及办公机械设备制造业和军事装备制造业等八个大类的子行业（见表1-1）。由于军事装备制造业的国有垄断性和数据保密性，本书只研究除了军事装备制造业以外的其他七类装备制造业的利用外资问题。这七类装备制造业又可以分出许多小类的制造业，如交通运输设备制造业可以分出铁路运输设备制造、汽车制造、摩托车制造、船舶及浮动装置制造、航空航天器制造、交通器材及其他交通运输设备制造等类别。

### 表1-1　装备制造业的分类

| 子行业大类 | 具体小类 |
|---|---|
| 一、金属制品业 | 结构性金属制品制造；金属工具制造；集装箱及金属包装容器制造；安全用金属制品制造；金属丝绳及其制造的制造等 |
| 二、通用设备制造业 | 锅炉及原动机制造；金属加工机械制造；起重运输设备制造；泵、阀门、压缩机及类似机械的制造；轴承、齿轮、传动和驱动部件的制造；烘炉、熔炉及电炉制造；风机、衡器、包装设备等通用设备制造；通用零部件制造；金属铸、锻加工等 |
| 三、专用设备制造业 | 矿山、冶金、建筑专用设备制造；化工、木材、非金属加工专用设备制造；食品、饮料、烟草及饲料生产专用设备制造；印刷、制药、日化生产专用设备制造；纺织、服装和皮革工业专用设备制造；电子和电工机械专用设备制造；农、林、牧、渔专用机械制造；医疗仪器设备及器械制造；环保、社会公共安全及其他专用设备制造等 |
| 四、交通运输设备制造业 | 铁路运输设备制造；汽车及电车制造；摩托车制造；船舶及浮动装置制造；航空航天器制造；交通器材及其他交通运输设备制造等 |
| 五、电气机械及器材制造业 | 电机制造；输配电及控制设备制造；电线、电缆、光缆及电工器材制造；电池制造；照明器具制造；其他电气机械及器材制造等 |
| 六、通信设备、计算机及其他电子设备制造业 | 通信设备制造；雷达及配套设备制造；广播电视设备制造；电子计算机制造；电子器件制造；电子元件制造；其他电子设备制造等 |
| 七、仪器仪表及文化、办公用机械制造业 | 通用仪器仪表制造；专用仪器仪表制造；光学仪器制造；文化、办公用机械制造；其他仪器仪表的制造等 |
| 八、军事装备制造业 | 略 |

资料来源：据国家统计局国民经济行业分类相关资料编制。

### 二、产业安全及其影响因素

一般来说，产业安全是指在开放经济的条件下，在利用外资和参与进出口贸易的过程中，一国的基础产业和主导产业能够在国际竞争中保持较高的自主创新力、竞争力和自主发展权，进而能较好地应对外来竞争或危害的能力或状态，其实质是一国的基础产业和主导产业能否在开放的环境中保持生存和持续发展的能力，一个国家能否掌握本国经济发展的主导权。

产业安全的范围依据其主体可以分成宏观产业安全、中观产业安全及微观产业安全。其中，宏观产业安全又可称为国家产业安全，是指一国大多数产业或关系国计民生的主导产业的整体安全状态；中观产业安全是指单一具体产业或某一产业集群在国际竞争中的安全状态；微观产业安全是指本国的内资企业具有一定的发展规模，能保持可持续的发展，并能在开放经济的市场竞争中保持和创造一定的优势。本书讨论的产业安全主要是指宏观产业安全和中观产业安全，主要关注在政府有效规制政策条件下，国家产业和主要产业体系在国际竞争中实现安全发展的能力，并不一味地要求一国的所有产业都安全。

产业安全的主要影响因素一般分为产业发展环境、产业竞争力、产业对外依存度、产业控制度等产业内外部的因素，大致可以归纳为表1-2，又可以分为：（1）产业自身发展相关的内部影响因素，包括产业竞争力，产业创新力和产业协调力。产业竞争力包括产业国内市场占有率、产业贸易竞争优势、显示性比较优势指数、产业集中度等。其中产业贸易竞争优势是指某产业的净出口值与其进出口额总和的比值。产业集中度是指产业的排名靠前几家大企业销售额占本产业总销售额的百分比。产业创新力包括产业研发投入强度、产业有效发明专利数增长率和新产品增长率等，其中产业研发投入强度是指研发投入经费占产值或主营收入的比值。产业协调力包括产业集中度、产业区域集聚度、产业链支持度、产业结构的优化水平等。（2）产业发展相关的外部影响因素，包括产业发展环境、产业对外依存度和产业受外资控制度等。产业发展环境包括产业发展速度、产业市场需求增长率、资本效率和劳动力素质等。产业对外依存度包括产业进口依存度、产业资本对外依存度、产业技术对外依存度等。产业受外资控制度包括外资的股权控制率、外资的市场控制率、外资品牌占有率、外资的技术控制和外资来源国别或地区集中度等。以上因素有可能部分存在，也可能互相影响。

**表1-2　产业安全的主要影响因素**

| 主要产业安全类别 | 主要影响因素 |
|---|---|
| 产业竞争力方面 | 产业国内市场占有率、产业国际市场占有率、产业贸易竞争优势、显示性比较优势指数、产业集中度等 |
| 产业创新力方面 | 产业研发投入强度、产业 R&D 费用、产业有效发明专利数增长率、新产品增长率、产业新产品市场占有率、产业有效发明专利数增长率等 |
| 产业协调力方面 | 产业集中度、产业区域集聚度、产业链支持度、产业结构的优化水平等 |
| 产业发展环境方面 | 产业发展速度、产业市场需求增长率、产业资本成本、资本效率、劳动力素质、专业技术人员的比重、产业政策的效率、市场的完善程度、政府的行政效率等 |
| 产业对外依存度方面 | 产业出口依存度、产业进口依存度、产业资本对外依存度、产业技术对外依存度等 |
| 产业受外资控制度方面 | 外资的股权控制率、外资的市场控制率、外资品牌占有率、外资的技术控制、外资来源国别或地区集中度等 |

资料来源：据相关研究文献总结。

## 三、外资及其利用方式

一般来说，外资是指东道国利用的境外资本，这是资本从一个国家或地区向另一个国家或地区不断流动的结果，主要包括外商直接投资与外商间接投资两大类别。

外商直接投资的概念可以参考1998年《世界投资报告》的表述，一般是指一国的投资者与他国（或地区）的企业建立长期的合作关系，并为了持久利益对其控制的投资。中国商务部对外商直接投资的外延界定是两种情形的投资：一是外国投资者在非上市公司中进行的全部投资，二是单个外国投资者在上市公司中股权比超过10%的投资。外商直接投资的分类有：（1）根据企业的经营方式，外商直接投资可以分为中外合作经营、中外合资经营、外商独资经营和合作开发（BOT）投资方式等类别；（2）根据外资的进入手段，外商直接投资可以分为新设投资、外资并购、利润再投资等类别。其中，新设投资又称为"绿地投资（Greenfield Investment）"，即外商投资者直接在另一个国家创办分公司、独资企业或新的合资企业。外资并购又称为"褐地投资（Brownfield Investment）"，主要指外商投资者利用兼并或收购的形式来获取东道国企业经营权或控制权。兼并（Merger）即吸收合并，主要通过购买东道国企业全部资产并使其失去法人资格的方式进行投资。收购（Acquisition）指的是主要通过购买东道国企业资产并保留其法人资格的方式进行投资。

外商间接投资（FII）是指一国企业对另一国企业进行的以获取资本层面的资本收益或投资收入为目的，而不以获取后者的经营权或控制权为目的的投资。FII 主要包括利用借款、外商证券融资（含外商股权投资与外商债券投资）和外商其他投资等类别。

综上可知，外商直接投资与外商间接投资的主要区别在于是否拥有对被投资企业的经营管理权和控制权。另外鉴于外商直接投资形式是目前中国规模最大且最有影响力的利用外资方式，因此，本书在用到外资这一概念时，在兼顾利用借款、外商证券融资的前提下，主要是指外商直接投资。

## 四、外资政策

外资政策的概念一般是指东道国政府为了规制外资活动而采用的一系列政策工具的总称，是一国经济政策的重要组成部分。外资政策的主要目标是利用一系列政策工具来规范外资在东道国的行为，提高利用外资效果，以帮助东道国产业政策和经济社会发展目标的履行。外资政策可按资金的流动方向分为对外资流出和外资流入的管理政策，本书以中国外资流入的管理政策为主要研究对象。就目前中国的外资结构来说，外商直接投资处于绝对主导地位。因此，本书所研究的外资流入政策以外商直接投资政策为主。

## 第三节 文献综述

### 一、产业安全相关理论问题研究

#### （一）产业安全问题的起源及可能性

##### 1. 产业安全问题的研究起源与进展

对产业安全问题的研究起源，研究者们主要有两种分歧：一部分研究者认为产业安全的思想最早起源于重商主义贸易保护理论，随后的古典经济学创始人亚当·斯密最早明确提出了维护国防业等产业安全的观点，接着幼稚产业保护理论的提出使得产业安全理论得以成熟。[①] 而另一部分学者认为产业安全理论的产生并没有那么早，只是随着20世纪中期经济全球化快速发展导致的经济安全问题的研究才开始产生，因为产业安全通常被认为是经济安全的核心。[②] 伴随着经济安全相关的产业安全问题研究主要有以下两个方面：一是研究跨国公司的投资动机和行为对东道国产业安全的影响。如发展经济学家阿明（1990）和布雷（1986）等认为发达国家的跨国公司对发展中国家或对落后国家的投资难免会伴随控制东道国产业发展的动机，这和发达国家对比其落后的国家进行经济掠夺和控制的意图相似。二是对产业的国际竞争优势问题进行研究。根据波特等研究者的观点，一国产业国际竞争力相对于国外相关产业竞争力而言处于劣势的时候，容易导致产业安全问题。

不难发展，两派观点的实质区别在于产业安全问题是最早产生于国际贸易领域，还是最早产生于国际投资领域。显然根据国际经济活动的历史发展进程可知，国际贸易活动要早于国际投资活动，因此，国际贸易领域的产业安全问题研究可能产生更早，但是大规模的相关研究应该开始于二战后国际直接投资大发展和各国利用外资规模不断提升的阶段，也适应了新时代经济发展的需要。如20世纪70年代石油危机后日本、欧洲等国家的外资大量流入美国后，美国利用外资的产业安全问题引起大量研究和关注，如 Martin 和

---

① 祝金龙，解志韬，李小星. FDI 对我国产业安全的影响及对策分析 [J]. 中国科技论坛，2009（3）.

② 董恺军. 利用外资与中国产业安全的研究 [D]. 重庆：重庆大学，2005.

Susan Tolchin（1988）①，Timothy W. Stanley，John. N. Ellison，Jeffrey. W. Frumkin（1988）等研究了大量流入的外资是否对美国的相关产业形成了冲击或控制。②

20世纪90年代起，随着中国改革开放进程的加快，国内的学者对经济安全及产业安全问题的研究也开始重视起来，并不断丰富产业安全的基础理论问题。主要有以下四个方面：一是对产业安全概念的内涵和外延界定；二是对产业安全的成因分析；三是产业安全的评价指标体系和模型分析；四是分析维护产业安全的政策建议。③④

21世纪以来，国际贸易领域和利用外资领域的中国产业安全问题引起了研究者的重点关注。一方面，随着加入WTO过渡期的结束、入世承诺的不断兑现，中国逐渐减少相关贸易保护措施，但是国际上的贸易保护主义却不断抬头，一些国家滥用贸易救济手段，对中国频繁使用反补贴、反倾销、保障措施，从而对中国的相关产业的发展形成了冲击，损害了这些产业的安全发展。另一方面，随着外资流入中国的规模不断扩大，跨国公司越来越多地倾向于并购国内龙头企业，加剧了人们对外资引起的产业安全问题的广泛争议，关注的问题主要有外资对国际收支状况的影响、对中国支柱产业的影响和外资的技术溢出与转移效应等。

总的说来，从理论研究方面看，无论国外还是国内，对产业安全的研究都还不够成熟，还没有形成完整的理论体系，但是随着相关理论的探索与构建，这方面的研究将越来全面。

2. 产业安全的可能性与现实性问题研究

尽管很多研究者对经济安全和产业安全问题进行了关注和研究，但是实际上对于产业安全问题存在的可能性和现实性问题，一直存在着一定的分歧。

（1）部分研究者并不认同产业安全的可能性和现实性问题。这部分研究者认为外资合法进入东道国后，同内资企业或民族企业没有什么区别，因而

---

① Diebold R B W . *Buying into America*：*How Foreign Money Is Changing the Face of Our Nationby Martin Tolchin; Susan Tolchin*[J]. Foreign Affairs，1988，66（5）：1120.

② Ellison J N，Frumkin J W，Stanley T W. *Mobilizing USindustry*：*a vanishing option for national security?*[M]. Westview Press，1988.

③ 李孟刚 . 产业安全理论的研究 [M]. 北京：经济科学出版社，2006.

④ 何维达，潘玉璋，李冬梅 . 产业安全理论评价与展望 [J]. 科技进步与对策，2007（4）.

也没有什么意义讨论产业安全的存在性和现实性问题。如无国籍跨国公司理论的创始人 G.W. 鲍尔（1970）认为在国民待遇原则普遍实施的趋势下，应该从"天下大同"的角度来看待世界不同国家之间的经济与文化融合。程恩富（1998）认为：利用外资中的产业安全问题过分强调外资产业与民族产业的区分，民族产业的概念已经陈旧和落伍，现代产业我中有你、你中有我，不要过于看重外资产业与民族产业的区分，应该把二者都归属到"全球企业"的概念中去。[①] 丁冬红（1996）认为外资主要利用合资经营或参股方式与东道国内资企业合作，属于"国内企业"的组成部分，在品牌、产地、资本比例难以区分民族产业，产业安全问题也就随之失去研究意义。[②] 王志乐（2006）认为外资企业不等于"外国企业"，在中国的外资企业和国有企业、民营企业一样，都是中国企业的一部分，外资企业在中国的经营行为只能算是国内不同所有制企业间的正当竞争等，且目前还不存在某个行业被外资企业完全垄断的情况，不应夸大国家产业安全和经济安全问题。[③] 还有观点认为：外资"恶意并购说"与"外资垄断论"是一种主观臆断，外资并购龙头企业的行为严格遵守中国法律和政府监管，是一种双赢的商业行为，对产业安全的影响利大于弊。

（2）另一部分研究者认为随着中国对外开放进程的加快，产业安全不仅有理论上的可能性也有实际存在的现实性表现，体现为理论研究和实证研究两个方面。

对于产业安全的可能性相关理论研究为：首先，该派研究者都认同民族产业的存在性及其意义，并从民族产业重要性的角度研究产业安全问题。如程秀生（1996）认为随着时代的发展，虽然民族产业的外在表现形式发生了变化，但其内涵没有发生变化，产业发展中的民族权益没有变化，因此，民族产业和产业安全的研究没有过时。[④] 张立（2002）认为一国出现产业安全问

---

① 程恩富. 外商直接投资与民族产业安全 [J]. 财经研究，1998（8）.

② 丁冬红. 社会发展的最高原则和实质内容 [J]. 天津社会科学，1996（1）.

③ 王志乐. 也谈外资并购与中国经济安全 [J]. 经济导刊，2006（9）.

④ 程秀生. 在国际竞争中振兴民族经济 [J]. 中国外资，1996（11）.

题的根本原因就是民族和国家的现实存在。[①] 也有学者用其他相关概念如"本国产业"[②]"内资产业"[③]"国民产业""国内工业"[④]或"国内产业"[⑤]等来对"民族产业"的概念进行替换，但是其内涵是一致的。其次，该派研究者还结合外资、外贸理论分析了产业安全存在性的理论依据。通过垄断优势理论内部化理论、边际产业扩张理论、产品生命周期理论、重商主义、幼稚产业保护理论、战略性贸易保护理论等方面找到产业安全的理论依据，印证了跨国公司为了保持国际竞争中的优势地位，不会主动地向外转移其所拥有的产业优势。[⑥][⑦]

对产业安全存在的现实性问题的研究主要是通过外资行为对民族产业安全的现实危害来进行实证分析的，主要分为外资的行业垄断、外资并购、外资引起的产业结构与布局安全、外资引起的技术安全、外资引起的产业政策安全和外资引起的东道国对外贸易依存度虚高等方面的产业安全问题。其一，在外资的行业垄断行为对产业安全危害方面：如屈本礼（2004）研究了外资对中国的大型医药行业及集成电路生产行业的过度控制情况。[⑧]另据2006年国务院发展研究中心的研究资料，外资已经取得了中国28个主要产业中的21个行业的资产控制权。李春杰、魏秀分（2016）的研究认为外资对中国乳业市场存在行业垄断。[⑨]其二，在外资并购对中国产业安全的危害方面：李德水（2006）表示要谨慎对待和坚决制止对中国市场进行垄断的"恶意"并购行为或企图。[⑩]翟洪敏（2007）结合"中策现象"分析了外资并购中国上市公司和

① 张立.经济全球化条件下的中国产业安全问题[D].成都：四川大学，2002.

② 张新民，黄晓蓓，郑建明.外资并购与中国产业安全：综述及研究展望[J].国际贸易问题，2012（4）.

③ 傅华，傅宁.中国战略产业安全与外资并购立法研究[M].北京：电子科技大学学报（社科版），2007（9）.

④ 于新东.产业保护和产业安全的理论分析[J].上海经济研究，1999（11）.

⑤ 季崇威，王志乐.积极合理有效地利用外商直接投资：上[J].宏观经济研究，1996（4）.

⑥ 毕冶，郭树华，杨伟.FDI与中国产业安全问题研究[J].思想战线，2011（6）.

⑦ 曹秋菊.经济开放条件下中国产业安全问题研究[D].长沙：湖南大学，2007.

⑧ 屈本礼.外商直接投资与我国产业安全[J].新疆农垦经济，2004（5）.

⑨ 李春杰，魏秀分.外资对中国乳业产业安全的影响分析[J].世界农业，2016（4）.

⑩ 李德水.共同应对世界经济发展不平衡[J].开放导报，2006（3）.

大型国有企业的行为及其危害，即1992年起香港中国策略投资公司开始有目标地、系统化地并购相关行业的龙头企业，前后共并购了200余家国有企业，对中国产业组织安全构成了威胁。[①] 刘晓潮、林靖（2006）研究发现跨国公司之间的联合行动加速了外资的并购速度，如美国的凯雷投资集团对中国徐工集团的并购配合了美国机械工程行业巨头卡特彼勒公司在中国的投资活动。[②] 马司伲（2017）的实证表明2008—2015年间中国商贸流通业的产业安全状况逐年变差。[③] 国外学者Slums（2004）及Byeong-Seon Yoon（2006）都认为跨国公司的并购导致了发展中国家的普遍性农业产业安全危机。[④] 其三，外资投入的地区偏差引起的产业结构与布局安全方面：外资的产业配置同中国的产业结构调整存在一定的矛盾冲突，不仅加大了三大产业结构的不合理，还导致了第二产业的低端加工化和趋同化。[⑤] 外资投入的地区偏差导致了各地区发展的不平衡。[⑥] 魏后凯（2002）实证研究表明外商投资的地区差异导致了东西部地区的经济发展差异。[⑦]Tiia Vissak、Tonu Roolan（2005）认为爱沙尼亚80%的外资流向了其首都及周边地区导致了两元结构的经济发展。[⑧]Wanda Tseng、Harm Zebregs（2003）实证分析了外资对中国区域经济发展的影响，认为外资拉大了东部和西部的经济差距。[⑨]Haishun Sun与Joseph Chai（1998）的实证分析发现外资也扩大了广东省内部各地区的经济差距。[⑩] 其四，外资引起的产业技术安全方面：外资很少转让一流的先进性技术且技术带动效应不

① 翟洪敏. 外资并购对中国产业安全的影响及其法律对策 [D]. 北京：北京交通大学，2007.

② 刘晓潮，林靖. 对引入外资和加强中国产业安全的思考 [J]. 湖北经济学院学报：人文社会科学版，2006（9）.

③ 马司伲. 考虑外资进逼的我国商贸流通产业安全度演化实证研究 [J]. 物流技术，2017（5）.

④ Byeong-Seon Yoon. *Who Is Threatening Our Dinner Table? The Power of Transnational Agribusiness*[J]. Monthly review，2006.

⑤ 王培志，李文博. 新形势下中国利用外资对产业安全的影响及对策 [J]. 山东财经大学学报，2008（4）.

⑥ 王洛林，江小涓. 中国的外资引进与经济发展 [J]. 中国社会科学，1997（5）.

⑦ 魏后凯. 外商直接投资对中国区域经济增长的影响 [J]. 经济研究，2002（4）：19–26.

⑧ Vissak T，Roolaht T. *The Negative Impact of Foreign Direct Investment on the Estonian Economy*[J]. Problems of Economic Transition，2005，48（2）：43–66.

⑨ WandaTseng，HarmZebregs，杨蕾. 浅析外国对华直接投资 [J]. 江苏企业管理，2003（12）.

⑩ Sun H，Chai J，*Direct foreign investment and inter - regional economic disparity in China* [J]. International Journal of Social Economics，1998，25（2/3/4）：424–447.

明显、后向关联效应较弱、本土采购率低，造成了"飞地经济"现象，不利于维护东道国的技术进步和产业技术安全。① 许多名义上在东道国内发生的技术转让，实际上却是在跨国公司的各子公司之间或母子公司之间进行的。② 全球化导致了外资对产业链条和核心技术的控制。③ 郭春丽（2008）通过西门子并购辽宁锦西化工机械集团透平机械厂一案，分析了外资限制被并购企业的研发投资和控制其核心技术等行为带来的产业安全问题。④ 刘晓潮、林靖（2006）分析了中国内资汽车行业在大量利用外资后核心技术空心化现象严重，还因为技术被锁定而陷入了"引进、国产化、落后"到"再引进、再国产化、再落后"的恶性循环。⑤ 张建忠（2011）从跨国公司对全球价值链控制方面，认为跨国公司利用其处于价值链高端的优势和权力阻碍了中国本国价值链的构建。⑥ 其五，外资引起的产业政策安全方面：利用外资会倒逼东道国宏观经济政策的制定和调整。⑦ 外资的行业控制与东道国的产业政策及行业总体规划相背离，而且还会削弱东道国宏观政策手段的调控力度。⑧ 如国家的对汽车产业的调控能力受到外资大量入股国内汽车产业的现实情况的制约，影响了中国汽车产业发展规划的落实。⑨ Christopher J.Robertson 和 Andrew Watson（2004）外资流入可能会带来腐败和商业贿赂的增加，进而影响外资政策的制定和有效执行。⑩ Jiang Yong（2007）研究了外国利益集团对东道国外资政策的影响。⑪ 其六，外资主导的加工贸易引起的产业安全问题。认为外资主导的加工贸易是推动中国对外贸易发展的重要力量，但是也存在拉动中国产业结构升级不

---

① 夏京文.FDI 利用对我国经济安全的影响 [J]. 工业技术经济，2002（3）.

② 张立.经济全球化条件下的中国产业安全问题 [D]. 成都：四川大学，2002.

③ 纪宝成，刘元春.对中国产业安全若干问题的看法 [J]. 经济理论与经济管理，2006（9）.

④ 郭春丽.外资并购引致产业安全风险的途径及防范对策 [J]. 中国经济导刊，2008（2）.

⑤ 刘晓潮，林靖.对引入外资和加强中国产业安全的思考 [J]. 湖北经济学院学报：人文社会科学版，2006（9）.

⑥ 张建忠.链主控制与中国产业安全 [D]. 南京：南京大学，2011.

⑦ 王洛林，江小涓.中国的外资引进与经济发展 [J]. 中国社会科学，1997（5）.

⑧ 王允贵.产业安全问题与政策建议 [J]. 开放导报，1997（1）.

⑨ 张玉波，李连成.FDI 对中国产业安全的影响和对策探讨 [J]. 新东方，2001（6）.

⑩ Robertson C J, Watson A. Corruption and change: the impact of foreign direct investment[J]. Strategic Management Journal, 2004, 25（4）：385–396.

⑪ Jiang Yong. Economic Security：Redressing Imbalance[J]. China Security，2007（3）.

足，对国内产业的自主品牌、自主创新力和中国国际产业链地位的提升贡献不足，而且会产生对外贸易依存度虚高等问题。[①]

（3）更多的研究者认为要理性地看待产业安全问题。

要辩证地和动态地看待产业安全问题，不能过度地夸大也不能忽视产业安全问题。成思危（2006）指出产业安全更应是一个宏观问题，应从整个国家产业的角度来认识产业安全问题。[②]在开放经济条件下，根据国际分工与比较优势原则，世界上的任何国家都很难保证所有产业都安全，首要是保证支柱产业的安全和宏观层面产业群的安全。[③]张律律（2011）认为产业安全问题是动态的、在开放经济条件下产业安全难免受外部经济因素影响，解决产业安全问题的根本途径在于不断扩大对外开放和提升产业竞争力。[④]

总之，不认同外资产业安全现实性和可能性的观点的研究核心在于不认同民族产业的意义，反而认为在经济全球化的条件下，外资企业是东道国国内企业的一部分，是无国籍性的、民族特性不明显，因而认为外资在东道国的垄断或并购是正常的市场行为。以上观点忽视了外资企业与东道国的利益博弈和跨国公司的逐利本性，也就从根本上否定了目前产业安全问题的研究意义。

认同外资产业安全的研究无论是从民族产业、内资产业、国内产业或国民产业的角度出发，都承认民族国家的特有利益，进而认同东道国产业安全的可能性和重视其现实性，不足是容易陷入对外资条件下产业安全问题认识的片面化和绝对化。

主张辩证看待产业安全的研究认识到了外资条件下东道国产业安全的动态性和复杂性，因为产业安全的诱因除了外资，还包括东道国市场机制、民族产业竞争力和外资政策效率等多重综合因素。另外产业安全概念的外延和内涵还不很统一，所以对开放经济条件下的外资和对外贸易的合理利用持有

---

① 杨玉真. 浅议外资主导的加工贸易对中国产业安全的影响 [J]. 对外经贸实务, 2008（11）.

② 成思危. 经济全球化背景下的国家产业安全问题 [J]. 财经界，2006（9）.

③ 李孟刚. 产业安全理论的研究 [M]. 北京：经济科学出版社, 2006.

④ 张律律. 外资与产业安全若干问题分析与思考 [J]. 国际贸易, 2011（1）.

乐观态度。

总而言之，尽管在外资条件下产业安全的可能性和现实性问题上难免产生分歧，本书认同应辩证地和动态地看待产业安全问题的观点。一方面，不能用公平竞争和自由投资的理念否认产业安全。只要民族和国家利益的存在，外资趋利性行为和东道国的经济利益博弈就难免，就不能否认以民族产业安全为代表的产业安全问题的可能性，事实上即使标榜外资自由的美国也在实际行动中不断干涉和阻挠外国企业对美国的投资和并购，根本原因就是维护本国产业的发展利益。另一方面，在开放经济条件下，维护产业安全不能一味要求一国的每一个产业都安全，应该集中精力保护基础产业和主导产业的安全。

（二）产业安全的影响因素分析

产业安全的影响因素是复杂和多样的，有政治因素、经济因素、社会因素，还有政策因素，可以归纳为外因、内因和制度因素三个方面。

1. 外因方面

产业安全的外因是指在开放经济条件下，影响一国产业发展的国际资本与国际贸易等国外因素。大部分研究认为，国际资本的影响方面主要通过外商直接投资、国际债务和投机资本等方式来影响东道国的产业安全，国际贸易的影响方面主要来源于垄断原料供应、外国出口商提高资源性商品的价格、恶意低价倾销、使用各种贸易壁垒或滥用贸易救济措施等行为。以上因素中，目前又以外商直接投资因素为主[1][2]。因此，大部分研究者主要从外商直接投资的视角研究产业安全问题的成因。

2. 内因方面

相关研究认为产业安全的内因指的是产业生存和发展所面临的国内相关因素，而国内产业的生存和发展环境主要包括资本成本、产业支持政策、生产要素条件、产业发展速度、市场机制建设及市场需求等环境。根据波特的观点，决定国家竞争优势的四个因素中有三个都是国内产业的生存和发展环境因素，即土地、资本和劳动力等要素条件、相关及支撑产业、国内市场的需求条件等。因此，国内产业的生存和发展环境对产业的国际竞争力和安全

---

① 冯江红.引进外资与维护本国产业安全 [J]. 西藏民族大学学报：哲学社会科学版，1999（1）.

② 张立.经济全球化条件下的中国产业安全问题 [D]. 成都：四川大学，2002.

发展起到重要作用，产业安全的外因也主要通过这些内因起作用。

3. 制度因素方面

由于新制度经济学派认为制度因素是经济增长的第四个促进因素，以此为依据，有研究者把国内外制度因素作为影响产业安全的重要因素单独研究。影响产业安全的制度因素主要包括开放经济条件下一国及其贸易或投资伙伴国的产业政策、贸易政策、外资政策、金融政策、财政政策和双边、区域及多边投资协定。另外，不适当的政府规制已成为产业安全最主要的影响因素：相关法律法规的不完善导致对政府规制寻租行为、行政的不作为和规制真空等都不利于产业安全的维护。[①] 也可以从制度非均衡角度分析产业安全问题的成因：在制度需求方面，随着中国不断融入世界经济的进程加快，市场经济改革与原有计划体制的矛盾引发了对促进产业发展的新制度需求；而在制度供给方面，囿于利益集团的干扰，旧制度和旧思维的限制，新制度的供给不足。以上两个方面共同导致了中国产业安全相关制度的供需矛盾，出现制度非均衡状态。此外，不公正的国际经济秩序和经济规则也对发展中国家的民族产业和经济利益产生了现实的威胁。[②] 何维达、宋胜洲（2003）也指出不适当的产业政策和制度安排会对一国的产业安全产生负面影响，主要表现有：其一，国内的产业导向政策难以合理引导外资进入的行业，不仅导致盲目投资、不利于产业结构的调整，而且难以规范外资对国内主要产业的恶性竞争；其二，为了争夺利用外资的利益，各地方政府竞相出台超越国家外资政策的鼓励政策，给予外资超国民待遇，也忽视了对外资的监督管理，导致外资限制政策的缺陷。[③]

以上研究认识到了国际投资、国际贸易等外因，产业发展环境等内因和国内国外制度因素对产业安全的影响，但是专门从制度视角对产业安全的研究相对较少。

（三）产业安全的评价指标及模型研究

国外学术界对经济安全评价指标的探索较早，如俄罗斯经济学家 B. K. 先

---

① 景玉琴.产业安全评价指标体系研究 [J].经济学家，2006（2）.

② 王学人，张立.产业安全问题制度非均衡成因探讨 [J].求索，2005（4）.

③ 何维达，宋胜洲.开放市场下的产业安全与政府规制 [M].南昌：江西人民出版社，2003.

恰戈夫提出了经济安全的"阈值"标准及经济安全指标，对产业安全评价指标体系的建立有借鉴意义。国内学者许铭（2001）、何维达（2002）、曹秋菊（2007）、景玉琴（2006）、李孟刚（2006）、孙瑞华（2006）、朱建民（2012）等都对产业安全的衡量指标进行了研究，相关指标体系基本包括产业发展环境、产业国际竞争力、产业控制力和产业对外依存度等四个维度。朱建民、魏大鹏（2013）在此基础上进一步将"产业竞争力生存能力"纳入评价指标体系[①]，曹萍（2017）也提出了类似的"产业自主创新能力"指标[②]。许多研究者同时对产业安全评价模型的指标预警值和指标权重进行了研究，其中指标权重的计算方法主要有德尔菲法、AHP 层次分析法、DEA 数据包络分析、主成分分析法、嫡权法、极差法、均方差法等。[③]

在装备制造业产业安全的评价指标体系方面的研究有：谭蓉娟、翟青（2011）重点考虑产业自主创新能力并结合产业国际竞争力等指标，以嫡值法确定指标权重，采用综合功效系数法对2001—2009年珠三角装备制造业产业安全状态进行了测度评价。[④]宋永辉、孙丹、高超（2012）选取了产业国内环境，产业国际竞争力，产业控制力，产业对外依存度等一级指标和相应的12个二级指标构建了装备制造业产业安全的评价指标体系，并以2010年沈阳装备制造业的数据为样本进行实证分析。[⑤]段一群（2012）利用国内运行绩效、国际竞争力、产业对外依存度、产业受控制程度等指标建立了装备制造业产业安全的评价指标体系和产业安全度估算的 DEA 模型，并对1999—2009年的数据进行了估算。[⑥]何维达、刘亚宁、张凯（2013）、孙晓怡（2017）利用基于主成分分析法分别评估了2000—2010年、1999—2014年中国装备制造业产

① 朱建民，魏大鹏.中国装备制造业产业安全评价体系构建与实证研究 [J].亚太经济，2012（2）.

② 曹萍，张剑，熊焰.高技术产业安全影响因素的实证研究 [J].管理评论，2017（12）.

③ 王彦泽.中国汽车产业安全研究 [D].北京：北京交通大学，2016.

④ 谭蓉娟，翟青.珠江三角洲装备制造业产业安全测度——基于自主创新视角的实证研究 [J].国际经贸探索，2011（3）.

⑤ 宋永辉，孙丹，高超.FDI 对辽宁省装备制造业产业安全影响的实证分析——以沈阳市装备制造业为样本 [J].沈阳工业大学学报：社会科学版，2012（2）.

⑥ 段一群.国内装备制造业产业安全评价指标与实证测度 [J].科技管理研究，2012（32）.

业安全状况。①

以上产业安全评价相关研究中存在着产业安全指标体系不全面、指标权重赋值的方法过多、样本数据主要使用名义增长率等问题，导致研究的结果可信度比较低。

## 二、外资对装备制造业产业安全的影响研究

从上文产业安全的影响因素分析可知，外商直接投资是主要的外部因素。因此，很多研究者研究了外资对装备制造业产业安全的影响，包括对东道国产业发展的积极影响，也包括对产业安全的负面影响。

（一）关于外资对装备制造业产业安全的积极作用

1. 外资对装备制造业的技术溢出效应及自主创新能力的影响

中国装备制造业外资的技术溢出效应呈阶梯状分布即适度的区域创新能力对外资的技术溢出效应影响最显著。②董燕（2014）研究了 FDI 技术溢出与辽宁装备制造业成长的互动效应。③谭蓉娟、阮娴静（2009）区分研究了海外华资和发达国家外资对珠三角装备制造企业自主创新的影响，认为海外华资的正向影响更为显著。④张然、陈彦等（2017）也研究了外资的技术溢出效应。⑤Globerman （1979）对加拿大的研究、Blomstrom （1983）对墨西哥的研究、Dimelis，Louri（2002）对希腊的研究、Sineeant. Sermcheep（2006）对泰国的相关研究都得出了肯定的结论。⑥

① 何维达，刘亚宁，张凯 . 基于主成分分析法的中国装备制造业产业安全评估 [J]. 中国管理信息化，2013（16）. 孙晓怡 . 中国装备制造业产业安全评价研究 [D]. 上海：上海外国语大学，2017.

② 黄令 .FDI 对装备制造业技术进步的溢出效应 [D]. 重庆：重庆师范大学，2018.

③ 董燕 . 基于 FDI 技术溢出视角的辽宁省装备制造业成长效应研究 [D]. 沈阳：辽宁大学，2014.

④ 谭蓉娟，阮娴静 .FDI 影响珠三角装备制造业自主创新能力的实证研究 [J]. 国际贸易问题，2009（6）.

⑤ 陈彦 . 外商直接投资对市场势力的影响——来自中国装备制造业的经验证据 [J]. 上海管理科学，2017（2）.

⑥ Globerman S. Foreign Direct Investment and "Spillover" Efficiency Benefits in Canadian Manufacturing Industries[J]. Canadian Journal of Economics，1979；Magnus B M. Foreign investment，"technical efficiency，and structural change：Evidence from the Mexican manufacturing industry"，Nationalekonomiska Institutionen Vid G Teborgs Universitet，1983；Dimelis S，Louri H. Foreign Ownership and Production Efficiency: A Quantile Regression Analysis[D]. Oxford Economic Papers，2002；Sineeant，Sermcheep. FDI Foreign direct investment and technology spillover in Thailand's manufacturing industry[D]. The University of Utah，2006.

2.外资对装备制造业产业集聚的影响

王春霞（2011）实证研究了 FDI 的进入对江苏、广东、辽宁和四川四省装备制造业产业集群的发展确起到了促进作用。[①] 胡丹凤（2016）、刘鹏举（2015）分别研究发现 FDI 对山东省、辽宁省装备制造业产业集聚的促进作用。[②③]

3.外资对装备制造业增加值的影响

王荣、王英（2017）的研究表明 FDI 对长三角地区装备制造业增加值产生显著的影响。[④]

4.外资对装备制造业产业结构优化的影响

唐晓华、刘相锋（2016）的实证研究表明 FDI 对装备制造业产业结构优化的短期效应明显，但是长期效应并不持续。[⑤]

（二）关于外资对装备制造业产业安全的负面影响

1.外资行为对中国装备制造业产业安全的影响

孙晓怡（2017）、熊燕（2011）、徐淼（2009）、葛顺奇（2008）、王苏生、孔昭昆、黄建宏、李晓丹（2008）等从产业控制力角度研究了外资跨国并购对中国装备制造业的市场控制、资产控制、股权控制和技术控制过高并影响了产业安全发展。[⑥]

2.通过具体案例分析研究外资对中国装备制造业产业安全的负面影响

如徐淼（2009）分析了 ABB 并购合肥变压器、新加坡威斯特并购大连电机、约翰迪尔并购佳木斯联合收割机厂、德国博世并购威孚集团、德国 FAG 公司并购西北轴承、瑞典阿特拉斯收购沈阳凿岩机械、西门子收购锦西化工、美国格里森公司收购哈尔滨第一工具有限公司等案例，认为外资主要通过"合资——亏损——独资"三步策略消灭竞争对手并控制中国装备制造业的相关

---

① 王春霞.FDI 对中国装备制造业集聚影响的实证分析 [D].成都：西南财经大学，2011.

② 胡丹凤.FDI 对装备制造业产业集聚的影响分析 [D].大连：东北财经大学，2016.

③ 刘鹏举.FDI 与辽宁装备制造业产业集聚互动关系研究 [D].西安：西安外国语大学，2015.

④ 王荣，王英.FDI 技术溢出效应与长三角装备制造业增加值率 [J].管理现代化，2017（5）.

⑤ 唐晓华，刘相锋.中国装备制造业产业结构调整中外资修复作用的实证研究 [J].数量经济技术经济研究，2016（2）.

⑥ 孙晓怡.中国装备制造业产业安全评价研究 [D].上海：上海外国语大学，2017；王苏生，孔昭昆，黄建宏等.跨国公司并购对中国装备制造业产业安全影响的研究 [J].中国软科学，2008（7）.

行业。<sup>①</sup>郭玉屏（2008）分析了辽宁省5个装备制造业企业包括华晨汽车集团、大连冰山集团、大连机床集团、阜新北方压铸机有限责任公司、大连电机厂利用外资的案例，分析了对龙头企业"斩首"式外资并购的危害。[②]

3. 外资对中国装备制造业的子行业产业安全的具体影响

郭坦（2016）的实证分析认为FDI对中国汽车产业技术进步和效率的促进作用有限。[③]高亢（2012）分析了外资对中国机床产业的产业安全影响。[④]鞠功宝（2012）分析了外资并购对中国电子计算机及办公设备制造业的产业安全影响。[⑤]岳良运（2007）分析了外资对中国高新技术产业的产业安全影响。[⑥]任建群（2011）分析了外资对中国机械制造业产业安全的影响。[⑦]

总之，以上研究涉及到外资对装备制造业产业安全影响的主要方面，但是缺乏多年度跨度的连续分析和预测，也缺乏多个子行业的产业安全的内部结构比较分析。

## 三、利用外资中维护产业安全的国际实践研究

鉴于外资对东道国经济安全及产业安全的负面影响，世界上的多数国家都有相应的利用外资的规制，因此，世界其他国家在利用外资中维护产业安全的实践和做法引起了相关研究者的关注。

（一）发达国家利用外资中维护产业安全的实践研究

段一群（2009）研究了美国、日本和韩国的外资政策，提出美国外资政策的特点是对内保护和对外开拓并重，日本外资政策的特点是严格审查和有选择的逐步开放，韩国在利用外资的同时注重扶持本国大企业集团的国际化发展。[⑧]李作战、曹艳乔（2008）、聂名华（2003）研究了美国管制外资的法

① 徐森. 跨国公司并购对我国产业安全影响研究 [D]. 北京：北京交通大学，2009.

② 郭玉屏. 利用外资与辽宁装备制造业的发展关系研究 [J]. 社会科学辑刊，2008（3）.

③ 郭坦. 利用外资对中国汽车产业全要素生产率影响研究 [D]. 大连：东北财经大学，2016.

④ 高亢. 中国机床产业安全评价及对策研究 [D]. 沈阳：沈阳大学，2012.

⑤ 鞠功宝. 外资并购下中国制造业产业安全预警研究 [D]. 哈尔滨：哈尔滨工程大学，2012.

⑥ 岳良运. 高新技术产业安全评价及其维护对策 [D]. 济南：山东科技大学，2007.

⑦ 任建群. 外商直接投资对中国机械制造业产业安全影响研究 [D]. 沈阳：辽宁大学，2011.

⑧ 段一群. 国内装备制造业产业安全评价与实现机制研究 [D]. 南京：南京航空航天大学，2009.

律体系[①]，Edward M.Graham、David M. Marchick（2006）、Thomas A.Hemphill（2007）、赵寅寅（2010）、刘建江、陈海燕（2008）、张铭（1997）等研究了美国外资监管机构和监管程序。[②] 史世伟（2009）和巫云仙（2013）研究了德国利用外资的政策。[③] 林勇明（2007）认为英、德、法等欧洲发达国家虽然都实行中性的外资管制政策，但是依然有正式和非正式的管制手段。[④] 童志军（1996）、姜鸿（2005）、徐立军、马安家（2007）、刘建江、陈海燕（2008）指出日本政府不仅限制外商对国内企业的控制权，采取大企业扶持政策以对抗外资并购，而且采取以利用间接投资为主的外资政策。[⑤] 陈春霞，王欢（1999）认为韩国在引用外资的过程中，非常注重对先进技术的利用和吸收。[⑥]

（二）发展中国家利用外资中产业安全问题及实践教训研究

有学者研究了巴西利用外资中维护产业安全的经验和教训[⑦]，王晓蓉（1996）通过比较巴西与韩国汽车不同的发展史认为，外资政策对产业的发展具有非常重要的作用。[⑧] 姜鸿（2002）认为巴西市场上美国的资金占有绝对比重，美国的经济波动对巴西经济的影响较大；且外债负担十分沉重和资本市场过度开放，严重影响经济的发展。[⑨] 许铭（2005）认为实行资本项目对外开放但未及时采取相应的政府监管措施，最终导致了拉美经济危机。[⑩] 屈

---

① 李作战 . 从美国国防产业投资的制度壁垒透视中国的产业安全和外资监管 [J]. 未来与发展，2008（9）；聂名华 . 美国对跨国并购投资的法制管理 [J]. 国外社会科学，2003（4）.

② Mitra D. U.S. National Security and Foreign Direct Investment by Edward M. Graham; David M. Marchick[J]. Journal of Economic Literature，2006；Hemphill T A. The US Securities and Exchange Commission and shareholder director nominations：Paving the way for special interest directors?[J]. International Journal of Business Governance & Ethics，2007，3（1）：19–32（14）；张铭 . 美国保护产业安全的做法及对我国的启示 [J]. 经济管理，1997（2）.

③ 史世伟 . 德国国家创新体系与德国制造业的竞争优势 [J]. 德国研究，2009（1）；巫云仙 ."德国制造"模式：特点、成因和发展趋势 [J]. 政治经济学评论，2013（3）.

④ 林勇明 . 利用与规制外资政策的国际经验比较及启示 [J]. 中国经贸导刊，2007（8）.

⑤ 童志军 . 利用外资和国家产业安全 [J]. 中国投资，1996（8）；刘建江，陈海燕，贺平等 . 利用外资中的产业安全维护：美、日、韩、墨四国经验 [J]. 长沙理工大学学报：社会科学版，2008（4）.

⑥ 陈春霞，王欢 . 巴西，韩国利用外资的经验才识及借鉴 [J]. 当代财经，1999（12）.

⑦ 陈春霞，王欢 . 巴西，韩国利用外资的经验才识及借鉴 [J]. 当代财经，1999（12）.

⑧ 王晓蓉 . 外资流入与产业安全 [J]. 中国投资，1996（2）.

⑨ 姜鸿 . 国外吸引外资的经验教训及武汉的借鉴 [J]. 中南财经政法大学学报，2005（2）.

⑩ 许铭 . 中国产业安全问题分析 [M]. 太原：山西经济出版社，2005.

本礼（2004）指出拉美国家例如阿根廷和巴西走的是"依附型发展"的道路，过度依赖外资，让外资掌控了包括银行金融体系在内的国家经济命脉，忽视了产业安全问题。<sup>①</sup>童志军（1996）研究了墨西哥引用外资中产业安全方面的教训：一方面单纯依靠优惠政策吸引外资，允许外资从事墨西哥境内绝大部分行业甚至可以独资经营，外商也可以任意添购固定资产、扩充或者迁移公司（厂房）、同时投资其他新生产线或新的产业等，即使对一些保留及特殊规定的行业也没有进行很好的限制。另一方面，市场经济体制建设不完善，导致国内的重要产业部门被外资控制，带来了产业安全和经济安全问题。<sup>②</sup>胡亚平（2002）提出东盟大部分国家利用外资的问题为过分地依赖外资，过高地利用外债比例，过快地开放了资本市场。<sup>③</sup>Sunil Mani（1992）、杨宏斌、杨志宁（2003）认为印度坚持"为了自力更生而利用外资"的引用外资政策，其特点有：保持政策的阶段性又有连续性，注重引导外资流向的部门与地区，鼓励合营及技术合作，对外资企业的经营活动进行严格管制。<sup>④</sup>谢代刚（2008）指出：印度外资政策的制定坚持立法先行原则，保持对外资准入的行业指导，维护民族产业利益和培育世界级本土企业。<sup>⑤</sup>Franklin R. Root and Ahmed A. Ahmed（1978）研究了印度的外资政策效率，认为其受到了印度的传统文化及复杂的政治结构的影响，严重的腐败和低下的行政效率使得一些好的外资政策在执行中走样。<sup>⑥</sup>

总之，相关研究者对国际上维护产业安全的实践进行了研究，给我们一些有用的经验和教训以作借鉴，但是对发展中国家需要的经验还缺乏系统性的梳理和归纳。

---

① 屈本礼. 外商直接投资与我国产业安全 [J]. 新疆农垦经济, 2004（5）：41-45.

② 童志军. 利用外资和国家产业安全 [J]. 中国投资, 1996（8）.

③ 胡亚平. 国民待遇原则与我国外资政策调整 [D]. 北京：对外经济贸易大学, 2003.

④ Mani S. New Industrial Policy: Barriers to Entry, Foreign Investment and Privatisation[J]. Economic & Political Weekly, 1992, 27（35）：86-94.；杨宏斌, 杨志宁. 印度利用外国直接投资政策的特点及新发展 [J]. 南亚研究季刊, 2002（3）.

⑤ 谢代刚. 论印度外资政策的演变 [J]. 南亚研究季刊, 2008（4）.

⑥ Root F R. The Influence of Policy Instruments on Manufacturing Direct Foreign Investment in Developing Countries[J]. Journal of International Business Studies, 1978, 9（3）：81-93.

## 四、利用外资政策的评价及调整研究

国内外相关外资政策的研究主要为以下几个方面：有的研究者关注外资政策的制度质量，有的研究者探讨外资政策自由化趋向或管制趋向，有的研究者探讨外资政策的调整对策。

（一）外资政策的质量评价

关于国外的外资政策评价方面。Devashish Mitra（2007）认为世界上大多数国家都有关于外资的管理制度，美国也不例外，其外资政策提供了完善的产业安全和经济安全法律体系和管理制度。[1]Michael L. Hess（2008）认为发展中国家出于与工业发达国家在经济上的不平等地位考虑和对跨国公司可能危害经济安全及产业安全的担忧，其利用外资政策在限制与自由两个方面摇摆不定，但是其外资政策的开放度却成为跨国公司投资发展中国家时考虑重要因素。[2]李波（2007）对经济高速增长期的中日外资政策进行了比较分析，认为日本在经济增长时期实施的相对保守的外资政策在特定的历史背景下仍然算是很成功。[3]

关于中国外资政策的评价。Yan Liang（2003）认为中国的外资政策作用总体是积极的，外资鼓励政策促进了中国的大量外资流入和技术进步，但是对外资投入的结构规制不足。适当的政府规制如当地成分要求和技术转移要求是必要的。[4]许民（2001）认为中国的外资政策总体上具有积极的作用，直接导致了外资流入量的不断增加；且由于外资政策使用恰当，不仅利用了外资的正面效应，而且有效地规避了外资可能对国民经济形成的冲击。[5]而杨永杰（2003）认为中国入世后的外资政策还存在不适应国内外新环境变化的问题，主要表现为过度的外资优惠政策引致寻租与市场扭曲，导致了外资企业

---

[1]　Mitra D. U.S. National Security and Foreign Direct Investment by Edward M. Graham; David M. Marchick[J]. Journal of Economic Literature, 45（4）：1042–1044.

[2]　Michael L. Hess，Foreign direct investment policies in developing countries[D]. A Dissertation of University of New Orleans, 2008.

[3]　李波 . 战后中、日经济高速增长期外资政策比较 [D]. 广州：暨南大学，2007.

[4]　Yan Liang. a critical assessment of the role of FDI in China's development and a proposal for a new policy agenda[D]. Dissertation of the University of Missouri–Kansas City, 2007.

[5]　许民 . 入世与中国外资政策调整 [M]. 北京：中国社会科学院，2001.

对内资企业的不平等竞争；各个地区政府陷入竞相提供"外资优惠政策"却被外资利用的困境；重视外资的引进而轻视管理引发很多消极影响；外资的市场准入政策存在过多限制；外资的经营政策存在诸多不合国际规则的方面；外资利用政策与管理体制缺乏统一性与透明度；知识产权的保护不足。[①] 魏后凯等（2001）运用问卷调查法，发现外资政策是影响外商投资动机与区位选择的主要因素。[②] 殷华方、鲁明泓（2004）研究了外资区域政策的有效性，结果表明中央政府外资政策比地方政府外资政策具有显著的影响力。[③]

**（二）外资鼓励政策研究**

刘洪蛟（2004）指出中国外资激励政策的问题：对外资激励政策的使用成本和收益缺乏比较分析；对不同目标和不同质量的外资没能有效地区分和激励；在很长的一段时期中，忽视了外资流入的产业合理布局，造成外资产业结构失衡；激励政策过于偏向东部沿海地区，导致国内地区经济结构的失衡；没有及时外资激励政策进行调整。[④] 张楠（2007）指出对外资的优惠政策依然有其存在的必要性。[⑤] 苏亮（2006）提出，在目前的发展阶段，中国东部沿海地区不宜继续实施外资鼓励政策，也不宜进一步强化对外资的管制。由于世界上越来越多的国家尤其发展中国家把税收优惠政策作为其鼓励外商投资的重要手段，因此，对于外资税收优惠政策的研究也就成为对外资鼓励政策研究的重点。[⑥] 如江小涓（2001）认为进入20世纪90年代以后，随着引进外资的大型项目增多和外资企业技术含量的提高，税收优惠对外资的吸引力不断降低。[⑦]

**（三）外资规制政策研究**

对外资规制政策的研究主要有：（1）关于规制外资市场准入与开业方面的

---

① 杨永杰.入世后中国外资政策的调整 [M].北京：对外经济贸易大学，2003.

② 魏后凯，贺灿飞，王新.外商在华直接投资动机与区位因素分析——对秦皇岛市外商直接投资的实证研究 [J].经济研究，2001（2）.

③ 殷华方，鲁明泓.中国吸引外商直接投资政策有效性研究 [J].管理世界，2004（1）.

④ 刘洪蛟.我国外资激励政策及其调整研究 [D].武汉：武汉大学，2004.

⑤ 张楠.从利用外国直接投资和资本外逃的关系看我国的外资政策 [D].北京：北京工业大学，2007.

⑥ 苏亮.多边投资框架对我国外资政策影响的研究 [D].上海：上海海事大学，2006.

⑦ 江小涓.跨国公司在华并购投资：意义、趋势及应对战略 [J].管理世界，2001（3）.

政策研究。例如留晓婷（2006）指出中国管制性工具的运用不到位，如外资准入的门槛设置过低，对投资规模没有要求，技术准入的门槛低，错误地设置准入标准等；管制规则的细则设置模糊；实际管制行为出现弱化。[1]（2）对外资垄断与并购的规制方面。聂名华（2003）、王银凤和刘和平（2006）等研究了美国、日本规制外资并购的法律制度和管理规范。[2]张勇（2006）、桑百川、李玉梅（2008）则研究了规制外资垄断与并购中政府的角色与法律规制问题。[3]（3）对外资退出市场的规制。这方面的研究较少，且主要集中在资本外逃和外资非正常撤离方面。

（四）外资政策的调整研究

根据入世后中国面临的国内外经济环境的新变化，多数研究者都认识到对当前中国利用外资政策进行调整的必要性，但是在调整方向还存在意见上的分歧，可归纳出四种主要的观点。

1. 根据投资自由化原则给予外资更加全面的优惠政策

该派观点认为：当前国际与国内的总体投资环境仍不利于中国高效引进外资，故暂时还不能取消对外资的政策优惠，为了扩大对外资的利用力度，积极发挥外资对中国经济发展的推动作用，应该按照 WTO 等国际投资规则的自由化原则，对外资实施更加全面系统的优惠政策。

2. 实施国民待遇原则的中性外资政策

许民（2001）、杨永杰（2003）、刘文华（2004）、叶辅靖（2004）、张楠（2007）等学者的研究表明在中国引用外资中由资金缺口逐渐转向管理缺口与技术缺口时期，传统的优惠政策的弊端慢慢凸显，它更多地促进了低技术含量外资的引入，在这种新的形势下，必须将中国已有的"以市场换技术"的外资政策调整为统一的中性外资政策，但是要对关系产业安全的基础产业和

---

[1] 留晓婷. 中国外资政策工具选择变化的研究 [D]. 厦门：厦门大学，2006.

[2] 聂名华. 美国对跨国并购投资的法制管理 [J]. 国外社会科学，2003（4）；王银凤，刘和平. 美国外资并购规制及其借鉴 [J]. 证券市场导报，2006（7）.

[3] 张勇. 外资并购中政府的角色与法律规制 [J]. 国际贸易，2006（4）；桑百川，李玉梅. 反垄断法规制外资并购的效应分析 [J]. 国际贸易，2008（5）.

主导产业继续进行保护。①

3. 强调灵活利用替代性的外资限制政策

国内也有部分学者提出了与前述两个观点相异的观点，认为为了保护内资产业或民族产业的发展，督促外资的技术输入和规范外资的行为，应当想办法变通使用对外资的限制政策。除了要按 WTO 规则的要求适当减少外资准入的部分实质条件，还要部分地保留技术先进性与产品替代性、外资出口比例最低限额要求等条件。

4. 根据利益需要动态调整鼓励和限制手段的利用外资政策

还有的观点认为，外资中性政策在多数国家的一般情况下是不适用的，大部分国家或地区都并存使用着外资鼓励政策和限制政策，只不过两种政策的组合是根据国家利益和经济发展目标动态调整的。一般而言，假如一国面临的国际、国内发展环境较好，且在利用外资时主要强调经济增长目标，那么该国就偏重于利用外资鼓励政策；假如一国面临的发展环境复杂化，进而转向强调经济主权和社会的可持续发展目标，那么该国就偏重于利用外资的限制政策。

## 五、现有研究成果的评述

从现有的研究文献来看，主要有以下特点。

其一，产业安全问题方面。虽然产业安全作为开放经济条件下一国经济发展面临外国资本和外国商品竞争而产生的重要经济安全问题之一，但是相关的研究起步较晚、对产业安全问题的存在性和现实性重视不够，关于产业安全的理论体系还未能完全建立起来。而且在产业安全的形成机理研究方面，多数研究限于国际贸易和外商投资领域，很少从制度视角研究东道国利用外资政策效率对其的产业安全影响。实证方面，虽然有对外资引起的中国相关产业安全状况影响的估算，但是都是某时点的评价，很少对多年度产业安全

---

① 许民 . 入世与中国外资政策调整 [M]. 北京：中国社会科学院，2001；杨永杰 . 入世后中国外资政策的调整 [D]. 北京：对外经济贸易大学，2003；刘文华 . 跨国公司在华投资策略转变与我国外资政策调整 [J]. 云南财经大学学报（社会科学版），2003（4）；叶辅靖 . 新形势下我国利用外资战略的调整 [J]. 中国经贸导刊，2004（13）；张楠 . 从利用外国直接投资和资本外逃的关系看我国的外资政策 [D]. 北京：北京工业大学，2007.

度估算和比较，从而不能对相关产业的安全度变化轨迹进行估算和研究。且指标体系不统一、数据选取没有使用实际价格的相关经济数据等导致分析结果的真实性不足。对装备制造业具体细分行业的产业安全问题研究较少。

其二，对发达国家在利用外资中维护装备制造业产业安全的实践和政策方面研究不够具体和系统化。

其三，关于外资政策的评价方面。多数从外资对东道国经济发展指标的影响来判定外资政策的质量，而忽略了从产业安全在内的经济和社会发展目标角度评定外资政策质量的重要性。且多数政策评价限定于理论分析方面，对政策因素的实证分析较少。

其四，关于外资政策的调整方向。几种代表性的观点分别从自由化、鼓励与限制的角度提出了中国外资的调整方向，虽然都认识到各国在利用外资中都有维护产业安全的实践，但是对中国外资政策的调整方向却没有形成统一的认识。

结合以上理论研究和实证研究的不足，本书从产业安全目标视角，研究中国装备制造业利用外资的产业安全评价和利用外资的产业安全对策问题。在借鉴已有研究成果的基础上，依据外资对产业安全的影响机理，结合中国装备制造业利用外资情况，对中国装备制造业及其子行业相关产业安全状态变化进行实证分析，并对中国现有的装备制造业利用外资鼓励政策和限制政策进行评价，进而探讨利用外资条件下维护中国装备制造业产业安全的对策。

## 第四节　研究思路与研究方法

### 一、研究思路

本书坚持理论到实证、国外到国内、总体到个案、问题到对策的基本研究思路，综合以国际投资学为主，以产业经济学、国际贸易学、制度经济学为辅助的多学科理论体系，构建多维理论分析构架。

首先，拟在完成事实调查和文献综述的前提下，探讨产业安全问题的可能性与现实性、利用外资中维护产业安全的理论渊源，为本课题的研究奠定理论基础。通过调查对中国装备制造业利用外资的概况及其总体影响进行一般分析。其次，采用统计分析和实证检验的方法，利用 Excel 和 EViews 软件实证分析大规模利用外资以来，利用外资对中国装备制造业细分的金属制品制造业、通用装备制造业、专用设备制造业、交通运输设备制造业、电气装备及器材制造业、通信电子及计算机设备制造业、仪器仪表及文化办公机械制造业等七大类别子行业的安全度影响，采用案例研究与调查研究的方法，对当前的中国装备制造业利用外资政策进行实地调研，从产业安全视角分别回顾和评价中国现有的装备制造业中外资的市场准入、市场经营和市场退出方面的政策。再次，分析外资政策的变迁与产业安全状态变化的关联度，分析中国装备制造业的利用外资政策在维护产业安全方面的效率。最后，利用归纳法，从发展中大国维护产业安全视角出发，结合利用外资中维护装备制造业产业安全的国际实践经验，提出利用外资过程维护中国装备制造业政策的调整策略。具体的研究技术路线如图1-1。

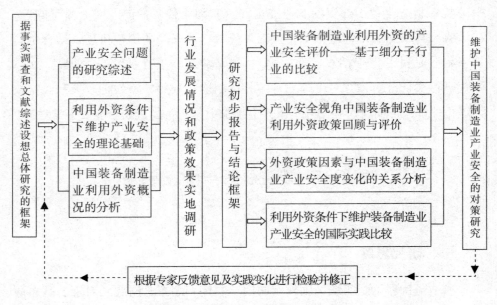

**图1-1　本书的研究技术路线图**

## 二、研究方法

### （一）文献研究法与案例研究法

利用文献研究法对中国知网、百度学术、超星数字图书馆、Social Science Citation Index、Jstor、ProQuest、NBER 等专业数据库的相关文献的查询和对政府部门官方网站文件资料的搜集，较为全面地掌握国外、国内关于外资与产业安全、装备制造业产业安全、维护产业安全措施和利用外资政策等方面的论文、专著、研究报告和法律法规等系列文献资料，通过对一手原始资料及数据的整理和分析，进一步建立二手数据资料库（如装备制造业分行业的利用外资规模数据等）和理论分析体系。案例研究法主要是指通过关注各国利用外资中维护装备制造业产业安全的实际案例资料，总结国际上的实践经验和教训，给中国装备制造业利用外资的产业安全对策提供参考。

### （二）统计分析法与比较分析法相结合

统计分析法主要是指利用 Excel 和 EViews 软件对装备制造业利用外资及产业安全评价指标相关数据分析处理和模型估算。比较分析法主要涉及对装备制造业细分的七大子行业的数据进行比较、对世界上的主要代表国家利用外资中维护装备制造业产业安全的政策的比较分析和对中国不同类型的利用外资政策的比较分析。

### （三）定性分析法与实证分析法相结合

通过定性分析法，结合产业安全理论和外商投资规制理论，分析中国装备制造业利用外资中的问题及利用外资效果进行评价。另外，利用实证分析法，结合外资条件下东道国产业安全估算模型及相关数据，估算中国装备制造业及其子行业产业安全度的变化，进行利用计量经济学的数据平稳性检验、协整理论、线性回归模型和面板数据模型对外资政策维护中国装备制造业产业安全的效果进行实证分析。

### （四）调查研究法与专家咨询法相结合

调查研究法是指通过对子行业代表性的装备制造业外资、内资企业进行问题调查和实地调查，分析外资企业投资时考虑的主要因素、内资企业利用外资的情况和影响。而利用专家咨询法可以更好地选取利用外资产业安全评价指标体系及计算相关指标的权重，也可以更好地形成政策评价及政策调整建议。

（五）博弈分析法

博弈论是现代西方经济学的重要分析工具之一，可以用于分析多个的利益主体争取最大利益应当如何做出决策的问题。东道国的外资利用过程实际上就是各种利益主体不断博弈的过程，主要表现为东道国利用外资政策目标和跨国公司投资动机行为进行博弈的过程。另外，世界上各东道国之间、东道国内部中央和地方政府之间、各地方政府之间为了扩大外资流入的政策竞争实际上也是不同的博弈行为。利用博弈论的分析方法，可以对以上博弈行为的机理和影响进行分析。

# 第五节　主要研究内容

本书共由九章组成，又可分成五大部分。

第一部分即第一章绪论。

第一章阐释了选题的背景和意义，初步界定了相关概念，回顾并评述了国内外的研究现状，构建了全文的研究思路、研究方法，分析了主要研究内容的结构安排，并对研究重难点及可能的创新点做了说明。从而为本书的进一步研究作了铺垫。

第二部分为理论分析部分即第二章利用外资条件下维护产业安全的理论基础。

第二章首先分析了维护产业安全的理论渊源，从产业安全与经济安全重要性，开放经济条件下产业安全存在的现实性，国际投资理论、国际贸易理论和发展经济学理论中维护产业安全的思想等方面寻找利用外资中维护产业安全的理论依据。其次，分析了外资影响东道国产业安全的机理，利用动态非合作博弈模型分析了跨国公司行为与东道国引资目标对产业安全的影响。最后，结合政府规制理论分析了利用外资中的东道国政府规制的必要性及方法。以上说明，东道国政府的外资政策在维护产业安全中的作用不可忽视。

第三部分为实证分析部分，包括本书的第三、第四和第五章。

第三章为中国装备制造业利用外资概况的分析，从利用外资对中国装备制造业发展的积极作用及相关问题进行正反面的辩证分析。第四章为利用外资条件下装备制造业的产业安全评价模型构建，结合产业安全的影响因素构建相关评价指标体系和模型。第五章为中国装备制造业及其子行业利用外资的产业安全评价，利用上一章的模型估算1997—2017年间中国装备制造业及其七大子行业的产业安全状况变化过程，并利用外资相关数据对中国装备制造业产业安全度的影响进行了分析。

第四部分为政策回顾及国际实践比较分析，包括本书的第六章和第七章。

第六章为产业安全视角的中国装备制造业利用外资政策的回顾与评价，首先分析了东道国利用外资政策相关理论，其中包括东道国利用外资政策的目标、类型及手段，世界各国利用外资政策的总体变化趋势和中国利用外资政策的变迁。其次，回顾了市场准入、市场经营和退出方面的中国装备制造业相关的外资鼓励政策和外资限制政策。最后，从产业安全的视角对中国的现有外资鼓励和限制政策分别进行实证分析和评价。通过内外资行业增值税实际税率差等代表性指标与装备制造业产业安全度变化关系的实证分析，认为差异性的外资鼓励导向政策导致行业和地区发展失衡及对内资企业尤其是民营企业的政策歧视，而且还导致了地方政府外资鼓励政策的"囚徒困境式的合成谬误"；而产业安全意识不强、管理体制不健全、政策不协调导致了外资限制政策维护产业安全作用的低效。第七章为利用外资条件下维护装备制造业产业安全的国际实践比较，首先分别分析了代表性的发达国家和发展中国家维护装备制造业产业安全的不同政策，其次分析了 TRIMs、MAI 等多边协议对成员国的规范及其对东道国利用外资中维护装备制造业产业安全政策的影响。最后分析了国际经验对中国装备制造业利用外资政策的启示。

第五部分为对策分析和研究结论，包括本书的第八章和第九章。

第八章为利用外资中维护中国装备制造业产业安全的对策研究，依据前文理论分析和实证分析的结果，提出了各方面的对策，包括优化中国装备制造业利用外资的政策体系，提升中国装备制造业的产业发展环境、产业创新力和竞争力，建立中国装备制造业利用外资的产业安全监测与预警机制等。第九章对本书的主要研究结论进行总结并对后续的研究进行展望。

# 第六节　研究的重难点及创新点

## 一、研究的重难点

### （一）研究重点

本书的研究重点包括：（1）利用外资条件下维护产业安全的理论基础；（2）利用外资条件下装备制造业的产业安全评价模型构建，在评价模型基础上对中国装备制造业及其七大子行业的产业安全状况变化趋势的实证分析，及利用外资数据与中国装备制造业产业安全度变化之间的关系分析；（3）产业安全的视角对中国的现有外资鼓励和限制政策分别进行实证分析和评价；（4）利用外资条件下维护装备制造业产业安全的国际实践比较及经验与教训分析；（5）利用外资中维护中国装备制造业产业安全的对策研究。

### （二）研究难点

本书的研究难点和研究重点相关，但是研究难点更加具体和复杂，分别如下：（1）开放经济条件下产业安全存在的现实性问题；（2）外资影响东道国产业安全的机理分析；（3）利用外资条件下装备制造业的产业安全评价指标体系的选取和各指标权重的设置；（4）实证分析中代表中国外资鼓励和限制政策变量的指标值的选取；（5）提升中国装备制造业的自主创新力和竞争力的对策分析。

## 二、可能的创新点

### （一）研究视角

不同于传统的利用外资问题研究文献，本书从东道国产业安全的角度聚焦研究装备制造业外资利用的负面效应问题，不仅对产业安全的存在性和现实必要性问题进行了探讨，而且结合外资影响中国装备制造业产业安全实证分析的结论，提出从重视产业安全的角度不断优化和调整中国装备制造业利用外资的政策体系。

（二）制度因素分析

影响产业安全即导致产业发展偏离安全发展状态的因素是极其复杂和多方面的，有政治因素、经济因素，还有社会因素。虽然有学者把制度因素和政府规制效率作为影响产业安全的重要因素单独研究，但是相关研究文献尤其是研究外资政策因素对产业安全的影响的文献较少，本书力图弥补这个不足，积极探索利用外资政策与产业安全的关系，力图验证制度因素对维护产业安全的作用。本书在传统的以经济目标为主的外资政策评价方法基础上，探索从产业安全相关的社会目标、政治目标和民族目标角度来回顾和评价我国现有的利用外资鼓励政策和限制政策，完善对外资政策质量的进行评价方法。

（三）实证研究方法的改进

各类别的研究者关于产业安全的评价指标体系和模型不尽相同，本书在相关研究成果的基础上，根据合理性和实用性的原则，改进了外资利用条件下的东道国装备制造业的产业安全评价模型，增加了产业自主创新力指标；实证分析数据方面，动用1997—2017年跨度21年的国内外权威数据库的相关数据对多个年度和七个装备制造业子行业的产业安全度进行了估算，扩大了研究的纵向和横向宽度，且多采用价格调整的实际增长率等数据，有利于更真实地、更全面地比较分析中国装备制造业产业安全状态的变化趋势；外资政策评价的实证分析方面，首次选取内外资行业增值税实际税率差等指标来代表外资政策变量，并实证分析了外资政策变量对中国装备制造业产业安全的影响，为中国装备制造业利用外资政策的调整做了依据和参考。

# 第二章　利用外资条件下维护产业安全的理论基础

## 第一节　维护产业安全的理论渊源

### 一、产业安全与经济安全的重要性

（一）经济安全在国家安全中的地位

冷战结束以后，世界经济及政治格局发生了深刻的变化，和平与发展成为当代世界的时代主题，多数国家都把发展经济作为中心任务，也越来越重视经济安全问题，扩充了以前只强调军事和政治安全的国家安全范畴。实际上，在新的国家安全范畴中，国家的安全发展不仅包括国家排除内外威胁的生存问题，而且还包括国家政治、经济和文化的发展问题，经济安全的地位也越来越重要，它不仅是保障军事安全和政治安全的基础力量，同样也常常是军事安全和政治安全追求的根本目标。因此，在新形势下，经济安全对保障国家安全发挥着根本性的作用，在国家安全中处于基础地位。

（二）产业安全对经济安全的意义

毋庸置疑，产业安全在经济安全范畴中处于核心地位，同时也是民族利益的体现和国民经济发展的命脉所在。如果一国主要产业的安全受到了威胁，那么整个国民经济的就难免受影响。[1]

---

① 卢新德.跨国公司本土化战略与中国产业安全 [J].世界经济与政治论坛，2004（3）.

从世界经济史的经验总结来看，历史上经济大国的变迁基本上都与特定历史时期的主要产业的竞争力有关，如古代中国称雄于东亚地区的主要原因是因为拥有当时世界上生产水平比较高和规模最大的农业，荷兰在近代欧洲时期迅速崛起的主要原因是其强大的造船业和海洋运输业，19世纪中期英国崛起为世界第一强国的主因是利用第一次工业革命率先建立了超强的工业优势。二战后美国成为新的世界第一强国也是因为其作为后起的工业国家及时地抓住了第二次工业革命的机遇，发展了强大的工业和高科技产业。

21世纪以来，各大经济强国都很重视保持制造业的实力和积极发展以知识经济和生态经济为代表的新兴产业，其实质也是为了保障和提升国家经济安全的地位。总而言之，一国主要产业的国际竞争力及其产业安全发展，是一国经济安全的直接保障，也影响着国家的发展前途。

## 二、开放经济条件下产业安全的现实性

### （一）"全球化悖论"与国家产业安全

在经济全球化的扩展过程中，一个关于国家功能的必要性的"全球化悖论"问题随之出现，即经济全球化一方面在资源配置方面需要弱化国家的功能，因为在经济全球化过程中世界经济结构要统一成一个更大的自由市场，以实现资源在全球合理配置和均衡，而国家的存在往往会增加交易成本和增加市场障碍，进而导致要素扭曲；另一方面公共产业的发展离不开国家功能，因为目前全球仍旧缺乏一个公正、权威的超国家组织机构以及一系列平等、有效的制度规则安排，如果过早地弱化国家功能则影响全球化过程中必需的公共产业的发展。因此，全球化的进程又离不开国家功能。

国家功能在经济全球化中的必要性引出了国家产业安全的必要性和现实性问题。不仅是发达国家要积极发展高科技产业和先进的制造业以保持其产业优势，而且发展中国家也积极通过融入世界经济全球化进程以图在开放中发展和壮大产业竞争力，逐渐摆脱经济发展自主权受制于人的局面。

### （二）民族产业与产业安全的必要性和现实性问题

对于产业安全的必要性和现实性问题的认同，核心在于对民族产业的概念是否认同。由于民族产业具有相对于外资产业的特别属性和地位，且在一

国经济发展中具有特别的实际贡献，故民族产业在一国产业结构中占主导地位是一国产业安全的核心问题和直接表现。民族产业的安全发展也是一国产业安全的保障。

实际上，由于全球资源环境有限性的约束及经济发展的周期性波动，民族利益和国家利益的界限依然存在，民族产业的概念并没有过时，而全球化主义者宣扬的"全球企业"以及"全球产业"的适应范围有限，不能简单地替代民族产业。关于民族产业的范围界定仍然存在差异，有"产地说""股权说"以及"品牌说"等十几种划分依据。各类划分方法都具有一定的合理性，不能拘泥于某一种划分方法而否定其他。"民族产业"的确定应该先从"民族"一词的本义入手，即"民族"是用以描述具备一定的文化、地域和心理共性，在同外部世界的利益冲突中，能保持相对独立利益范围的"利益主体"，而民族产业和特定的"利益主体"有关[①]。在研究利用外资问题时，提出"民族产业"这个概念，其本意是在不否定外资的积极作用的同时，强调民族产业和外资之间的利益界限和利益冲突。另外，在界定"民族产业"的内涵时，需注意几项原则。其一，从"民族产业"的主体来看，其投资者或者经营者须为本国法人或者公民，所有制性质相对次要。其二，"民族产业"不仅仅表现为个体的企业形态，更应全面表现为一个民族和国家的产业总体发展水平及综合经济实力，因此，除了微观上的企业特征如资本、技术、知识产权、产值、盈利水平等标准以外，更应该考虑宏观层面的指标如国家整体经济实力，产业结构和产业布局的合理性，本国企业的整体核心竞争力、技术控制和开发能力等，并在不同性质的问题上应具有相应的宏观和微观理解。其三，界定某具体企业是否为"民族产业"，需从民族经济长期利益的角度进行衡量，看其经营现状与发展前景是否符合民族经济的长期利益。

由于特定时期提出的"民族产业"暗含抵制外资的时代意图，故有学者提出在新的历史时代，为了中肯地反映对外资利用的大力支持和合理管制的双重意图，并能较好地区分外资经济与内资经济的性质，用国内工业或者本

---

① 杨建龙.关于外商投资与外资政策的博弈分析 [M].北京：经济科学出版社，2000.

国产业来替代"民族产业"的提法更合适。① 也有学者用"内资产业"②、"国内产业"③ 或者"国民产业"④ 来对"民族产业"的概念进行替换。但是从本质上看，无论是内资产业、国内产业或是国民产业的提法，其实都未否认民族产业以及民族产业安全的重要性，因此，本书也使用"内资产业"或"国内产业"的概念来同义替代"民族产业"。

### 三、国际投资理论中维护产业安全的依据

目前的很多外资理论如"双缺口模型"或"四缺口模型"理论的特征之一是主要是从外资对东道国经济发展的正面效应出发进行分析的，很少对外资的潜在风险或负面效应进行描述。但是从其主要理论中还是或多或少能找到外资对东道国产业安全存在负面影响的描述，进而得出维护产业安全的依据。

（一）垄断优势论和内部化理论

美国经济学家斯蒂芬·海默于20世纪60年代初提出了很有影响力的垄断优势论，主张用"企业的垄断优势和国际市场结构的不完全竞争条件"来解释对外直接投资，并认为美国企业之所以能对外直接投资，是由于其企业相对于东道国企业更具有垄断优势，使其能在与东道国企业的竞争当中获胜。而企业垄断优势直接主要来自产品市场不完全的优势，包括对某些专门生产和工艺技术的控制，对产品原料或中间品供应渠道的垄断，对销售市场的控制，有较强的产品开发能力及生产厂商之间的合谋行为等；要素市场不完全的优势，包括在资本市场上具有与其金融或信用等级优势相对应的较强融资能力，先进的管理优势以及利用规模经济或知识产权形成的垄断优势。以上垄断优势决定了跨国企业对外投资的垄断利润。

20世纪70年代的英国经济学家卡森（M. Casson）与巴克莱（P. J. Buckley）利用科斯（Ronald. Coase）的"内部化"观点研究了对外直接

---

① 于新东. 产业保护和产业安全的理论分析 [J]. 上海经济研究，1999（11）.

② 傅华，傅宁. 中国战略产业安全与外资并购立法研究 [J]. 电子科技大学学报：社科版，2007（9）；刘卫. 完善外资并购法律政策保障国家产业安全 [J]. 中国管理信息化，2007（9）.

③ 季崇威. 论积极合理有效地利用外商投资 [J]. 特区经济，1996（7）.

④ 赵世洪. 国民产业安全概念初探 [J]. 经济改革与发展，1998（3）.

投资问题，并且提出了外资的"内部化理论"①，随后该理论又获得鲁格曼（A.M.Rugman）的丰富与发展。此理论假设市场是不完全的，而各种市场由于失灵状况的存在将会引起企业交易成本的增加，促使跨国公司将国际贸易内部化，即用企业的内部管理机制来替代外部不完善的市场机制，以降低交易成本和获取内部化优势。跨国公司对"知识产品"内部化的动机最强，其根源在于跨国公司不愿将其较先进的技术通过对外投资或者技术转让形式转移出去，以避免因市场外部效应导致对东道国相关产业的技术外溢。

以上理论表明，垄断优势和内部化优势是跨国公司对外投资的重要影响因素，也通过股权控制、品牌控制、市场控制及技术控制间接影响了东道国的产业安全发展。技术控制作为重要原因使东道国陷入"技术锁定"与"技术依赖"等困境，跨国公司利用其在技术和市场等方面的所具备的垄断优势或比较优势以及东道国市场的不完善来排斥当地企业的自由竞争，从而获取超额利润。②

（二）国际生产折中理论

按照英国经济学家邓宁（John H. Dunning）提出的国际生产折中理论，跨国公司选择国际生产活动的类别主要三项优势的影响，分别为所有权优势、区位优势和内部优势，以上三项优势整合直接导致了对外直接投资。在实践中，绕过关税以及非关税壁垒是引起对外直接投资的一个原因。③ 例如壁垒愈高，外部交易费用就愈高，从而通过对外投资进行内部化的意愿则愈强。所以，对外直接投资可以很好地规避东道国的关税及非关税壁垒，导致东道国运用贸易政策来维护产业安全的方法低效，也进而使得东道国同时运用外资政策来维护产业安全成为必要（曹秋菊，2010）。

（三）边际产业扩张理论、产品生命周期理论和国际产业转移理论

日本的学者小岛清于1977年提出的边际产业扩张理论，提出了有异于垄断优势论的观点。该理论利用国际分工的比较优势原理，结合日本公司20世

---

① Buckley P J, Casson M C. Analyzing Foreign Market Entry Strategies: Extending the Internalization Approach[J]. Journal of International Business Studies, 1998, 29（3）: 539–561.

② 王允贵. 跨国公司实行产业控制的方式 [J]. 经济研究参考, 1998（4）.

③ Dunning J H. Trade. Location of Economic Activity and the MNE: A Search for an Eclectic Approach[J]. International Allocation of Economic Activity, 1977（1023）: 203–205.

纪60、70年代对外投资的实践经验，提出了投资国应优先输出发达国家（投资国）处于比较劣势的产业（即边际产业），以实现"出口替代"的目的，更好地实现对发展中国家的垂直分工为主的投资模式，该理论反映了日本在二战后重新在国际生产领域崛起并寻求适合本国发展路径的愿望。[①]

与边际产业扩张理论类似的有美国哈佛大学教授雷蒙德·弗农（Raymond Vernon）于1966年提出的产品生命周期理论，认为每种产品都有其自身的导入、成长、成熟和衰退等生命周期，而同一种产品在不同的国家可能处在不同的生命周期阶段，这使得产品的生产会为了追逐比较优势而在各国间转移即导致对外直接投资。[②]20世纪30年代初，日本经济学家赤松要（Akamatsu）以弗农产品生命周期理论为基础，提出了"雁行发展"的模式，认为领头国的产业结构的重构或产业发展的次序推移是国际产业转移的原动力。其后，日本学者小泽辉智在"雁行发展"理论的基础上，结合国际投资大发展的背景，进一步提出了"增长阶段"的模式，促进国际产业转移理论的成型。该理论认为在国际范围内的产业转移中使用了按梯度推进的路径，一般为：在不同发展水平的国家之间，产业转移的顺序依次为发达的国家、次发达的国家、发展中国家，在不同要素密集程度的产业之间，产业转移的顺序依次为劳动密集型产业、资本密集型、技术密集型产业。

以上理论表明，为在国际竞争中保持优势地位，跨国公司很难主动向外转移其所拥有的产业优势，甚至一些跨国公司倾向于向后进的发展中国家转移发达国家已淘汰的高能耗或高污染产业。因此，如果发展中国家总是希望依托跨国公司的产业转移来促进本国的产业发展，不仅很难实现对发达国家的赶超，而且还可能会使发展中国家陷入"利用外资的陷阱"[③]。

（四）投资诱发要素组合理论

投资诱发要素组合理论提出，投资直接诱发要素与间接诱发要素推动了对外直接投资。其中，投资直接诱发要素主要包括资本、人力资源、管理以

---

① 〔日〕小岛清. 对外贸易论 [M]. 天津：南开大学出版社，1987.

② Vernon R. International Investment and International Trade in the Product Cycle[J]. International Executive, 1966, 80（2）：190–207.

③ 〔日〕小岛清. 对外贸易论 [M]. 天津：南开大学出版社，1987.

及技术等要素优势。投资间接诱发要素主要包括东道国政府提供的鼓励性投资政策和法律、对外投资协议、经济一体化水平和市场利率或汇率波动等。该理论涉及政策因素对跨国公司对外投资的影响，但是却忽略了东道国利用外资鼓励政策的成本对产业安全的影响。因为外资鼓励政策的实质是东道国通过利益让渡的方式提高外商的投资收益率，达到吸引外商投资的目的，如若不考虑外资鼓励政策所带来的"引资效应"，可能引发东道国经济利益的净损失，另外还有可能产生由于东道国产业政策的低效或政策实施中的寻租引致的附加成本。

## 四、国际贸易理论中维护产业安全的依据

国际贸易理论中较早涉及产业安全保护问题的有重商主义的关税保护思想，具体观点认为政府的干预是经济有效运行的保障，主张通过关税保护等手段限制进口同时鼓励工业制成品的出口，以保护国内民族产业的发展，进而维持国家的对外贸易顺差。以亚当·斯密为代表的自由贸易学派也主张对涉及国防安全的重要产业进行保护。

以美国的亚历山大·汉密尔顿和德国的弗里德里希·李斯特为代表的幼稚产业保护理论提出了对幼稚工业进行保护的思想，主张国家在达到工业成熟期前不要贸然实行自由贸易政策，在国家经济基础不太强大的时候不要过量使用外资，要使用保护关税等手段培育制造业及幼稚产业的竞争力，以维护国家的经济安全和产业安全，该理论后来成为许多国家制定对外经济贸易政策和利用外资政策的参考。

布兰德、克鲁格曼和斯潘塞等经济学家于20世纪80年代提出的战略性贸易保护理论涉及到对战略产业的保护，该理论以不完全竞争和规模报酬递增为假设前提，区别于传统的自由贸易学说，主张政府对战略产业进行贸易干预，给予本国企业生产补贴，对外国竞争产品征收进口关税或实行配额，以谋取规模经济之外的战略收益和本国产业发展，该理论实质上着力点也是产业安全的保护问题。

## 五、发展经济学中维护产业安全的思想

20世纪50年代起，发展经济学家开始关注外资对发展中国家的影响，进行了一些涉及外资对发展中东道国产业安全影响的理论分析。

（一）国际依附论

早期的国际依附论主要包括狭义依附论和结构主义依附论两类。狭义依附论的主要代表人物有A．G．弗兰克、多斯桑托斯和萨米尔·阿明等。他们常借助马克思主义政治经济学的方法来分析二战后国际经济关系，研究发展中国家重新陷入对资本主义发达国家的依附趋势。而"结构主义依附论"起源于20世纪50年代的不发达理论及依附理论。主要观点有普雷维什提出的"中心—外围"理论，认为世界经济体系已经发展为"中心—外围"的构成体系，处于体系中心的是少数已实现了工业化的发达国家，处于外围的则为广大从事农业以及初级产品生产的发展中国家。在这个体系中，外围的发展中国家处于依附性的从属地位，主要是在资金、贸易、技术许多方面受制于中心位置的发达国家，从而不能得到应有的发展，且这种趋势得以不断的恶化。[①]

卡多佐和法莱托综合了早期的国际依附论的两派观点，并对其不足进行了补充和完善，进而提出了新的依附性发展理论，认为世界经济体系中依附和发展是对立统一的关系，并应该具体分析依附性的不同类别进而提出相应的发展策略和理论。该理论实质是折中的观点。

依附理论作为发展中国家激进学者创立的一种短暂存在的经济学流派，虽然其理论分析中存在许多片面性、偏激性和空想性成分，但是包含了发展中国家在利用外资中要注意经济安全和产业安全、避免走向依附性发展道路的思想。

（二）经济民族主义的利用外资思想

发展经济学的经济民族主义者认为跨国公司具有追逐"垄断"利润的本性，并且可能利用所有权优势或市场寡头地位实现其目的，因此，发展中国家要与跨国公司进行"讨价还价"的博弈，要限制外资的过度渗入以减少

---

① Alesina A, Ardagna S, Nicoletti G, etal. Regulation and Investment[J]. Journal of the European Economic Association, 2005, 3（4）: 791–825.

其对当地民族产业发展的损害即"逆民族化"问题，同时重视民族产业在维护经济安全和保障国家利益中的作用。对于外资带来的负面作用，一些激进的经济学家，以阿明（Samir Amin）、海默（Hymer，S.H.）、乔苏道夫斯基（Chosoudovsky，M.）等为代表，在对"两缺口"模式等理论批评的基础上，认为外资对东道国的经济发展弊大于利，提出了"要外贸，不要外援"和"切断南北经济关系"等极端建议。大多数发展经济学家则认为，只要采取适当的措施，引进外资的利仍然利大于弊，因此不能因噎废食，而应该兴利除弊，积极、稳妥地引用外资。

（三）发展中大国的产业安全问题

新发展经济学学派张培刚（1989）等认为传统的发展经济学派对发展中大国的产业安全问题的重要性和特殊性研究不够，提出中国、印度等"发展中大国"是自然地理特征和社会经济特征都很明显的综合体，如幅员辽阔、人口众多、资源丰富、历史悠久、人均收入低下等，其经济发展过程中有复杂性和特殊规律，既要利用对外开放引进国外的资金、原材料、先进技术和管理经验来促进工业化和现代化，又要在开放过程中把握好开放的尺度，保护好民族产业和经济发展的自主权。让外资主导经济可能会使一国致富，如新加坡，但却决不会使一国强大。新发展经济学学派认为发展中大国应该主要通过内向型的经济发展战略来实现经济腾飞，不能盲目学习发展中小国的外向型经济发展模式。[1]

# 第二节 外资影响东道国产业安全的机理分析

就外资对东道国产业安全的影响方式来说，主要有国际贸易和利用外资两种，但是由于国际贸易政策的完善，参与国际贸易带来的产业安全问题不如利用外资对东道国产业安全的影响复杂，且很多国际贸易活动也是由外资企业推动的，故本部分侧重于研究外资对产业安全的影响机理。由于20世纪

---

[1] 张培刚.发展经济学往何处去——建立新型发展经济学刍议[J].经济研究，1989（6）.

80年代以来在中国引进的外资中以外商直接投资方式为主，所以又以外商直接投资影响东道国产业安全的机理作为本书的研究重点。

## 一、外商直接投资影响东道国产业安全的机理

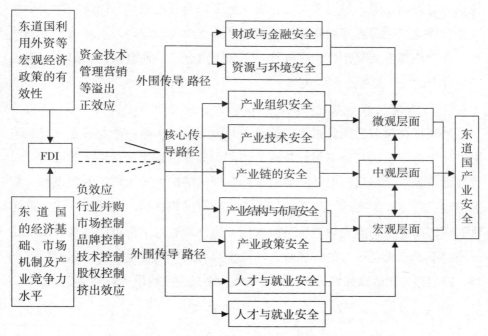

**图 2-1　FDI 影响东道国产业安全的机理**

资料来源：据相关研究文献总结。

外商直接投资影响东道国产业安全的方式和路径比较复杂，先综合现有研究文献的分析综合其机理，并用图2-1来描述。不难发现以下特点：（1）外商直接投资对东道国的产业安全影响是正效应还是负效应，除了与外资的行为和趋利性动机有关，还受到东道国外资利用政策等宏观经济政策的有效性、东道国贸易政策和外资政策的协调性、东道国经济政治及社会的稳定性、东道国产业竞争力水平、东道国的经济基础和市场机制完善程度的影响。如果东道国利用外资政策失效或经济基础弱、产业竞争力水平低、市场机制不完善，那么外资就会强化行业控制、市场控制、技术控制、所有权控制及资本挤出效应等方面的负效应。反之，资金、技术、管理方面的正面效应就会加

大。（2）外商直接投资对东道国产业安全的影响路径又分为核心传导路径和外围传导路径，核心传导路径是直接通过影响东道国的产业组织安全、产业技术安全、产业链安全、产业结构安全、产业布局安全和产业政策安全等方面形成对东道国产业安全的微观、中观和宏观三个层面的影响。外围传导路径是通过影响东道国的财政与金融安全、资源与环境安全、国际收支安全和人才与就业安全等方面间接影响东道国产业安全。因此，外资影响东道国的产业安全机理有其复杂性和多样性。下面重点分析外商直接投资影响东道国产业安全的几个具体方面的机理。

（一）外资的挤出效应及其对东道国产业安全的影响机理

外资存在对东道国要素市场的挤占并影响东道国国内产业安全发展的情况。具体而言，在东道国引进外资的初期，资金短缺明显，外资的进入可以很好地填补资金缺口。但是随着引进外资规模的扩大和国内产业的发展，东道国建设资金逐渐充裕，外资的进入就将会对民间资本产生挤出效应，进而对东道国产业组织安全的产生负面效应。当外资进入了东道国过度开放的且民族产业仍缺乏竞争力的市场时，外资将会利用其竞争优势抢占东道国的市场，控制和替代民族品牌，无论是市场结构还是企业组织形式都会受到影响。

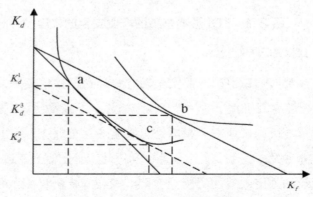

图 2-2　外资对内资的挤出效应

当东道国政府给予对外资的过多优惠政策时，外资的挤出效应将会被强化，加剧国内资金的过剩状况。在此结合图 2-2 可以说明外资的挤出效应对东道国产业安全的影响。假设东道国的某产业使用国内资本 $K_d$ 生产，现通过外资利用引进国外资本 $K_f$，生产可能性曲线和预算线的切点最初为 a 点，但是由于一般情况下外资的资本效率要高，外资引入后必然会对内资形成挤出效应，生产均衡点逐渐由 a 点先下滑到 c 点，最后移向新的生产组合均衡点 b 点。对应 b 点到 a 点的变化，国内资本 $K_d$ 下降了 $K_d^1 K_d^3$ 部分，实际上就是外资对内资的挤占部分。

（二）外资的投向失衡对东道国产业结构安全的影响机理

其一，外资的逐利性导致的外资投向失衡。外资一般倾向于投向东道国资本报酬高的产业或投资环境好的地区，另外还会考虑东道国给予特定产业的优惠发展政策。外资的投资偏向会促进特定产业的优先快速发展，有助于优化这类产业的发展环境，从而再吸引更多的外资投入，形成良性循环。但是外资的投资偏向会使其他外资较少投入的一般产业因为缺乏先动优势而得不到发展的先机，甚至导致这类产业的优质资源逐渐流向那些优先发展的特定产业，不利于产业结构的优化。其二，不适当的外资优惠政策也会导致外资投向失衡。各个东道国或东道国内部各地区政府间外资优惠政策的恶性竞争会导致外资政策不能有效地形成对外资的合理导向，可能会使落后产业的发展环境越来越不利，与优先发展产业的差距越来越大，从而加剧东道国的产业结构失衡，威胁东道国的产业安全。

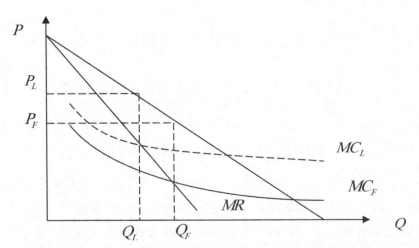

**图 2-3　外资的投向失衡对东道国产业结构安全的影响机理**

假设不同的产业处于差异性的发展地位，特定的产业由于发展环境好或受到优惠政策的支持而获得外资的优先投入，如图2-3，享有政策优惠的特定产业F具有先占优势，其边际成本曲线 $MC_F$ 远低于其他落后发展产业L的成本曲线 $MC_L$，且由于规模经济和技术溢出的效应，成本不断减低，产量不断提高，表现为边际成本曲线 $MC_F$ 快速向右下方倾斜。而落后发展产业L由于缺乏政策支持或外资的资金、技术投入，产业发展成本相对较高，限制了自身的发展速度，致使其与优先发展产业F之间的发展差距越来越大，导致东道国的产业结构失衡进而影响其产业安全。

（三）外资流动对东道国产业政策安全的影响

外资也会导致东道国的产业政策安全问题。由于资本的逐利性，外资企业的投资方向和生产组织安排主要考虑利润最大化的原则，可能会忽视或不配合东道国的产业发展政策，或者也会对东道国产业政策的效率产生影响。例如，外资企业不会自动实现上下游产业关联带动东道国相关产业链的发展，甚至可能会削弱东道国国内产业的竞争力。

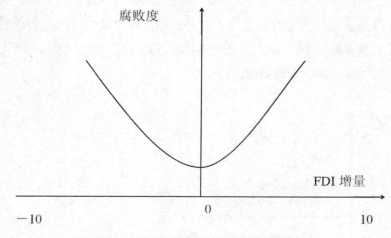

图 2-4　FDI 流量变化与腐败度的关系

外资对东道国产业的影响除了体现在外资会削弱国家宏观调控的力度，以及逃避必要的政策监管，从而影响东道国的整体产业发展规划，还体现在外资寻租对东道国政府效率的影响，削弱东道国产业政策的有效性。根据 Christopher J.Robertson 和 Andrew Watson（2004）的研究，外商直接投资的流量的变化即外资的急速增加和减少都会加剧东道国的腐败程度，二者呈正

"U"型关系，如图2-4。① 外资的急速增加导致了外资之间的竞争，会导致其对外资鼓励政策的寻租，从而影响东道国的产业政策安全。当然外资对腐败的影响程度会因投资国和东道国文化差异和经济发展差异而变化。

## 二、国际间接投资对东道国产业安全的影响机制

国际间接投资主要分为利用外债和鼓励外商参与东道国证券市场投资等形式。

### （一）利用外债对产业安全的影响方面

一般来说，由于利用外债在性质上为非股权型外资投资，一般不涉及外资企业的经营管理权及所有权问题，政府能有效地控制外来资本的流向，能较好地根据产业政策导向支持东道国产业发展需要的重大建设项目或基础设施项目，故对外借款比外商直接投资对产业安全的影响更小。日本和韩国等政府主导性比较强的国家，就是因为看好利用外债相对于利用外商直接投资的优势，偏重于利用外债并较好地维护了本国内资产业的安全发展。当然，也不能过于夸大利用外商直接投资的风险，而忽视利用外债的风险，要认识到很多发展中国家就是因为利用外债比重和规模过大，最后陷于严重的债务危机，同样不能维护本国内资产业的安全发展。要对外债项目的合同条款和使用方向进行严格审查，对外债使用的数量和比例要进行合理控制。

### （二）国际证券投资对产业安全的影响方面

国际证券投资形式表面上看比利用外债对东道国的产业安全冲击更小，因为国际股票、期货或基金投资等投资的风险基本上由外商自己承担，投资的主要收益来源于企业分红和证券交易差价收益，东道国不必为外商承担风险，在证券市场亏损的情况下，东道国也没有像利用外债那样的还本付息压力。但是这种引资方式也有对东道国产业安全影响的隐患。例如在一国的金融市场和政府管制能力较弱的情况下，国外的对冲基金和投机家会借机冲击东道国的金融市场，利用东道国的制度漏洞制造金融危机，进而谋取投机型的交易收益，

---

① 　Christopher J. Robertson, Andrew Watson. Corruption and Change: The Impact of Foreign Direct Investment[J]. Strategic Management Journal, 2004（25）: 385-396.

进而冲击东道国的实体产业，2007年的东南亚金融危机就是一个很好的例证。另一方面，如果没有很好的证券市场监管和对外资证券投资比例的限制，尤其是单个外资法人持股比例的限制，也会发生外资利用证券投资变相收购东道国股权，进而利用控股权渐进地获取东道国企业控制权和发展权，扩大外资在东道国的垄断优势，最后危及到东道国内资产业安全发展的问题。

因此，国际间接投资对东道国产业安全的影响主要是间接形式，更具有隐蔽性，东道国要合理配置好各类投资的比重，不能偏重于单一的利用外资形式。

## 第三节　跨国公司行为与东道国产业安全

### 一、跨国公司投资动机与行为

二战后经济全球化的进程得到较快的发展，跨国公司已经成为经济活动的重要参与主体及国际投资活动的主要承担者。由于跨国公司的趋利性，导致了其对外投资或并购存在的不同动机，进而表现为不同的投资行为。如果与东道国的产业政策目标相悖，跨国公司投资就会间接地影响东道国的产业安全。

（一）跨国公司的投资动机的一般分析

根据国际生产折衷理论，跨国公司从事对外直接投资是所有权优势、区位优势和内部优势三者同时具备条件下的选择。跨国公司根据不同优势选择是否投资和不同的投资方向，也侧面反映出跨国公司对外投资是有相应的战略目标和投资动机的。另外，联合国贸发会议在其发布的《1998年世界投资报告》中也对跨国公司对外直接投资的动机作了专题研究。根据世界投资报告和邓宁等多方研究的分析，可将跨国公司的对外投资动机归纳为以下几点。

1. 国外市场寻求型

该类别对外投资的主要目的有巩固和扩大国际市场规模，排挤各类竞争对手，直接开辟成长潜力较大的新兴市场进而抢占市场先机，绕开东道国的关税和非关税壁垒扩大出口，突破贸易壁垒对东道国市场的保护等，实质是为了满足企业的生存和发展的对外扩张需要。这类投资动机受到东道国市场规模、市场成长状况、市场结构、消费偏好、FDI政策框架和商业便利性的影响。如外资对二战后发展较快的新兴经济体的大力投资。

**2. 资源寻求型**

该类别对外投资的主要目的包括利用东道国的自然资源、劳动力资源、商标等创新型资产和基础设施资源（电力、交通、通信），扩张技术优势或通过并购弥补技术优势等。对外直接投资是绕过原料进口贸易壁垒，保证原料来源的重要手段。如日本的国内市场狭小，劳动力和生产原料资源短缺，对进口原料的依赖性较强，故日本企业的对外投资领域一般优选初级工业领域，以尽可能地获取更多的廉价原料资源和劳动力，进而保持日本较强的工业制成品出口能力。

**3. 效率寻求型**

该类型对外直接投资以节约成本提高生产效率为动机，如降低劳动力成本、运输和通信成本、区域协调成本等，以实现地区或全球化生产合理化，增加全球创新和生产竞争力。

**4. 追随客户型**

该类投资表现为会计、广告、银行、运输业和制造业等类型跨国公司受其领导型客户的影响，追随客户实现地区或全球范围布局。如当某家跨国银行的许多客户扩大对外投资后，该跨国银行就会采取追随投资的政策以跟进与客户的合作。

**5. 政策利用型**

该类投资的具体目的是追逐东道国的外资优惠政策。东道国如果采取进口贸易方面的严格保护措施，而对外资采取区别于内资企业的优惠政策，就有利于外资企业更好地利用东道国受保护的市场容量，还可以利用东道国优惠的外汇政策导致的货币优势来并购货币弱势国的企业。

**6. 污染转移型**

该类投资的具体目的是规避发达国家严格的环境保护法规对相关污染产业和高能耗产业的限制，利用发展中国家的环境保护制度不太完善等漏洞，将污染产业和高能耗产业转移到发展中国家。

**7. 技术获取型**

该类投资的具体目的是对东道国的领先技术、高端人才、研发机构和商业信息的获取，表现为发展中国家利用对发达国家的投资并购以获取东道国对投资母国的反向技术外溢，这一点区别于传统的投资国对东道国的技术溢出。如中国、印度汽车产业对欧洲国家知名汽车品牌企业的收购。

总之，通过以上一些动机的分析，不难发现，跨国公司之所以积极地倡导并且推进对外直接投资，主要是为了自己获取超额利润和维持垄断优势，以保持在国际经济领域的主动权，并非出于自愿主动帮助发展中国改善经济困境。从本质上来看，这样的动机和做法无益于发展中国家追赶发达国家的产业发展，进而不利于发展中国家的产业安全发展。

（二）跨国公司对中国市场的投资动机分析

中国是目前世界上最大的发展中国家，改革开放以来其广阔的市场空间、丰富的生产要素资源、稳定的经济发展环境和优惠的外资政策受到各国跨国公司的青睐。据统计，截至2017年底世界500强企业已有大约98%在中国进行投资，且中国实际利用外资数量占据发展中国家第一位和世界第二位，但是中国利用外资情况有其自身的特点，因此研究跨国公司对中国投资的动机，有助于研究外资引起的产业安全问题。跨国公司对中国投资的主要动机可以归纳如下。

1. 获取中国的低成本劳动力资源和廉价的生产资源

在早期对中国的直接投资中，外资企业的主要目的就是利用中国大陆市场廉价的劳动力成本和丰富的原材料生产资源，大量投资于劳动密集型的产业。

2. 抢占中国大陆新兴市场

虽然中国市场经济改革是一个不断深化的过程，仍有很多制度不完善的地方，但是中国加入世界贸易组织和逐渐兑现入世承诺，中国逐渐对外释放的市场巨大潜力和有效改革是各跨国公司看好的重点。跨国公司多数是以新兴市场、成长性市场的视角来认识中国的发展前景，直接投资不仅可以绕过贸易壁垒，也可达到先占领、再图谋取长期收益的作法。例如德国大众汽车公司就是较早看好了中国汽车市场的发展前景，通过早于日本和美国的汽车制造企业的对华投资，抢占了中国市场先机，赚取了大量利润。

3. 把中国市场作为拓展亚洲市场的支点

无论是1997年东南亚金融危机还是2008年全球金融危机中，中国经济在亚洲经济的衰退中快速恢复，为亚洲以至世界经济复苏性增长做出了积极的贡献，这些事实体现出来中国市场在亚洲市场中的重要地位，这也是跨国公司对中国投资关注的原因之一。

4. 利用中国给予外资的优惠政策

如税收减免优惠、廉价的土地使用政策、财政补贴优惠和区域发展差异性的鼓励政策都对来华的跨国公司有很大的吸引力。

5. 追随其竞争对手和客户对中国进行投资

6. 转移和分散投资风险

7. 利用中国的交通和通信等基础设施的优势，通过中国发展加工贸易或转口贸易等

以上投资动机的排序可能依跨国公司的类型不同而有所差异，但是都比较类似。

以上表明，中国在利用外资进程中，不仅要认识到外资的积极作用，也不能忽视外资因其逐利本性导致了外资可能不会主动帮助东道国的产业发展，而且可能有损害中国产业的投资动机和行为。事实上跨国公司通过并购中国制造行业的龙头企业、通过不正当竞争手段垄断中国行业市场的行为已经在一定程度上危害了中国内资产业的发展。

## 二、跨国公司与东道国的博弈及其对东道国产业安全的影响

（一）跨国公司投资动机与东道国引资目标的矛盾

从跨国公司投资动机的分析可以看出，跨国公司以逐利为主的投资动机难免会与东道国的引资目标及相关产业政策发生矛盾和冲突，如：（1）跨国公司的并购行为与东道国试图加强本国企业发展的目标相冲突；（2）跨国公司只想使用成熟的技术，不想使用世界领先的先进技术，且保持技术方面的垄断优势，而东道国政府希望引进国外先进的技术并消化吸收；（3）跨国公司欲加强对其知识产权的保护，然而东道国却希望获得扩大技术的扩散。（4）一方面政府希望外商能够将投资的利润用于东道国再投资，而另一方面外商却希望利用其全球分公司网络将投资的利润转移出东道国等。可以用一种非合作动态博弈（Non-Cooperative Game）模型来分析二者的冲突及其对东道国产业

安全的影响。

（二）动态非合作博弈过程分析

在建立博弈分析模型之前，需要先做出相关基本假定：

1. 当事人的假定

假设有东道国（Host Country，HSC）和跨国公司（Transnational corporation，TNC）两个当事人，且具有对称的信息。

2. 跨国公司的策略

假定跨国公司TNC有两种可以选择的策略——信守投资时的事先合约（如使用或转让新技术，培训东道国员工，遵守东道国环保标准要求，不利用垄断地位形成恶意市场竞争等方面合约）或不守约（变相利用各种手段绕过东道国政府的监管，进行不正当竞争）。

3. 东道国政府的策略

东道国的选择为"引资"（相信跨国公司的守约能力，引进跨国公司投资）与"不引资"（不相信跨国公司的守约能力，暂时限制特定跨国公司的投资）两种。

4. 盈利的假定

假设在东道国同意引资的前提下，如果跨国公司守约，则双方都存在盈利；如果跨国公司不守约，跨国公司盈利，则东道国存在损失。双方动态非合作时的博弈树如图2-5，在图示中，如果东道国引资后跨国公司守约，双方分别得到100个单位的收益，但由于跨国公司在实际投资后有不守约的道德风险，且不守约会导致东道国的实际损失为50，而跨国公司获取了比守约时更高的收益为150。

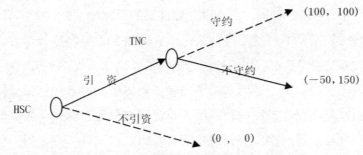

图2-5 跨国公司与东道国的动态非合作博弈

（三）对策分析

针对跨国公司的道德风险，东道国的政府管制或相关产业政策的设计就显得非常必要，应该设计出一定的激励或约束机制等"制度安排"来强迫跨国公司守约。（1）激励和保障机制。这里的激励和保障机制是指东道国采取的保障跨国公司守约时收益的政策，如东道国的外资鼓励政策，主要分为财政鼓励政策、金融鼓励政策和其他鼓励政策三种。现设东道国通过外资鼓励政策保障跨国公司守约时的收益增加量为 X，同时外资鼓励政策也增加了东道国的引资成本，使东道国的收益减为 100 - X，此时的博弈树如图 2-6，结合图示可知，要使保障机制有效，还必须满足的条件为（100 + X）> 150 且（100 - X）> 0，即收益增加量 X 的区间范围为（50，100），这样才能保证跨国公司在守约时的收益大于不守约时的收益。（2）约束机制。约束机制是指东道国采取的减少跨国公司不守约时的不当收益的政策，如东道国的外资规制政策。假设设东道国通过外资规制政策使跨国公司在不守约时收益的减少量为 Y，则此时的博弈树如图 2-7，同理，要使约束机制有效，必须满足的条件为（150 - Y）< 100 即 Y > 50 时，才能保证跨国公司在不守约时的收益小于守约时的收益。

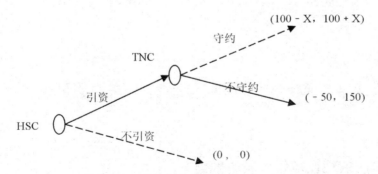

**图 2- 6　保障机制下的跨国公司与东道国的动态合作博弈**

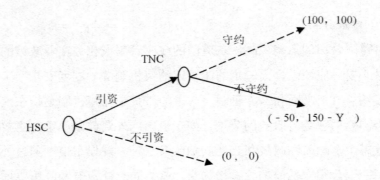

**图2-7　约束机制下的跨国公司与东道国的动态合作博弈**

以上博弈表明，跨国公司因为投资动机和东道国的引资目标可能会存在一定的冲突，甚至跨国公司还存在不守约的道德风险问题，进而给东道国的产业安全带来危害或威胁。因此，在引进跨国公司的投资时，就应设计好相应的保障机制或一定合理范围的规制。值得注意的是，东道国政府除了要使用有效的外资政策、产业政策促使跨国公司履行其在进入东道国市场时做出的承诺之外，还应充分发挥非营利性民间组织的积极作用。非营利性民间组织可以通过对跨国公司的生产经营活动、技术先进度、资信状况、财务状况及履行社会责任等方面的调查，间接影响跨国公司的行为责任和透明度。另外，东道国政府还应加强政府间合作，从而在国际层面限制跨国公司的行为，维持本国的产业安全。

## 第四节　政府宏观调控与政府规制的必要性

### 一、政府宏观调控与规制的依据

在东道国和跨国公司的博弈中，东道国政府通过保障或约束机制等"制度安排"约束跨国公司的道德风险，以减少跨国公司对东道国产业安全的影响。这里的"制度安排"实际上涉及到政府规制问题。实际上，政府规制属于"看得见的手"，是市场经济发展的重要调节手段之一，政府宏观调控和规制政策是完善的市场经济体制不可缺少的政策手段。这里"看得见的手"是指政府干预经济或管理经济的活动，是相对于市场机制这个"看不见的手"的对比称谓。在市场经济条件下，市场机制这个"看不见的手"也不是万能的，在配置社会资源的时候也会存在低效的情况即市场失灵，因此，为了弥补这样的缺陷，政府也常常采取微观与宏观政策作为市场手段的补充，以纠正市场失灵。政府干预经济的手段主要包括宏观调控和政府规制两个方面，前者是宏观层面的经济调节与管理，后者是微观层面的经济和法制调节行为。宏观调控与政府规制是相辅相成，在治理市场失灵方面发挥互补性的作用。可以从市场失灵的具体类别来分析政府调控与规制的依据：

（一）市场机制的不稳定性

市场机制在发挥调节作用的时候，积极作用的发挥并不稳定，也有可能产生一些意外的消极因素或结果，反而会影响市场机制的正常作用。具体又可以分为以下几个方面。

1. 垄断等不正当竞争问题

市场对资源配置所发挥的调节作用基于自由竞争机制，通过优胜劣汰将资源配置至最有效率的企业或者产业当中去。然而市场的企业自由竞争、优胜劣汰往往会导致一个结果即生产和资源不断地集中于少数厂商，最终导致垄断等不正当竞争问题，垄断又会导致人为操纵价格，使得市场信号失真及价格机制扭曲，从而产生市场失灵。

2. 过度竞争的资源浪费问题

市场离不开竞争，但竞争应有限度。由于分散化的个体决策，其面对的是众多不确定性因素与不完全信息，所以在很大程度上是盲目的，会经常产生局部的供求失衡。不是在一哄而上的重复建设中闲置甚至浪费资源，就是失衡以后在重新组合的过程之中付出高昂的资源重置成本。因此市场的自发调节有可能导致某些领域的过度竞争，从而最终影响资源配置的效率。

3. 过度投机与经济泡沫的问题

利润无疑是市场的动力源泉。然而对非正常利润的过分追逐，会导致不恰当投机行为的产生，使市场价格存在泡沫。一方面，大量资源非正常地流向某些领域中（如证券投资过热），从而导致其他领域资源的缺乏。而另一方面，泡沫经济的虚假繁荣并不可能一直持续下去，泡沫迟早会消退的，甚至有崩溃并进而引发经济衰退的可能。

### 4. 宏观经济失衡问题

经济运行中微观个体的利益加总有时候并非和宏观层面的最大化利益一致，市场既不能保证将社会上所有的现有可用资源均投入经济运行（如劳动力的大量闲置造成严重失业问题），亦不能保证现阶段已投入的资源规模能够满足社会需要（如由于总供给小于总需求导致的通货膨胀），甚至还可能出现以上两者并存的情况（如滞胀）。市场常常不能够实现宏观经济在总量上的平衡，反复地出现周期性经济波动。

### （二）市场的局限性

市场的局限性是指市场机制发挥作用的领域也有范围限制，在自然垄断产业和公共品提供产业等领域市场机制的作用受限。

### 1. 自然垄断产业的管理

所谓的自然垄断产业是指由于资源稀缺性、规模经济效益及初始投资成本过大等原因，导致只有单一企业或极少数企业才能生存的产业，如天然气供应企业。高度垄断是自然垄断产业节约成本的天然要求。这些产业中的企业处于绝对的垄断地位，其产量决策与定价策略完全不同于那些竞争性产业，难免背离"帕累托最优"的要求。

### 2. 公共品的管理

所谓公共品指的是一个人对某些物品或者劳务的消费与使用不会影响其他人同样地消费与使用，主要包括公共设施、公共服务、公共资源、基础教育与科学研究等。由于它们具有提供上的不可分性和消费上的非排他性特点，对于其相应的成本或收益，市场并不能给予其相应的补偿，因此，市场无法形成其确定和合理的价格，也同样因为这个因素，市场难以防止搭便车者，亦不可能提供有效的保护和供给。

### 3. 经济外部性问题

所谓外部性指的是某经济个体的活动将对其他的个体带来的好处或者坏处，然而却不会影响其自身的成本或者收益。外部性又可分为正外部性与负外部性两种。对于正外部性，市场不能给予其恰当的报酬与有效的鼓励；而对于负外部性，市场也不可能要求经济个体来承担损失，从而不能得到有效的限制。经济个体具有趋利避害的特点，因此市场总是过多地生产那些具有负外部性的物品或劳务，而提供较少的具有正外部性的物品。按照科斯的理论，通过谈判或重新界定产权能够解决外部性问题。然而，这种谈判通常不如直接规制的效益高。因此，对于正向的外部性问题，政府应该积极鼓励，而对于负向的外部性问题，政府应该限制。就东道国而言，外资的正向、负向的外部性常常同时并存，这也构成东道国政府鼓励和限制外资的重要理论依据。

4. 内部性问题

所谓内部性指的是由交易者经受的却未在交易条款中说明的交易收益或成本。产生内部性的主因有：一，信息的不完全性。这种情况下，市场交易双方均不可能充分掌握交易中所必需的全部信息，所以都会觉得信息的不足，于是就给交易带来了很大困难。双方为了得到更多有利信息，并寻找恰当的交易机会以及交易伙伴，从而不得不付出大量交易成本。二，市场信息的不对称性。这种情况下，一方获取了另一方并不完全掌握的私人信息，即存在信息优势，而产生了委托—代理问题，这又可分为两类，即事前的逆向选择的问题与事后的道德风险的问题。上述问题，即便在成熟的市场经济中仍不可避免。但在不成熟的市场经济中，这些问题将更加严重，较典型的内部性问题体现为种种欺诈行为及其他不正当的经营行为。

5. 短期行为

个别成本——收益分析作为市场经济中个体决策的基础，使得市场价格仅能反映短期的、直接的以及现实的个体利益。因此，市场并非在任何产业都能够发挥调节作用，对行业的资源或某些部门的投入以及整个产业结构的调整就表现得无能为力。对于那些周期长、投入大、风险大的行业，如农业、交通、能源、高新技术等基础产业以及新兴幼稚产业，与过度竞争相反，不能确保他们有足量的资源投入，并不能保证其合理的发展。

6. 资源自由流动障碍

资源配置过程是指资源在各个不同效率的市场上自由流动以及自由进出的过程，由此才能促使资源不断地向具有更高效率的市场流动，从而最终达到"帕累托最优"。而资源的进入与退出并非完全自由，他们的进入存在障碍，退出也有成本。这就导致了资源配置格局相对僵化：一方面，即使一个市场具有更高的效率，但新企业的进入却会遇到因沉淀成本和规模经济而形成的进入壁垒；此外另一方面，即便出现资源的误置，要进行资源重新组合与必要调整，也并不能轻松自如地退出，常会因高昂的退出成本妨碍资源的重置。

（三）市场机制与社会发展的冲突性

有些时候市场调节机制与社会发展目标之间也有可能存在冲突，因为个体利益的追求有可能导致社会总福利的净损失。表现为：一方面，市场的资源有效配置可能并不理想，会造成社会资源的浪费和损失；另一方面，即使市场实现了资源有效配置的高效率，也不能确保它就一定有利于社会的发展，有时甚至起到相反的作用。这一点和不稳定性相同，是市场运行的结果，而与人们的初衷不符。

1. 社会公平问题

市场是按照要素贡献的大小来进行收入分配的，但是却无法消除由财产差别以及教育差别所导致的竞争机会不均等，由此出现的分配不公、两极分化以及贫困等社会问题。

2. 生态与环境问题

市场不能有效制止那些具有负外部性的行为，因此造成了大量公共资源如水资源、空气、野生动植物等被污染和滥用，从而引发越来越严重的生态与环境问题，业已成为经济和社会可持续发展的最大障碍。

3. 安全与质量问题

为了降低生产成本，生产者有时候并非能积极主动考虑安全生产问题，离不开政府的强制生产标准和审查，信息的不对称性也会导致消费者对产品的质量问题了解不足，以至于危害消费者健康的行为屡屡发生。

4. 社会风气与伦理问题

当市场运行不受约束时，由于对利益与财富的狂热追求，往往会导致拜金主义、享乐主义甚至狭隘的个人主义泛滥，以致影响社会风气，引发伦理问题。

（四）市场的条件性

市场机制作用的发挥离不开一定的条件。如果市场作用的外部条件不够充分，市场机制不仅不能正常发挥作用，甚至还可能对经济带来严重危害，然而它却又不可能由市场自身来解决。

1. 在发展中国家或体制转型国家中，市场处于刚刚起步阶段，尚未充分发育，各项关于市场交易的制度不健全，不但不能将市场的有效性充分发挥，而且往往被限制和扭曲。由于市场的发育本身是一个极为缓慢的过程，如若由市场自身慢慢发育成熟，势必将影响经济的发展，且不成熟的市场造市场机制的扭曲，将产生众多不正常的经济行为与现象，进而危害经济发展。所以，一方面应通过政府采取一定的措施来推进与加快市场的发育；而另一方面政府则必须对不完善的市场进行严格的管理，否则扭曲的市场机制将会严重地危害经济发展。

2. 在开放经济条件下，受财富分配格局以及国际经济秩序的影响，在国际经济环境中等价交换的市场原则往往难以实现，导致市场机制在国际经济活动调节上失灵，不利于发展中国家的对外开放与经济发展。

3. 在全球经济一体化的背景下，国际市场中的不利因素，如经济衰退、通货膨胀、金融风险等，这些可能严重危害国内市场的正常运行，从而对国家经济安全或者产业安全造成威胁。

## 二、政府宏观调控与规制的优势及不足

（一）政府宏观调控与规制的优势

不得不承认，政府规制并非解决市场失灵的唯一途径，如私人协议安排等措施也可以较好地处理部分的市场外部性问题。然而，在应对市场失灵方面，政府具有一些特殊的优势，主要体现在：惩罚的能力、征税能力、强制能力、禁止能力、更节约成本的能力等。这些优势是其他组织机构所不具备的，尤其是其强制力。

（二）政府宏观调控与规制的不足及其原因

政府的强制力有时可能会沦为某些部门值得利用的并为其特殊利益服务的工具，即其具有"租金"价值。正因如此，政府的调控和规制亦可能被"俘虏"，即政府的规制机构或立法机关可能会被利用从而仅代表少数利益集团的利益，导致政府规制能力的失灵。

部门利益理论解释了政府规制失灵的原因。其一，政府规制俘虏理论。该理论认为除了规制对象本身，其他可以从规制中获利的组织或个人也会要求政府进行规制。原则上应该为社会公众利益服务的政府规制有时也会被一些特别的利益集团利用。另外，有时一些政府规制带来的公众利益仅仅是规制的意外结果，而非政府规制的初衷。由于政府规制的过程中寻租和创租的行为确实存在，该理论为规范规制者的行为、采取有效的规制政策提供了指导。其二、公共选择理论。该理论作为部门利益理论的一个新分支，从供需双方博弈的视角把政府规制的产生看成是由消费者等需求政府规制的一方同生产商等被规制的一方进行讨价还价的过程。在这个类似于市场交换的过程中，生产商可能会利用其强大的经济实力、信息优势和利益集团力量，在推动政府的规制中发挥着比一般消费者更大的影响力。

以上部门利益理论主要分支关于政府失灵的诠释实际上建立在系列假设条件之上：（1）权力是政府控制的资源，但政府的权力可能会被利益集团寻租并为其利益服务；（2）政府规制的实质是为了维护利益集团的最大化利益；（3）规制者也是经济的人，能根据利益最大化的原则理性地选择自己的行动。实际上，以上假定并不一定完全符合实际。因为，部门利益理论虽然可以解释一些特定产业如部分农业、部分公共部门的规制行为，却不能很好地解释另外一些规制现象，如维护公众利益的资源环境和产品安全方面的规制等，并非为利益集团所偏好，反而使得对应的生产部门负担了规制的成本。

总而言之，关于政府规制与市场失灵的讨论，就是为了更加合理地对政府规制进行定位：一方面要认识到市场失灵仅仅是政府规制的必要条件，并非充分条件；另一方面要认识到政府规制虽然不是治理市场失灵的唯一选择，但还是具有很大的优势。

## 三、利用外资中的东道国政府规制

在开放经济条件下，随着外资的大量进入，市场竞争的程度会变得更加激烈，外资并购导致的产业安全危害及威胁，使发展中国家的市场失灵不断加剧。因此，东道国政府可以从市场失灵的角度来提供政府规制，把限制跨国公司的垄断性等不正当竞争行为、维护产业安全列入政府规制的范畴。

东道国政府对外资采取的规制方法主要有以下类别。

其一，对跨国公司在市场准入方面的规制。如对外资准入的领域实施行业或地区限制。发展中国家常限制外资准入的产业领域有银行、保险、钢铁、零售、公用事业、矿业勘探和开采等，发达国家常常限制外资准入的产业领域有石油加工、电子、汽车、航空、医药、高技术产业或与军事相关的敏感技术行业。对跨国公司市场准入限制还包括对外资所有权的限制，如规定不能获取股权、限定只能合资不能独资、限定最高或最低股权比例等。

其二，对跨国公司的市场经营行为方面的规制。如对技术转移方面的强制规定（在东道国设立研发机构），对就业、人才培养和使用方面的规定，为了维护东道国国际收支平衡对外资的金融政策规制，对本地化生产和采购的要求，对外资履行社会公共责任的强制、对外资不正当竞争行为如恶意并购的限制等。

其三，对跨国公司的市场退出行为方面的规制。如对高能耗高污染低产出外资的市场退出政策、对不诚信外资的市场退出程序进行规范、对债务人恶意或债权人恶意导致的恶意破产行为进行规范、对经营不善的外资企业的合理破产程序的规范等。

# 第三章　中国装备制造业利用外资的概况分析

随着1986年鼓励外商投资政策的相继出台，开启了中国大量利用外资的序幕。装备制造业作为较早对外开放的行业，也成为利用外资的重要行业。到目前为止，外资对中国装备制造业的发展产生了一定的积极影响，同时也不可否认产生了产业安全发展方面的负面问题。

## 第一节　利用外资对中国装备制造业发展的积极作用分析

改革开放以来，通过引进外资和自主创新，中国的装备制造业得以迅速发展，形成了具有一定竞争能力、相对独立完整的装备制造业工业体系，为中国经济社会发展及工业化进程等方面提供了所需的重要装备。下文从装备制造业的规模优势、国际竞争力和产业结构等方面分析利用外资对中国装备制造业的积极影响。

### 一、装备制造业的规模优势得到了发挥

目前，中国装备制造业已经成为国民经济的重要支柱产业，在中国工业企业发展中占据了重要位置，在国际市场上也具备了一定的影响力。特别是2013年，中国装备制造业的产值突破20万亿并稳居世界首位，所占比重超过全球1/3，使得中国继英国、美国之后成为第三个占据世界装备制造业中1/3份额的国家。具体规模优势表现为以下：

（一）实际利用外资金额规模和比重不断增加

利用1978年的基期价格调整计算得出中国装备制造业规模以上工业企业（含内资企业和外资企业）实际利用外资金额如图3-1，可以发现中国装备制造业实际利用外资的规模不断攀升，从2000年的582.7857亿元到2016年的2878.80亿元，虽然中间经历了2011年和2015年的小幅度波动，价格调整后的实际增加值为3.94倍，年均实际增长率10.5%。装备制造业占制造业的实际利用外资金额的比重也不断攀升，由2000年的40.2684%上升到2016年的51.3448%。装备制造业的各个子行业中，利用外资金额规模较大且增长较快的为I6通信设备、计算机及电子设备制造业、I4交通运输设备制造业和I5电气及器材设备制造业，其利用外资金额的实际增加值分别为4.47倍、6.24倍和2.27倍。子行业中利用外资金额规模较小且增长较慢的为I7仪器及办公设备制造业，I3专用设备制造业和I1金属制品制造业。以上说明改革开放以来，中国利用外资政策得到较好的执行，装备制造业吸引了制造业中一半的外资，这种积极引进外资的态势帮助了中国装备制造业尤其是通信设备计算机及电子设备制造业、交通运输设备制造业解决发展中的资金缺口问题，扩大了资金投入。

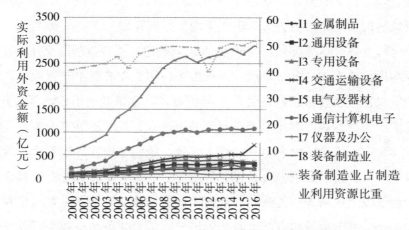

图3-1　装备制造业规模以上工业企业实际利用外资金额变化趋势

（1978不变价格）

数据来源：据相关年度的中国统计年鉴、中国工业经济统计年鉴及1978年的基期价格计算。

（二）实际销售产值增长较快

利用1978年的基期价格调整计算得出中国装备制造业规模以上工业企业（含内资企业和外资企业）实际销售产值如图3-2，可以发现中国装备制造业实际产值增长较快，从2000年的5937.9493亿元稳步增长到2016年的65042.3888亿元，价格调整后的实际增加值为9.95倍，年均实际增长率16.14%，超过了装备制造业外资投资规模的年均增长速度5.64个百分点。装备制造业占制造业的实际销售产值的比重也不断攀升，由2000年的35.309%上升到2016年的39.1756%。装备制造业的各个子行业中，实际销售产值规模较大且增长较快的为I6通信设备计算机及电子设备制造业、I4交通运输设备制造业和I5电气及器材设备制造业，其利用外资金额的实际增加值分别为8.22倍、12.07倍和9.95倍。相反，子行业中实际销售产值规模较小且增长较慢的为I7仪器及办公设备制造业、I3专用设备制造业和I1金属制品制造业。以上说明外资投资有了显著成效，有效地拉动了中国装备制造业的发展，实际产值比重大的行业也基本是外资投资多的行业。

另外，单独计算外资类规模以上工业企业实际销售产值如图3-3，可以发现中国外资类装备制造业实际产值经历了2009年和2013年的波动，但增长依然比较快，从2000年的2508.2166亿元稳步增长到2016年的22021.46亿元，价格调整后的实际增加值为7.78倍，年均实际增长率14.54%，虽然低于装备制造业全行业的实际增长率1.6个百分点，但是超过了装备制造业外资投资规模的年均增长速度4.04个百分点。外资类装备制造业的各个子行业中，实际销售产值规模较大且增长较快的为I6通信设备计算机及电子设备制造业、I4交通运输设备制造业和I5电气及器材设备制造业，其利用外资金额的实际增加值分别为6.26倍、15.86倍和6.65倍。相反，子行业中实际销售产值规模较小且增长较慢的为I7仪器及办公设备制造业、I3专用设备制造业和I1金属制品制造业。以上说明外资类装备制造业比内资类装备制造业更容易受到国际市场的影响，其产值虽然有波动且实际增长率低于装备制造业全行业总体水平，但是依然有了较快的提升并高于利用外资金额的增长速度，这也体现了装备制造业外资投资增长对其产值的增长的拉动作用。

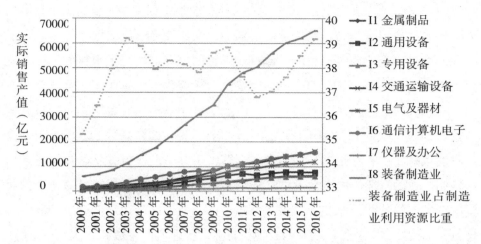

**图 3-2　装备制造业规模以上工业企业实际销售产值变化趋势（1978 不变价格）**

数据来源：据相关年度的中国统计年鉴、中国工业经济统计年鉴及1978年的基期价格计算。

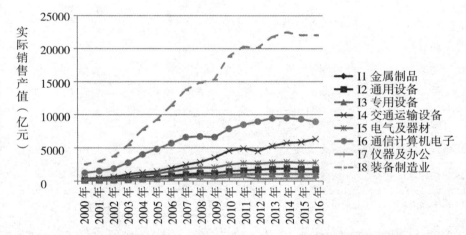

**图 3-3　外资类装备制造业规模以上工业企业实际销售产值变化趋势（1978 不变价格）**

数据来源：据相关年度的中国统计年鉴、中国工业经济统计年鉴及1978年的基期价格计算。

**（三）外资企业的行业投资集中度整体较高**

外资企业的行业投资集中度可以用外资的行业偏向指数来衡量，估算方法为外商投资行业比重除以行业投资比重的值。如果指数小于1，则表明集中程度较低。如果指数大于1，说明外资在该行业集中程度相对较高。指数值越大，行业偏向程度越高，反之越低。其中，外商投资行业比重可以用某一子行业外商投资企业固定资产占全部行业外资固定资产的比重来代表，行业投资比重可以用同一行业全部企业的固定资产在全国工业企业固定资产总额的比重来代表，通过相关数据的计算，得到2016年外资在装备制造业的行业偏向指数如表3-1，可见2016年装备制造业全行业的偏向系数1.9520表明行业集中度教高。在子行业中I6通信设备计算机及电子设备制造业和I4交通运输设备制造业的行业偏向指数最高，分别为3.441和2.3292，反映了这两个行业资本密集型的特征，而I3专用设备制造业的行业偏向指数最低反映了外资对该行业的偏好相对较低，剩余的其他子行业的行业偏向系数都大于1，说明外资在相关子行业集中程度相对较高。

表 3-1　2016 年外资在装备制造业的行业偏向指数

|  | 规模以上工业企业<br>行业投资比重 % | 外资企业<br>行业投资比重 % | 偏向系数 |
|---|---|---|---|
| I1 金属制品 | 2.1184 | 2.3414 | 1.1052 |
| I2 通用设备 | 2.7988 | 3.6345 | 1.2986 |
| I3 专用设备 | 2.3810 | 2.2531 | 0.9463 |
| I4 交通运输设备 | 5.7296 | 13.3456 | 2.3292 |
| I5 电气及器材 | 3.2891 | 4.3647 | 1.3270 |
| I6 通信计算机电子 | 4.1515 | 14.2853 | 3.4410 |
| I7 仪器及办公 | 0.4619 | 0.6310 | 1.3661 |
| I8 装备制造业 | 20.9302 | 40.8555 | 1.9520 |

数据来源：据相关年度的中国统计年鉴、中国工业年鉴数据计算。

## 二、中国装备制造业的国际竞争力不断提升

通过大量利用和引进外资，中国装备制造业的国际竞争力也有了一定的提升，不仅在发展中国家中竞争力排名较高，且与德国、日本和美国等装备制造业大国的差距逐渐拉近甚至部分超越。下文从中国、德国、日本和美国

的国际市场竞争指数 IMS、产业贸易竞争优势值 TC、显示性比较优势值 RCA
等指标进行比较分析。

（一）国际市场竞争指数 IMS（International Market Share）

表 3-2　中德日美四国国际市场竞争指数 IMS 比较

| 国别　年度　行业 | | 1997 年 | 2002 年 | 2007 年 | 2012 年 | 2017 年 |
|---|---|---|---|---|---|---|
| I1 金属制品 | 中国 | 4.9100 | 7.2900 | 12.8800 | 17.1600 | 20.8000 |
| | 德国 | 13.1157 | 12.0732 | 12.0454 | 10.6365 | 10.9383 |
| | 日本 | 5.2584 | 3.6188 | 2.7293 | 3.0605 | 2.4893 |
| | 美国 | 10.8750 | 8.9243 | 6.2500 | 6.8362 | 6.6665 |
| I2 通用设备 | 中国 | 1.4600 | 2.5900 | 5.7800 | 9.0400 | 11.1600 |
| | 德国 | 15.1152 | 13.1124 | 13.5307 | 12.4492 | 12.3827 |
| | 日本 | 13.1807 | 8.4990 | 6.6870 | 7.1922 | 5.7966 |
| | 美国 | 17.0227 | 13.2766 | 9.7253 | 8.7852 | 8.4419 |
| I3 专用设备 | 中国 | 0.7600 | 1.3900 | 3.5300 | 6.0000 | 7.9700 |
| | 德国 | 17.0322 | 14.0296 | 13.0449 | 11.3342 | 11.5027 |
| | 日本 | 12.4922 | 8.3829 | 8.7912 | 8.1164 | 8.5398 |
| | 美国 | 19.5577 | 14.0858 | 12.3848 | 12.7302 | 11.9167 |
| I4 交通运输设备 | 中国 | 0.8000 | 1.1400 | 3.1500 | 5.4400 | 4.9900 |
| | 德国 | 14.7177 | 15.0266 | 14.7728 | 14.4581 | 14.8257 |
| | 日本 | 14.6802 | 11.6390 | 10.3729 | 9.5693 | 7.8904 |
| | 美国 | 16.3005 | 11.9517 | 10.7923 | 7.3527 | 6.8330 |
| I5 电气及器材 | 中国 | 2.8200 | 5.6000 | 11.3200 | 17.6100 | 19.5400 |
| | 德国 | 8.3163 | 7.6119 | 7.7458 | 6.6037 | 6.9071 |
| | 日本 | 13.3863 | 9.5882 | 7.5023 | 6.3324 | 5.2654 |
| | 美国 | 15.7504 | 12.7258 | 8.2429 | 6.8068 | 7.0854 |

| | | | | | | |
|---|---|---|---|---|---|---|
| I6 通信计算机电子 | 中国 | 4.1300 | 10.1500 | 26.7600 | 34.9800 | 41.1000 |
| | 德国 | 5.3595 | 5.5912 | 4.7986 | 3.1665 | 4.1042 |
| | 日本 | 11.0916 | 6.9611 | 4.0292 | 2.2035 | 1.1671 |
| | 美国 | 14.3067 | 9.0885 | 6.5093 | 6.7457 | 7.7760 |
| I7 仪器及办公 | 中国 | 3.2100 | 6.4600 | 13.8600 | 16.9800 | 21.2300 |
| | 德国 | 7.3839 | 7.0876 | 8.3425 | 7.4428 | 7.6549 |
| | 日本 | 15.3101 | 10.4268 | 8.0707 | 8.0146 | 6.7049 |
| | 美国 | 17.9186 | 12.8195 | 9.7899 | 9.1391 | 8.6810 |
| I8 装备制造业 | 中国 | 2.2800 | 4.4600 | 10.1400 | 14.4500 | 16.1200 |
| | 德国 | 11.4035 | 10.8356 | 10.9004 | 9.8277 | 10.2740 |
| | 日本 | 13.0495 | 9.2575 | 7.4987 | 6.8315 | 5.8352 |
| | 美国 | 16.1771 | 11.9831 | 9.3141 | 8.0427 | 7.9095 |

数据来源：据联合国货物贸易数据库的年度贸易数据计算。

国际市场竞争指数 IMS 值反映某产业在国际市场的份额大小，可以用一周产业出口总额与该产业世界总出口额的比值来衡量。

在此选取 1997、2002、2007、2012 和 2017 共 5 个年度指标值，估算中国、德国、日本、美国四国的 IMS 值结果如表 3-2。可以发现 1997—2017 年，中国装备制造业的国际市场占有率提升较快，从 1997 年的 2.28% 提升到 2017 年的 16.12%，2012 年起整体规模超过德国、日本、美国的相应指标值。从子行业看，I1 金属制品制造业、I2 通用设备制造业、I5 电气及器材设备制造业、I6 通信设备计算机及电子设备制造业几个行业的 IMS 值提升更快，尤其 2017 年 I6 的 IMS 值达到 41.4%，但是 I3 专用设备制造业和 I4 交通运输设备制造业二个子行业的 IMS 值仍然比较低，分别为 7.97% 和 4.99%。

从德国、日本和美国三个装备制造业大国的情况比较来看，德国的 IMS 值优势在 I1 金属制品制造业、I2 通用设备制造业、I3 专用设备制造业、I4 交通运输设备制造业等子行业，装备制造业全行业的国际排名一直保持世界前列。日本的优势在 I5 电气及器材设备制造业和 I7 仪器及办公机械设备制造业两个子行业，美国的优势在 I3 专用设备制造业、I5 电气及器材设备制造业、

I6通信设备计算机及电子设备制造业和I7仪器及办公机械设备制造业等子行业，但是美国的装备制造业整体IMS值优势下滑明显。因此，改革开放以来，中国的装备制造业及子行业的国际市场竞争力得到整体提升，但是I3专用设备制造业应该继续向德国、美国等国学习先进发展经验，而I4交通运输设备制造业应该继续向德国、日本等国学习先进发展经验。

（二）产业贸易竞争优势值TC（Trade Coefficient）

产业贸易竞争优势值TC值反映某产业在国际市场的相对竞争优势和净出口能力，可以用某产业的出口额与进口额之差占其进出口总额的比重的比值来衡量。贸易竞争力指数的取值通常落在 –1 与 +1 之间，其指数值越高，表明产业的国际竞争力越强，一般认为数值在0.5以上就有较强的优势。

在此同样选取1997、2002、2007、2012和2017共5个年度指标值，估算四国的TC值结果如表3–3。可以发现1997—2017年，中国装备制造业的产业贸易竞争优势值提升缓慢，从1997年的 –0.0240提升到2017年的0.2029，TC值略高于美国但是落后于德国和日本。从子行业看，I1金属制品制造业和I6通信设备计算机及电子设备制造业两个子行业的TC值提升较快，2017年两个子行业的TC值达到0.7037和0.7895，超过0.5，属于净出口能力比较强的子行业，位于世界前列。但是其他5个子行业的TC值仍然比较低，尤其是I3专用设备制造业和I5电气及器材设备制造业的TC值一直为负值。

从德国、日本和美国三个装备制造业大国的情况比较来看，德国的TC值优势在I1金属制品制造业、I3专用设备制造业等子行业，日本的优势在I2通用设备制造业、I3专用设备制造业、I4交通运输设备制造业、I5电气，器材设备制造业和I7仪器及办公机械设备制造业等5个子行业，装备制造业全行业的TC值一直保持世界前列。美国的优势不明显且波动较大。因此，改革开放以来，中国的装备制造业及子行业的国际市场相对竞争优势得到一定提升，尤其是I6通信设备计算机及电子设备制造业的相对竞争优势提升显著，但是各子行业的TC值和日本的子行业形成了互补，故应该积极学习德国、日本等国的提升净出口能力方面的发展经验。

## 表 3-3 中德日美四国贸易竞争优势值 TC 汇总

| 国别行业 \ 年度 | | 1997 年 | 2002 年 | 2007 年 | 2012 年 | 2017 年 |
|---|---|---|---|---|---|---|
| I1 金属制品 | 中国 | 0.5045 | 0.5881 | 0.6633 | 0.6744 | 0.7037 |
| | 德国 | 0.1677 | 0.2210 | 0.2549 | 0.1999 | 0.1666 |
| | 日本 | 0.2599 | 0.1653 | 0.0494 | 0.0980 | 0.0008 |
| | 美国 | −0.1282 | −0.2654 | −0.3121 | −0.2061 | −0.3239 |
| I2 通用设备 | 中国 | −0.3936 | −0.2541 | 0.0749 | 0.1594 | 0.2964 |
| | 德国 | 0.3370 | 0.2890 | 0.3416 | 0.3282 | 0.2967 |
| | 日本 | 0.6295 | 0.5480 | 0.5019 | 0.5255 | 0.4081 |
| | 美国 | 0.0491 | −0.0347 | −0.0601 | −0.1190 | −0.2256 |
| I3 专用设备 | 中国 | −0.7329 | −0.6402 | −0.2310 | −0.0244 | −0.0157 |
| | 德国 | 0.5464 | 0.5032 | 0.4816 | 0.4532 | 0.4173 |
| | 日本 | 0.5541 | 0.5136 | 0.5720 | 0.3330 | 0.4926 |
| | 美国 | 0.1939 | 0.1236 | 0.1348 | 0.3441 | −0.0047 |
| I4 交通运输设备 | 中国 | −0.0563 | −0.0622 | 0.2133 | 0.0800 | −0.0202 |
| | 德国 | 0.3171 | 0.3788 | 0.3869 | 0.3980 | 0.3670 |
| | 日本 | 0.7208 | 0.7596 | 0.7828 | 0.7321 | 0.7033 |
| | 美国 | −0.1143 | −0.2824 | −0.1300 | −0.2913 | −0.3963 |
| I5 电气及器材 | 中国 | −0.0146 | −0.2243 | −0.2100 | −0.0786 | −0.0908 |
| | 德国 | −0.0478 | 0.1161 | 0.1374 | 0.0935 | 0.0741 |
| | 日本 | 0.4604 | 0.3494 | 0.2999 | 0.2707 | 0.1855 |
| | 美国 | −0.0259 | −0.0299 | −0.0837 | −0.1796 | −0.2426 |
| I6 通信计算机电子 | 中国 | 0.3761 | 0.4281 | 0.6389 | 0.6058 | 0.7895 |
| | 德国 | −0.0941 | −0.1013 | −0.1021 | −0.2375 | −0.2383 |
| | 日本 | 0.3197 | 0.1527 | 0.0431 | −0.4000 | −0.6364 |
| | 美国 | −0.2100 | −0.4342 | −0.5037 | −0.4958 | −0.5484 |

| I7 仪器及办公 | 中国 | 0.0937 | 0.0014 | −0.0167 | −0.0102 | 0.0331 |
| | 德国 | 0.0535 | 0.0707 | 0.1460 | 0.1829 | 0.1871 |
| | 日本 | 0.4281 | 0.3576 | 0.3287 | 0.3780 | 0.3017 |
| | 美国 | −0.0390 | −0.0819 | −0.1242 | −0.0567 | −0.1298 |
| I8 装备制造业 | 中国 | −0.0240 | −0.0129 | 0.1549 | 0.1900 | 0.2029 |
| | 德国 | 0.2077 | 0.2482 | 0.2775 | 0.2652 | 0.2378 |
| | 日本 | 0.5273 | 0.4713 | 0.4665 | 0.3836 | 0.3359 |
| | 美国 | −0.0561 | −0.1798 | −0.1608 | −0.2039 | −0.3060 |

数据来源：据联合国货物贸易数据库的年度贸易数据计算

## （三）显示性比较优势值RCA（Revealed Comparative Advantage）

显示性比较优势指数（RCA）反映某产业的出口与世界平均出口水平相比较的相对优势。可以用某国某产业出口占该国总出口额比重与世界该种产品出口占世界总出口额的比重之间的比值来表示。当RCA数值大于2.50时该产业具有极强比较优势，在0.80—1.25之间该产业具有中等比较优势。

在此同样选取1997、2002、2007、2012和2017共5个年度指标值，估算四国的RCA值结果如表3-4。可以发现1997—2017年，中国装备制造业的产业显性比较优势值提升缓慢，从1997年的0.6654提升到2017年的1.2663，基本处于中等比较优势阶段，TC值略高于美国和德国但是落后于日本。从子行业看，I1金属制品制造业、I6通信设备计算机及电子设备制造业和I7仪器及办公机械设备制造业等3个子行业的RCA值提升较快，2017年3个子行业的RCA值分别达到1.6343、3.2291和1.6676，超过1.25，属于较强比较优势阶段，位于世界前列。但是其他4个子行业的RCA值仍然比较低，尤其是I4交通运输设备制造业的TC值最低，长期低于0.4。

从德国、日本和美国三个装备制造业大国的情况比较来看，德国的RCA优势在I2通用设备制造业、I3专用设备制造业等子行业，日本的优势在I3专用设备制造业、I4交通运输设备制造业、I5电气及器材设备制造业和I7仪器，办公机械设备制造业等4个子行业及装备制造业全行业的TC值一直保持世界前列。美国的优势在I6通信设备计算机及电子设备制造业但不稳定，且装备制造业全行业的 RCA 值不断下降。因此，改革开放以来，中国的装备制造业及子行业的显示性比较优势得到比较好的提升，尤其是 I6 通信设备计算机及电子设备制造业的显示性比较优势提升显著，但是应该积极学习日本、德国和美国等装备制造业大国的发展经验。

表 3-4　　中德日美四国显示性比较优势值 RCA 汇总

| 国别　　年度　行业 | | 1997 年 | 2002 年 | 2007 年 | 2012 年 | 2017 年 |
|---|---|---|---|---|---|---|
| I1 金属制品 | 中国 | 1.4336 | 1.6259 | 1.6231 | 1.6871 | 1.6343 |
| | 德国 | 1.3656 | 1.4232 | 1.3940 | 1.5197 | 1.3445 |
| | 日本 | 0.6664 | 0.6306 | 0.5876 | 0.7721 | 0.6341 |
| | 美国 | 0.8440 | 0.9350 | 0.8268 | 0.8915 | 0.7670 |
| I2 通用设备 | 中国 | 0.4266 | 0.5772 | 0.7280 | 0.8888 | 0.8768 |
| | 德国 | 1.5738 | 1.5457 | 1.5659 | 1.7787 | 1.5220 |
| | 日本 | 1.6703 | 1.4809 | 1.4397 | 1.8145 | 1.4765 |
| | 美国 | 1.3211 | 1.3910 | 1.2865 | 1.1457 | 0.9712 |
| I3 专用设备 | 中国 | 0.2223 | 0.3095 | 0.4454 | 0.5905 | 0.6261 |
| | 德国 | 1.7734 | 1.6538 | 1.5097 | 1.6194 | 1.4139 |
| | 日本 | 1.5830 | 1.4607 | 1.8927 | 2.0476 | 2.1752 |
| | 美国 | 1.5178 | 1.4758 | 1.6384 | 1.6602 | 1.3710 |
| I4 交通运输设备 | 中国 | 0.2335 | 0.2532 | 0.3973 | 0.5352 | 0.3923 |
| | 德国 | 1.5324 | 1.7713 | 1.7097 | 2.0657 | 1.8223 |
| | 日本 | 1.8603 | 2.0281 | 2.2332 | 2.4141 | 2.0098 |
| | 美国 | 1.2650 | 1.2522 | 1.4277 | 0.9589 | 0.7861 |
| I5 电气及器材 | 中国 | 1.2650 | 1.2522 | 1.4277 | 0.9589 | 0.7861 |
| | 德国 | 0.8659 | 0.8973 | 0.8964 | 0.9435 | 0.8490 |
| | 日本 | 1.6963 | 1.6707 | 1.6152 | 1.5975 | 1.3412 |
| | 美国 | 1.2223 | 1.3333 | 1.0904 | 0.8877 | 0.8151 |

| I6 通信计算机电子 | 中国 | 1.2078 | 2.2639 | 3.3727 | 3.4402 | 3.2291 |
|---|---|---|---|---|---|---|
| | 德国 | 0.5580 | 0.6591 | 0.5554 | 0.4524 | 0.5045 |
| | 日本 | 1.4056 | 1.2130 | 0.8675 | 0.5559 | 0.2973 |
| | 美国 | 1.1103 | 0.9522 | 0.8611 | 0.8797 | 0.8946 |
| I7 仪器及办公 | 中国 | 0.9363 | 1.4402 | 1.7468 | 1.6697 | 1.6676 |
| | 德国 | 0.7688 | 0.8355 | 0.9655 | 1.0634 | 0.9409 |
| | 日本 | 1.9401 | 1.8168 | 1.7376 | 2.0219 | 1.7078 |
| | 美国 | 1.3906 | 1.3431 | 1.2951 | 1.1918 | 0.9987 |
| I8 装备制造业 | 中国 | 0.6654 | 0.9953 | 1.2788 | 1.4210 | 1.2663 |
| | 德国 | 1.1874 | 1.2773 | 1.2615 | 1.4042 | 1.2628 |
| | 日本 | 1.6537 | 1.6131 | 1.6144 | 1.7235 | 1.4863 |
| | 美国 | 1.2554 | 1.2555 | 1.2321 | 1.0488 | 0.9099 |

数据来源：据联合国货物贸易数据库的年度贸易数据计算。

### 三、中国装备制造业的产业结构有所改善

通过大量利用和引进外资，中国装备制造业的产业结构及产业布局有所改善，装备制造产业集群化发展态势明显，有效地降低了生产成本和物流成本，促进了企业之间横向和纵向的联合开发，缩短了研发周期。多家装备制造企业形成了多个制造业聚集区，如中国东北地区、长江三角洲区域。

## 第二节 中国装备制造业利用外资中的问题分析

由于外资的投资动机与东道国的产业政策及引资目标的差异，外资对东道国装备制造业的积极影响可能在实际中很低效，甚至会转化为产业安全等方面的消极影响。

## 一、利用外资规模大但经济效益不强

虽然中国装备制造业的整体规模较大，但是内资类装备制造业的发展仍然存在不足，如经济效益低下、竞争力不足，在生产规模、生产技术、经营管理水平等方面与发达国家的装备制造业存在很大差距，装备制造业缺乏世界知名品牌的龙头企业。高端装备制造业和生产服务类装备制造业的发展滞后。如据2018年《财富》世界500强排行榜，中国企业数量达到了120家（含中国港澳台地区企业），其中中国大陆占111家，接近美国（126家），远超第三位的日本（52家），德国也只有32家。但是中国大陆的111家企业中只有19家属于装备制造业，排名比较靠后且涵盖面较窄，而同期上榜的32家德国企业中有16家属于装备制造业，不仅排名靠前且涵盖交通装备制造业、精密机械装备制造业、电气装备制造业和能源装备制造业等各大门类。

另外，根据2018年世界品牌500强的榜单，中国品牌数量65个，占据世界第2位，但是只有9家属于装备制造业（含中国台湾地区的台积电1家），且主要分布在电子通信设备制造业、交通运输设备制造业和电气设备制造业。而德国品牌价值仅次于美国和中国，却有一半的知名品牌属于装备制造业。

## 二、受外资控制程度过高影响产业安全

外资为了攫取超额利润和垄断地位，易选择对东道国的资本、技术、市场和公司股权进行控制。据相关年度的中国统计年鉴、中国工业经济统计年鉴和中国工业年鉴的相关数据，可以计算相关控制度指标如图3-4，不难发现1997—2017年间，外资对中国装备制造业的控制程度方面各大指标呈现先上升后下降的倒U型趋势，数值基本落在30%~50%区间，属于比较不安全的范围，尤其是2007年外资对中国装备制造业的市场控制度超过了50%。外资的控制程度过高还会导致不同于发达国家的产业空洞化问题，即发展中国家核心技术缺失并伴随低端技术锁定及高端技术封锁等困境。目前中国装备制造业的自主创新能力仍然不足，重视产品的数量而重视生产质量不足，产业集群层次和区域产业关联度较低，关键零部件的配套生产能力弱，部分核心技术仍受制于外资企业，关键生产工艺仍落后于国际先进水平。以中国机床制

造业为例，主机发展较快，但许多关键零部件和配套产业发展滞后，对德国和日本高端机床的进口依赖严重，存在产业安全问题。

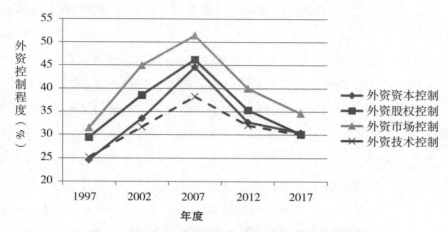

**图 3-4　外资对中国装备制造业控制程度变化图**

数据来源：据相关年度的中国统计年鉴、中国工业经济统计年鉴和中国工业年鉴数据计算。

### 三、中国装备制造业的价值链地位一直比较低

结合刘维林、李兰冰、刘玉海（2014），王江、陶磊（2017）等学者的研究，在此采用出口复杂度来估算一国产业的价值链地位，其中行业层面出口复杂度的计算过程参考 Hausmann et al（2007）的研究，设定模型如公式3.1：

$$EXPY_{ci} = \sum_k \frac{x_{ck}}{x_{ci}} PRODY_k \qquad (3.1)$$

公式3.1中的 c 代表国家，i 代表产业，k 代表产品，$X_{ck}/X_{ci}$ 表示 c 国家的 i 产业的 k 产品出口额占 c 国家的 i 产业出口总额的比重。$PRODY_k$ 表示权重，可以用各国产品 k 的 Balassa 显示性比较优势指数来计算，具体公式如公式3.2。

$$PRODY_k = \sum_c \frac{(x_{ck}/X_c)}{\sum_c (x_{ck}/X_c)} Y_c \qquad (3.2)$$

　　同理，公式3.2中的 c 代表国家，k 代表产品，$x_{ck}$ 表示 c 国家的 k 产品出口额，Xc 表示 c 国的出口总额，Yc 表示 c 国实际的人均国内生产总值。

　　根据公式3.1、3.2及联合国货物贸易数据库、世界银行数据库相关数据，可以计算出1997、2002、2007、2012和2017共5个年度中、德、日、美四国装备制造业的出口技术复杂度值，结果如图3-5，可以发现德国和日本的装备制造业出口技术复杂度为代表的价值链地位提升较快且比较接近，在制造业立国的产业政策推动下保持了其装备制造业的世界前列地位。而美国装备制造业价值链地位略逊于德国和日本，但是保持了在波动中的上升，而中国的装备制造业价值链地位变化趋势是正 U 型，一直落后于德国、日本和美国等装备制造业强国且提升不足，体现了中国装备制造业在外资冲击下的暂时下滑和不断学习，最终于2017年实现质的逆转和提升。另外从计算过程中子行业的数据看，I1金属制品制造业、I5电气及器材设备制造业、I6通信设备计算机及电子设备制造业和I7仪器及办公机械设备制造业等4个子行业的出口复杂度相对较高，说明金属、电气、通信、仪器及办公设备制造等行业国际价值链地位提升较快，在利用外资过程中进步较大。

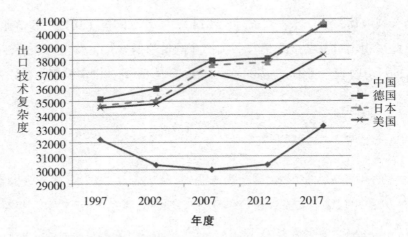

**图 3-5　中德日美四国装备制造业的价值链地位比较（1997-2017）**

　　数据来源：据联合国货物贸易数据库和世界银行数据库相关数据计算，人均 GDP 基于2010不变价格进行调整。

# 第四章　利用外资条件下装备制造业的产业安全评价模型构建

## 第一节　产业安全评价指标体系的选取原则

产业安全是一个系统的概念，开放经济条件下的产业安全影响因素以外资为主，但是还包括其他许多复杂的直接或间接影响因素，因此，为了较好地反映以上影响因素，产业安全评价指标体系构成和指标对象的选取非常重要，应该遵循以下主要原则：

### 一、全面性和重点性相结合的原则

装备制造业产业安全的影响因素很多，有一定的滞后性、隐蔽性，也有一定的主次之分，且体系比较复杂。因此产业安全评价必须坚持关键指标（点）评价与整体覆盖面的评价结合，既要反映一般性的产业安全态势，又要密切关注关键领域的安全状况。

### 二、科学性和可操作性相结合的原则

装备制造业产业安全评价必须依据科学方法构建，所涉及的评价指标和方法必须要切合装备制造业产业实际和特点，要有较强的代表性；既要注意定量与定性结合、状态性指标与过程性指标结合，还要设计能够及时监测、发现趋势性、苗头性问题的评价指标。同时又要考虑相关指标数据、信息的

可获得性和可度量性。对于硬指标，要最大限度地采用现有统计系统及各类年鉴资料发布的指标数据；对于采集难度较大的软指标，在结合问卷调查、实地调研、专家评议等方法基础上采用一定的科学方法，将其转化为硬指标。

### 三、系统性和独立性相结合的原则

装备制造业产业安全评价指标体系是一个系统，由多个指标构成，其评价指标也应有系统性，有一定的逻辑层次，同时指标之间要相对独立且不干扰和重复，不存在显著的线性关系。

### 四、统一性与可比性相结合的原则

选取的指标要考虑测算标准的统一和规范，同时考虑指标间横向和纵向的可比性。

如劳动力素质的衡量指标中，"行业实际平均工资水平"这个指标应该比"专业技术人员的数量占比"这个指标更具有可比性。采用相对值的指标应该比采用绝对值的指标更具有可比性。

### 五、发展性和可预测性原则

产业安全评价指标体系不仅要能反映过去和现在的发展趋势，而且能对未来的产业安全做好预测。

## 第二节 外资条件下装备制造业产业安全评价指标体系的选取

根据产业安全问题的主要影响因素，考虑相关数据的可获取性和实用性，保持指标体系的统一性、系统性和合理性，为了重点突出开放经济条件下外资对东道国产业安全的影响，项目组借鉴和综合了何维达、何昌（2002），李孟刚（2006），朱钟棣、孙瑞华（2006），曹秋菊（2007），谭蓉娟、翟青（2011），朱建民、魏大鹏（2013），孙晓怡（2017），曹萍（2017），李妍（2018）等研究者的成果[1]，改进了一套外资利用条件下东道国的装备制造业产业安全评价指标体系，共包括产业发展力、产业国际竞争力、产业对外依存度、产业外资控制度和产业自主创新力等5个一级指标，15个二级指标。具体构成如表4-1所示。现结合表4-1分别对每个指标的含义和计量方法做简要分析。

表 4-1　外资利用条件下东道国的装备制造业产业安全评价指标体系

| 总指标 | 一级指标 | 二级指标 | 计量方法参考 |
|---|---|---|---|
| 产业安全度综合评价值 | B1 产业发展环境评价指标 | C11 产业市场需求实际增长率（%） | [（本期产业总销售收入或主营业务收入/上期产业总销售收入或主营业务收入）−1]×100%（注：需要进行价格调整） |
| | | C12 资本成本（%） | 金融机构法定贷款利率——以1~3年利率为例 |
| | | C13 劳动力素质 | 产业人均主营业务收入的实际增长率 =[（本期产业人均主营业务收入/上期产业人均主营业务收入−1]×100%（注：需要进行价格调整） |
| | B2 产业国际竞争力评价指标 | C21 产业国际市场占有率（%）–IMS 指标 | （产业总出口额/世界该产业总出口额）×100% |
| | | C22 产业贸易竞争优势（−1，1）–TC 指数 | （出口额 − 进口额）/（出口额 + 进口额） |
| | | C23 显示性比较优势 –RCA 指数 | （一国某产业的出口额/同期该国出口总额）/（该产业的世界出口总额/同期世界出口总额） |

① 何维达，何昌.当前中国三大产业安全的初步估算 [J].中国工业经济，2002（2）；李孟刚.产业安全理论的研究 [M].北京：经济科学出版社，2006；朱钟棣，孙瑞华.入世后评价产业安全的指标体系 [J].上海对外经贸大学学报，2006（5）；曹秋菊.经济开放条件下中国产业安全问题研究 [D].长沙：湖南大学，2007；谭蓉娟，翟青.珠江三角洲装备制造业产业安全测度——基于自主创新视角的实证研究 [J].国际经贸探索，2011（3）；朱建民，魏大鹏.中国装备制造业产业安全评价体系构建与实证研究 [J].亚太经济，2012（2）；孙晓怡.中国装备制造业产业安全评价研究 [D].上海：上海外国语大学，2017；曹萍，张剑，熊焰.高技术产业安全影响因素的实证研究 [J].管理评论，2017（12）；李妍.创新生态系统下制造业产业安全评价体系的构建与实证研究 [J].中国科技论坛，2018（9）.

| 产业安全度综合评价值 | B3 产业对外依存度评价指标 | C31 产业出口依存度（%） | （当年产业出口额 / 当年产业总销售额）×100% |
| | | C32 产业进口依存度（%） | （产业进口额 / 产业进口额 + 产业主营业务收入）×100% |
| | | C33 产业资本对外依存度（%） | （本产业规模以上外资企业实收资本 / 产业规模以上所有企业实收资本总额）×100% |
| | B4 产业外资控制程度评价指标 | C41 产业的外资股权控制率（%） | （本产业的外资企业所有者权益总额 / 本产业所有者权益总额）×100% |
| | | C42 产业的外资市场控制率（%） | （本产业相关外资企业主营业务收入 / 产业所有类型企业主营业务收入总和）×100% |
| | | C43 产业的外资技术控制率（%） | （本产业相关外资 R&D 投入总额 / 产业总 R&D 投入额）×100% |
| | B5 产业自主创新力评价指标 | C51 产业研发投入强度（%）–R&D 强度 | （本产业的 R&D 总费用/同期该行业销售收入总额）×100% |
| | | C52 产业新产品产值率（%） | [（本期产业新产品产值 / 上期产业新产品产值）–1]×100% |
| | | C53 产业有效发明专利增长率（%） | [（本期产业有效发明专利数 / 上期产业有效发明专利数）–1]×100% |

资料来源：参考相关研究文献及结合装备制造业的特点选取。

## 一、产业发展环境的评价指标（B1）

该指标主要对产业所依靠的生存和发展环境进行衡量，反映了产业发展面临的外部市场环境和产业的内部整体发展状况。该指标包括以下三个可计量的二级指标。

1. 产业市场需求增长率

该指标是从需求方的角度反映产业发展所依赖的市场需求增长情况，可以用产业总销售收入的增长率进行量化。如果能用价格进行平减算出产业市场需求实际增长率更好。

2. 资本成本

该指标反映了产业发展过程中使用资本的代价。产业的生存和发展离不开资本的投入，无论是通过银行贷款还是证券融资等形式从外部获取资金，还是依靠自己的内部积累，都不能忽视资本成本相关问题。过高的资本成本，会使产业的发展面临严峻的金融环境，经济负担加重，产业安全状况恶化。本指标可以用金融机构法定贷款利率或货币供应量等指标进行量化。

3. 劳动力素质

该指标反映了人力资本的综合能力和素质，不仅包括生产技能、专业知识水平，还包括职业道德等。在此可以选用人均主营业务收入的实际增长率进行量化，能较好地实现不同产业和不同时间的对比。

## 二、产业国际竞争力的评价指标（B2）

该指标是对产业竞争能力和优势的衡量，反映了产业生存和发展的保障力量。产业竞争力也是一国产业安全的内在保证。参考迈克尔·波特的竞争优势理论以及洛桑国际管理与开发学院相关评价指标体系，结合装备制造业的特点和数据获取可行性，在此使用"产业国际市场占有率""产业贸易竞争优势指数""显性比较优势系数"等三个二级指标表示产业国际竞争力，具体如下：

1. 产业国际市场占有率（IMS）

该指标反映了一国产业在国际市场上的竞争地位，可以用产业出口总额与该产业世界总出口额的比值量化。在国际市场上占有率越高，说明产业的国际竞争力越强。

2. 产业贸易竞争优势指数（TC）

该指标又叫净出口指数或 TS 指数，是指某产业的净进口额（出口额与进口额之差）占其进出口总额的比重，系数越大表明优势越大。TC 指数衡量的是一个产业的净出口能力，是重要的产业国际竞争力衡量指标，其优势在于能够剔除通货膨胀等因素对于比较优势的影响。贸易竞争优势指数的取值通常落在（−1，+1）之间，指数值越高，表明产业的国际竞争力越强，如一般认为数值在 0.5 以上就有较强的优势；反之，则表明产业的国际竞争力越弱。

3. 显示性比较优势指数（RCA）

该指标是由某国某产业出口占该国总出口额比重与世界该种产品出口占世界总出口额的比重之间的比值来表示，是美国经济学家贝拉·巴拉萨（Balassa Bela）提出的反映一个国家（地区）某一产业贸易的比较优势的指标。因为能剔除国家总量波动和世界总量波动的影响，故可以较好地反映一国某一产业的出口与世界平均出口水平比相较的相对优势，其测算公式如公式（4.1）：

$$RCAij = （Xij / Xi）/（Wj / W）\qquad（4.1）$$

在公式4.1中，RCAij代表i国（地区）j产品的显示性比较优势指数，Xij代表i国（地区）对世界市场j产品的出口额，Xi代表i国（地区）对世界市场的总出口额，Wj代表世界市场j产品的出口额，W代表世界市场产品的总出口额。按照国际标准，当RCA的数值大于2.50时该产业具有极强比较优势，当RCA的数值在0.80—1.25之间该产业具有中等比较优势，在0.8以下则处于比较劣势。

## 三、产业对外依存度评价指标（B3）

产业对外依存度评价指标主要反映产业发展对国际商品和资本市场的依赖情况，可以通过以下二级指标来衡量。

1. 产业出口依存度

该指标反映某产业的发展（包括外向型外资企业的推动）对出口市场的依赖程度，其计算方法为对应时期内某产业的出口总额与该产业的总产值或销售额的比例。应该看到，一国的某一产业开始进入国外市场，出口对外依存度在一定范围内提高，对其产业国际竞争力的提升作用是正向的，产业安全有保障。但是如果出口对外依存度过高，对产业安全的副作用就会加大，如会面临更多的国际市场波动或国际经济环境变化的影响，而且还会带来原材料价格上涨和能源供应紧张等问题。

2. 产业进口依存度

该指标反映不同产业的发展（包括"两头在外"型加工贸易类外资企业的推动）对产品进口市场的依赖程度，其计算方法为对应时期内某产业的进口总额与该产业的销售额或总产值的比例。一国进口对外依存度过高也会影响相关产业的安全度。如中国铁矿石需求高度依赖进口，铁矿石对外进口依存度逐渐增高，从2009年的70%上升到2017年的87.5%，以致于中国钢铁企业在铁矿石谈判中受制于世界三大铁矿石生产商，铁矿石定价权屡屡失手，使中国钢铁制造业发展中面临的外部环境恶化。

3. 产业资本的对外依存度

该指标反映某产业的发展对外资的依赖程度，其计算方法可以选用本产业规模以上外资企业（含中国港澳台资本）实收资本与产业规模以上所有工业企业实收资本总额的比值。

## 四、产业外资控制程度评价指标（B4）

该指标主要反映外资控制东道国产业的程度。外资控制一国产业的程度越高，内资产业的自主性就越弱，该产业的安全度就越低。其二级评价指标为：

1. 产业外资股权控制率

该指标反映了外国资本对国内产业进行股权控制的程度。其计算方法可以采用本产业相关外资企业所有者权益总额与本产业所有者权益总额的比值。该指标值越高，产业发展的安全所受影响就越大。

2. 产业外资市场控制率

该指标反映外资企业对该东道国某产业市场控制和影响的程度，可以用外资企业市场份额与国内该产业市场总额的比值来衡量。

3. 产业外资技术控制率

该指标反映了外资对东道国产业技术控制的情况，也是外资影响东道国产业安全的重要因素，但是指标的量化难度较大，一般可以用本产业相关外资R&D投入总额与该产业R&D投入总额的比值来衡量。

## 五、产业自主创新力评价指标（B5）

产业自主创新力评价指标反映某一产业保持长远发展的动力和潜力，它与产业国际竞争力相比，更能反映某一产业的发展前景。在此可选取以下三个指标：

1. 产业研发投入强度

该指标反映某一产业投入研究与开发方面的实力，可以用R&D总费用与同期该行业销售收入总额的比值来衡量。

2. 产业新产品产值率

该指标反映某一产业新产品的开发情况，可以用产业行业新产品产值与同期行业总产值的比值来衡量。

3. 产业有效发明专利增长率

该指标反映了某一产业实际有效发明的增长情况，可以用本期产业有效发明专利数与上期产业有效发明专利数的增加值来衡量。

# 第三节　指标的安全状态与预警界限的设置

## 一、评价指标的安全状态

要想对不同产业的安全度进行量化和比较，仅有指标体系是不够的，还必须参考经济与产业发展不同阶段的特征，划分出指标的安全状态、等级和对应的分数值范围。项目组参考了其他研究成果，为了区分不同的产业安全状态，将相关产业的各指标对应的安全状态归类为"危机""比较不安全""临界状态""比较安全""很安全"五种等级，相应的安全等级分别简称为 A、B、C、D、E，并分别给出对应的分数评价范围 [0，25]，[25，45]，[45，65]，[65，85]，[85，100]（见表4-2），以上评价范围中，评价值的分数越大，产业的安全状态越好。反之，评价值的分数越小，产业的安全状态越差，即越不安全。

## 二、各二级指标的预警界限

根据指标的安全状态，并参照国内外标准、中国相应时期的经济发展状况以及专家意见，设置了各二级指标在五种安全状态下的预警值范围，具体见表4-2。需要说明的是，某些安全状态下的二级指标设置了双重预警值范围，以 C11 产业需求增长率指标为例，相关产业的发展过快和发展停滞一样都会导致安全隐患。尤其是前者，如果产业的发展速度过快，有可能造成产业生产的盲目扩张和生产资源的浪费，影响行业的持续发展。双重预警值范围能更好地反映现实状况。

## 表 4-2 不同安全状态下的各二级指标预警值范围

| 评价指标体系 | | 五种安全状态的分数值及不同指标的预警值范围 | | | | |
|---|---|---|---|---|---|---|
| | | A 危机 [0，25] | B 比较不安全 [25，45] | C 临界状态 [45，65] | D 比较安全 [65，85] | E 很安全 [85，100] |
| B1 产业发展环境评价指标 | C11 产业需求增长率（价格调整 %） | < -5 或 > 40 | -5—-3 或 35—40 | -3—3 或 33—35 | 3—5 或 30—33 | 5—30 |
| | C12 资本成本（%） | >15 | 10—15 | 9—10 | 7—9 | 0—7 |
| | C13 劳动力素质(价格调整后的人均工业产值增长率 %) | < -5 | -5—3 | 3—10 | 10—20 | >20 |
| B2 产业国际竞争力评价指标 | C21 产业国际市场占有率（%）- | 0—5 | 5—10 | 10—15 | 15—25 | 25—100 |
| | C22 产业贸易竞争优势（-1，1）-TC | -1—-0.8 | -0.8—-0.5 | -0.5—-0.1 | 0.1—0.5 | 0.5—1 |
| | C23 显示性比较优势 -RCA | 0—0.5 | 0.5—0.8 | 0.8—1.25 | 1.25—2.5 | >2.5 |
| B3 产业对外依存度评价指标 | C31 产业出口依存度（%） | 0—2 或 90—100 | 2—5 或 70—90 | 5—10 或 60—70 | 10—30 或 40—60 | 30—40 |
| | C32 产业进口依存度（%） | 0—1 或 50 以上 | 1—2 或 40—50 | 2—3 或 30—40 | 3—5 或 20—30 | 5—20 |
| | C33 产业资本对外依存度（%） | 60—100 | 50—60 | 40—50 | 20—40 | 0—20 |
| B4 产业外资控制程度评价指标 | C41 产业外资股权控制率（%） | 50—100 | 30—50 | 20—30 | 10—20 | 0—10 |
| | C42 产业外资市场控制率（%） | 50—100 | 30—50 | 20—30 | 10—20 | 0—10 |
| | C43 产业外资技术控制率（%） | 40—100 | 30—40 | 20—30 | 10—20 | 0—10 |

| B5 产业自主创新力评价指标 | C51 产业研发投入强度（%）-R&D 强度 | 0—1 | 1—2 | 2—3 | 3—5 | >5 |
|---|---|---|---|---|---|---|
| | C52 产业新产品产值率（%） | 0—5 | 5—15 | 15—25 | 25—40 | 40—100 |
| | C53 产业有效发明专利增长率（%） | <5 | 5—15 | 15—25 | 25—30 | >30 |

资料来源：参考相关研究文献及结合装备制造业的特点选取。

## 三、指标赋权的方法及权重的计算

在已经确定的评价指标体系结构基础上，本项目组选用层次分析法（Analytic Hierarchy Process, AHP 法）来估算各级评价指标的相对权重。AHP 法是美国的 T.L.Satty 教授提出的一种决策方法，其优点是将复杂问题分成多个因素两两比较，根据一定的层次关系和决策者的判断确定各个影响因素的相对重要性。

首先，对同一层次各指标的重要性进行两两比较并建立判断矩阵，判断矩阵中各元素的比值体现了专家对各元素相对重要性的判断，一般采用1—9或其倒数的标度方法，其值越大越表明两两比较的第一个指标更重要（见表4-3）。

### 表 4-3 判断矩阵各元素相对重要性标度含义表

| 重要性标度 | 两个元素的比较含义 |
|---|---|
| 1 | 两个元素同等重要 |
| 3 | 前者比后者稍重要 |
| 5 | 前者比后者明显重要 |
| 7 | 前者比后者强烈重要 |
| 9 | 前者比后者极端重要 |
| 2，4，6，8 | 表示上述判断的中间值 |
| 1/3 | 后者比前者稍重要 |
| 1/5 | 后者比前者明显重要 |

| 1/7 | 后者比前者强烈重要 |
|---|---|
| 1/9 | 后者比前者极端重要 |

资料来源：参考曹军（2007）、孙东川（2005）等相关研究文献改进。

其次，由判断矩阵的最大特征根对应的特征向量计算各指标的相对权重。

最后，对判断矩阵进行一致性检验，以确保判断矩阵的各指标比较判断结果协调一致，避免因相互矛盾而影响评价的有效性，可利用的判断公式为 CR=CI/RI<0.10，以验证权重分配的合理性（如果不能通过一致性检验，就要重新调整判断矩阵），其中一致性指标 CI= $(\lambda_{max} - n)/(n-1)$（其中 n 为阶数），RI 是由美国数学家 Saaty 用随机的方法，构造了 500 个相关矩阵，对于不同的 n 阶矩阵，得到相应的平均随机一致性指标值（如表 4-4）。经查表 4-4，可得 3 阶矩阵对应的 RI 值为 0.58，而 5 阶矩阵对应的 RI 值为 1.12。

### 表 4-4　N 阶矩阵的 RI 值

| N | 1 | 2 | 3 | 4 | 5 | 6 | 7 | 8 |
|---|---|---|---|---|---|---|---|---|
| RI | 0.00 | 0.00 | 0.58 | 0.90 | 1.12 | 1.24 | 1.32 | 1.41 |

数据来源：参考美国数学家 Saaty 的计算数据。

根据以上方法，估算装备制造业产业安全评价指标权重的过程如下。

（一）建立判断矩阵

通过向专家咨询调查并汇总各方意见，分析整理得到相关判断矩阵（表 4-5）。

### 表 4-5　外资利用条件下产业安全的各级指标判断矩阵

| 一级评价指标 A 的比较判断矩阵（见右侧） | | | | | | |
|---|---|---|---|---|---|---|
| | 1 | 1/2 | 1 | 1/2 | 1/2 | |
| | 2 | 1 | 2 | 1 | 1 | |
| | 1 | 1/2 | 1 | 1/2 | 1/2 | |
| | 2 | 1 | 2 | 1 | 1 | |
| | 2 | 1 | 2 | 1 | 1 | |

| B1 的比较判断矩阵 | | B2 的比较判断矩阵 | | | B3 的比较判断矩阵 | | | B4 的比较判断矩阵 | | | B5 的比较判断矩阵 | | |
|---|---|---|---|---|---|---|---|---|---|---|---|---|---|
| 1 | 2 | 1 | 1 | 1/2 | 1/3 | 1 | 1 | 1/2 | 1 | 1/2 | 1/2 | 1 | 2/3 | 2 |

| 1/2 | 1 | 1/3 | 2 | 1 | 1/2 | 1 | 1 | 1/2 | 2 | 1 | 1/2 | 3/2 | 1 | 3 |
| 1 | 3 | 1 | 3 | 2 | 1 | 2 | 2 | 1 | 2 | 2 | 1 | 1/2 | 1/3 | 1 |

数据来源：汇总专家意见改进。

## （二）评价指标相对权重和一致性检验

本书采用 Mathematica 软件计算判断矩阵的最大特征根 $\lambda_{max}$，并将其对应的特征向量归一化后的算术平均值，近似作为相对权重向量。通过计算，分别得到 A、B1、B2、B3、B4 和 B5 各矩阵的相对权重 W、最大特征根 $\lambda_{max}$、一致性指标 CI、RI 和 CR 如表4-6，且 CR 都小于0.1，均通过了一致性检验。通过表4-6可以看出，一级指标中权重相对较高的指标分别为 B4 产业外资控制程度、B2 产业国际竞争力和 B5 产业自主创新力。

表 4-6　评价指标相对权重和判断矩阵一致性检验值汇总表

| 判断矩阵 | 各因子的相对权重 W | $\lambda_{max}$ | CI | RI | CR（=CI/RI） | 一致性 CR<0.10） |
|---|---|---|---|---|---|---|
| A 产业安全综合评价值 | （0.1232, 0.2464, 0.1232, 0.2894, 0.2178） | 5.0586 | 0.01465 | 1.12 | 0.01308 | 是 |
| B1 产业发展环境 | （0.3874, 0.1692, 0.4434） | 3.0183 | 0.00915 | 0.58 | 0.01578 | 是 |
| B2 产业国际竞争力 | （0.1634, 0.2969, 0.5396） | 3.0092 | 0.0046 | 0.58 | 0.00793 | 是 |
| B3 产业对外依存度 | （0.2499, 0.2499, 0.5002） | 3 | 0 | 0.58 | 0 | 是 |
| B4 产业外资控制程度 | （0.1958, 0.3108, 0.4934） | 3.0536 | 0.0268 | 0.58 | 0.04621 | 是 |
| B5 产业自主创新力 | （0.3333, 0.5000, 0.1667） | 3 | 0 | 0.58 | 0 | 是 |

数据来源：利用 Mathematica 软件的计算结果。

# 第四节 各指标值到评价值的映射

由于各二级指标的量化值是标准和含义上各异的数值，不易进行比较和统一，就无法计算出总体的产业安全评价值。故需要利用数据的标准化（数据的规格化或无量纲化）方法，将各类不同的指标数据进行处理和合成，转换为标准化的相对值，即实现各实际指标值到安全状态分数值的映射，以达到消除指标量纲影响的目的，从而使得不同量纲之间的指标值具有可比性。由于部分指标值与产业安全状态正相关，而另一部分与安全状态负相关，所以需要采用不同的映射方法。

## 一、正向指标值

当指标值与其对应的产业安全值正相关时，指标值越大其对应的产业安全值就越大，同时产业就越安全的情况，如产业国际市场占有率。该指标值对应的安全状态，按照下面的公式（4.2）映射出相应的评价值。

$$评价值 = 分数下限 + （指标值 - 警限下限）\times \frac{分数上限 - 分数下限}{警限上限 - 警限下限} \qquad （4.2）$$

公式（4.2）中评价值是由单个指标值按照公式映射出来的标准分数值，分数上限和分数下限是该指标所在安全状态的分数上限值和下限值，如"A危机"状态的分数下限是0，上限是25。警限的上、下限值是指标值所在的安全状态对应预警界限的上限和下限。指标值是具体发展指标的衡量值，如某产业的国际市场占有率为9%，据表4-2，可得出其对应的警限为B比较不安全[25，45]，则其映射过程如下：

$$评价值 = 25 + （9-5）\times \frac{45-25}{10-5} = 41 \qquad （4.3）$$

因此，9%的国际市场占有率的评价值为41分，属比较不安全状态范围。

## 二、逆向指标值

当指标值与其对应的产业安全值负相关时，指标值越大其对应的产业安全值就越小，产业就越不安全，如产业外资股权控制率。可以将指标值对应的安全状态，按照公式（4.4）映射出相应的评价值。

$$\text{评价值} = \text{分数上限} - (\text{指标值} - \text{警限下限}) \times \frac{\text{分数上限} - \text{分数下限}}{\text{警限上限} - \text{警限下限}} \qquad （4.4）$$

## 三、警限不全的指标值

需要补充的是，上面的公式都要求反映相关指标对应产业安全不同状态的警界上限及下限，但表4-2中的有些指标在"很安全"或"危机"状态中没有警界上限或下限。这时，一般可以采取以下方法：（1）当没有警限上限时，可以将警限下限值的2倍作为上限，指标值大于该上限时，按该上限映射评价值；（2）当没有警限下限时，又可以分两种情况：若警限上限小于0，则将其上限值乘以2作为下限，指标值小于该下限的，按该下限计算；若警限上限大于0，则以0作为下限。

# 第五节　产业安全评价值的综合

## 一、产业安全一级指标的评价值

在算出每个二级指标的评价值后，可以结合表4-6计算出的权重并按照公式（4.5）加权求和的办法算出各一级指标的产业安全评价值。

$$F_{B_i} = \sum_j w_{ij} F_{C_{ij}} \qquad （4.5）$$

公式中：

$F_{B_i}$——第 i 个一级指标 $B_i$ 的评价值；

$F_{C_{ij}}$——第 i 一级指标所属的第 j 个二级指标的评价值；

$w_{ij}$——第 i 一级指标所属的第 j 个二级指标评价值的权重，且 $\sum_j w_{ij} = 1$。

## 二、产业安全总指标的综合评价值

在一级指标综合评价值的基础上，可以结合表4-6计算出来的权重加权计算总指标的评价值。如公式（4.6）所示

$$F_A = \sum_i W_i F_{B_i} \qquad (4.6)$$

本公式中：

$F_A$——总指标的评价值，即某一产业的总体安全度；

$F_{B_i}$——第 i 个一级指标 $B_i$ 的评价值；

$W_i$——第 i 个一级指标评价值的权重，且 $\sum_i W_i = 1$。

以上公式（4.4）和（4.5）中各指标评价值的权重的确定一般采用专家咨询法和经验法，有时也采用相关统计的方法。本项目组采用AHP层次分析法，分别对产业发展环境评价指标、产业国际竞争力评价指标、产业对外依存度评价指标、产业外资控制度评价指标和产业自主创新力评价指标等5个一级指标的赋权为0.1232，0.2464，0.1232，0.2894，0.2178，表明各指标的重要性各异（表4-6）。

# 第五章　中国装备制造业利用外资的产业安全评价

本章将结合外资条件下装备制造业的产业安全评价模型及1997—2017年期间相关数据，实证分析中国装备制造业及其七大子行业的产业安全度的纵向变化和横向比较（包括与制造业全行业情况的比较），并分析其背后的主要影响因素。

## 第一节　外资条件下中国装备制造业及其子行业的产业安全度估算（1997—2017）

鉴于统计年鉴等相关数据的获取难度及1992年邓小平南巡讲话后中国才进入利用全面深化外资阶段等实际情况，本部分重点选取1997、2002、2007、2012和2017共5个年度中国制造业、装备制造业及其子行业的相关数据进行分析，数据来源分别为《中国统计年鉴》《中国工业统计年鉴》《中国科技统计年鉴》、万得金融数据库（www.wind.com.cn）、联合国货物贸易数据库（comtrade. un. org）、世界银行数据库（wits.worldbank.org）和WTO贸易统计数据库（www. wto. org）等资源，利用本书第四章建立的外资条件下装备制造业的产业安全评价模型，对中国装备制造业及其七大子行业的一级、二级指标安全状态和产业安全总指标的综合评价值进行测算。

为了研究中国装备制造业在制造业中的行业地位，同时选取中国制造业的同期相关数据，测算其产业安全评价值并与装备制造业的评价值进行比较分析。另外，中国制造业、装备制造业进出口贸易数据采用的是国际贸易标准分类 SITC（Rev 3.0）69 种产品的五位码分类标准，制造业、装备制造业及其七大子行业的数据分类见表 5-1。七大子行业的分类及编号为 I1 金属制品业，I2 通用设备制造业，I3 专用设备制造业，I4 交通运输设备制造业，I5 电器机械及器材制造业，I6 通信设备、计算机及其他电子设备制造业，I7 仪器仪表及文化、办公用机械制造业。装备制造业和制造业的编号分别为 I8 和 I9。

表 5-1　SITC（Rev 3.0）分类标准与装备制造业类别的对照表

| 行业类别 | 对应的 SITC（Rev 3.0）各级分类 |
| --- | --- |
| I1 金属制品业 | 69+811+812 |
| I2 通用设备制造业 | 71+73+74 |
| I3 专用设备制造业 | 72+774+872 |
| I4 交通运输设备制造业 | 78+79 |
| I5 电器机械及器材制造业 | 77+813-774 |
| I6 通信设备、计算机及其他电子设备制造业 | 76+752 |
| I7 仪器仪表及文化、办公用机械制造业 | 75+87+88-752-872 |
| I8 装备制造业 | 据 I1—I7 各类子行业的数据汇总 |
| I9 制造业 | 5+6+7+8 |

资料来源：参考 WITS 数据库相关资料整理，其中 1、2、3 位数表示一、二、三级类别。

## 一、产业发展环境评价

根据本书第四章建立的外资条件下装备制造业的产业安全评价模型及表 4-1 的内容，一级指标产业发展环境是指产业生存和发展的内外部环境，在此主要选取产业市场需求增长率、资本成本和劳动力素质三个指标进行评价，具体分析如下。

（一）产业市场需求增长率情况

为了测算装备制造业的产业实际市场需求增长率，减少通货膨胀等因素的干扰，首先结合中国统计年鉴和中国工业年鉴中的相关数据算出名义增长率，然后结合消费价格指数进行了相应的价格调整，结果如表 5-2 所示，相关分析如下：首先，从行业总体水平来看，装备制造业的实际增长率先期

（1997年和2002年）高于制造业的增长率，但是后期（2007年和2012年）又落后于制造业的增长率，说明装备制造业先期发展增速相对较快，但是2007年全球金融危机后发展面临困难，发展速度有所减缓，尤其是2012年后，实际市场需求增长率为负值。其次，从子行业的发展水平来看，I2通用设备制造业、I3专用设备制造业、I4交通运输设备制造业和I6通信设备、计算机及其他电子设备制造业等4个子行业的发展速度较快，在多数年份高于装备制造业的总体发展水平。最后，从行业发展趋势来看，中国装备制造业及其子行业都呈现类似的倒U型发展趋势，即1997、2002、2007年间前实际市场需求增长较快（多数行业高于5%），2007年后都开始下滑，2017年这种状况没有改善，表明产业发展的市场环境变差。

表5-2  价格调整的产业实际市场需求增长率（%）

| 行业 \ 年度 | 1997 | 2002 | 2007 | 2012 | 2017 |
|---|---|---|---|---|---|
| I1 金属制品 | 5.3118 | 17.9472 | 27.1704 | 23.4486 | −11.3515 |
| I2 通用设备 | 0.6478 | 24.9060 | 27.8584 | −7.6666 | −6.8623 |
| I3 专用设备 | −0.0893 | 22.8633 | 26.8010 | 7.3839 | −5.7294 |
| I4 交通运输设备 | 8.4031 | 30.1318 | 26.2187 | 3.4128 | −0.7084 |
| I5 电气及器材 | 7.1430 | 13.6402 | 25.5028 | 5.9664 | −4.1928 |
| I6 通信计算机电子 | 29.2245 | 24.1149 | 12.6240 | 8.14559 | 4.9377 |
| I7 仪器及办公 | 14.7680 | 17.6390 | 14.7449 | −13.1350 | 3.2060 |
| I8 装备制造业 | 9.61980 | 22.7970 | 21.7071 | 4.9611 | −2.0924 |
| I9 制造业 | 5.84510 | 18.1997 | 22.7295 | 7.6765 | −4.2159 |

数据来源：据相关年度的中国统计年鉴、中国工业经济统计年鉴和中国工业年鉴数据计算。

（二）资本成本情况

资本成本指标反映了产业发展过程中利用资本的难度和面临的金融环境的变化，本书选取中国银行官网公布人民币法定贷款利率中的（1—3年）年利率指标，如表5-3，可以发现人民币（1—3年）年利率指标总体上呈下降的趋势，产业发展面临的金融环境在不断完善，有利于装备制造业的发展。

### 表 5-3 人民币法定贷款利率（%）

| 年度 | 1997 | 2002 | 2007 | 2012 | 2017 |
|---|---|---|---|---|---|
| （1-3 年）年利率 % | 9.36 | 5.49 | 7.47 | 6.4 | 4.75 |

数据来源：采用各年度中国银行的相关金融数据，详见 http://www.bankofchina.com/fimarkets/lilv/。

### （三）劳动力素质情况

劳动力素质情况反映了产业发展的内部生产要素条件，不仅包括生产技能、专业技术水平，还包括思想觉悟、职业道德等。在此选用相关年度的中国统计年鉴、中国工业经济统计年鉴或中国工业年鉴的产业主营业务收入和行业用工人数先算出名义上的人均主营业务收入增长率，然后通过价格调整算出人均主营收入的实际增长率，结果如表5-4，相关分析如下：首先，从行业总体水平来看，装备制造业人均主营收入的实际增长率基本高于制造业的指标水平，侧面反映了装备制造业的劳动力素质高于制造业总体水平。但是装备制造业和制造业均存在2007年后增长率下降的状况，劳动力素质的提升有限。其次，从子行业的发展水平来看，I1金属制品制造业、I2通用设备制造业、I3专用设备制造业、和I4交通运输设备制造业等四个行业人均主营收入的实际增长率相对较高，在多数年份高于装备制造业的总体发展水平。最后，从行业发展趋势来看，中国装备制造业及其子行业人均主营收入的实际增长都呈现类似的倒U型发展趋势，即1997、2002年间前增长较快（多数行业超过10%），2002年后都开始下滑，2017年这种状况进一步恶化、部分行业出现了人均主营收入的负增长，进一步表明产业的发展环境变差。

### 表 5-4 价格调整的人均主营收入实际增长率（%）

| 行业 ＼ 年度 | 1997 | 2002 | 2007 | 2012 | 2017 |
|---|---|---|---|---|---|
| I1 金属制品 | 9.548524 | 21.06539 | 15.4429 | 14.67587 | −8.10523 |
| I2 通用设备 | 5.39298 | 35.86026 | 15.1033 | 7.278879 | −2.25953 |
| I3 专用设备 | 2.098505 | 31.35531 | 15.99489 | 13.3392 | −2.9083 |

| I4 交通运输设备 | 10.9095 | 33.29875 | 15.71253 | 6.357109 | 0.66858 |
| I5 电气及器材 | 11.39091 | 11.28618 | 12.88125 | 10.87463 | −1.29324 |
| I6 通信计算机电子 | 27.65816 | 14.4259 | −3.247 | 9.86225 | 2.471088 |
| I7 仪器及办公 | 19.12625 | 18.44112 | 5.981085 | 13.23897 | 3.206043 |
| I8 装备制造业 | 12.9058 | 25.17733 | 9.102869 | 9.909672 | −0.64967 |
| I9 制造业 | 10.24746 | 22.26851 | 13.52534 | 9.722714 | 0.292136 |

数据来源：据相关年度的中国统计年鉴、中国工业经济统计年鉴或中国工业年鉴数据计算。

（四）产业发展环境指标的产业安全评价值

在前面产业市场需求增长率、资本成本和劳动力素质三个二级指标的计算和分析基础上，根据第四章的公式4.2、4.3和4.4可以计算相应二级指标的标准化的产业安全映射值（百分制），再在公式4.5的基础上算出一级指标产业发展环境指标的产业安全评价值，如图5-1（相关数据见本书结尾的附录数据），具体分析如下：

首先，从行业总体情况来看，装备制造业和制造业在产业发展环境指标的产业安全评价值差别不太大，且都从1997年的D级[65，85]"比较安全"状态提升到2002年的E级[85，100]"很安全"状态、随后又向2017年的C级[45，65]的"临界状态"转化，表明随着中国利用外资的全面深化和全球经济和政治环境的变化，中国装备制造业的产业发展环境有改善但也有波动。

其次，从子行业的情况来看，I1金属制品制造业和I3专用设备制造业等两个行业的产业发展环境评价值在观察值前期相对较高，但是所有的子行业都呈现出和装备制造业类似的发展趋势，即2002年前产业发展环境的安全状况得到提升，但是2002年后逐渐下滑，尤其是2017年I1金属制品制造业的产业发展环境的评价值降低到A级[0，25]"危机"状态，I2通用设备制造业、I3专用设备制造业和I5电气及器材的产业发展环境评价值降低到B级[25，45]"比较不安全"状态，以上表明装备制造业子行业的产业发展环境不断变差，除了I6通信设备、计算机及其他电子设置制造业外，多数子行业的产业发展环境都落入不安全范围之内。

总之，无论从中国装备制造业的总体水平来看，还是从七大子行业的情况来看，产业发展环境方面的状况都有变差的情况，且低于装备制造业和制造业的平均水平，多数处在不安全范围之内。

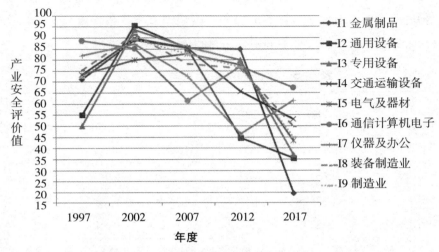

图 5–1 产业发展环境的综合评价值汇总

数据来源：根据产业安全评价模型及各二级指标数据计算汇总。

## 二、产业国际竞争力评价

产业国际竞争力指标反映产业发展的竞争优势的现状，是产业安全发展的保障，在此主要选取产业国际市场占有率 IMS、产业贸易竞争优势指数 TC 和显性比较优势指数 RCA 三个指标进行评价。

（一）产业国际市场占有率情况

产业国际市场占有率反映了国内产业在世界市场上的竞争力状况，在此用产业出口总额与该产业世界总出口额的比值量化，数据来源于联合国货物贸易数据库，结果如表5–5。首先，就装备制造业和制造业的比较而言，可以看到装备制造业的国际市场占有率逐渐提高并于2012年开始超过制造业总体水平，表明中国装备制造业的国际市场影响力得到较大的提升。其次，在子行业方面，国际市场占有率最高的是 I6通信设备、计算机及电子设备制造业（2017年达到41.1%），其次为 I1金属制品业、I7仪器及办公机械制造业和 I5电气及器材制造业的国际市场占有率比较高，而 I3专用设备制造业和 I4交通运输设备制造业的国际市场占有率比较低，说明专用设备制造业和交通运输设备制造业的国际市场地位还比较低。最后，从行业发展趋势来看，中国装备制造业及其子行业的国际市场占有率都呈不断上升趋势，整体上有很大提升，2017年多数产业的数值在15%以上，说明随着改革开放和大量利用外资，中国装备制造业在国际市场上的影响力不断提升。

表 5-5　产业国际市场占有率（%）

| 行业 ＼ 年度 | 1997 | 2002 | 2007 | 2012 | 2017 |
|---|---|---|---|---|---|
| I1 金属制品 | 4.91 | 7.29 | 12.88 | 17.16 | 20.8 |
| I2 通用设备 | 1.46 | 2.59 | 5.78 | 9.04 | 11.16 |
| I3 专用设备 | 0.76 | 1.39 | 3.53 | 6 | 7.97 |
| I4 交通运输设备 | 0.8 | 1.14 | 3.15 | 5.44 | 4.99 |
| I5 电气及器材 | 2.82 | 5.6 | 11.32 | 17.61 | 19.54 |
| I6 通信计算机电子 | 4.13 | 10.15 | 26.76 | 34.98 | 41.1 |
| I7 仪器及办公 | 3.21 | 6.46 | 13.86 | 16.98 | 21.23 |
| I8 装备制造业 | 2.28 | 4.46 | 10.14 | 14.45 | 16.12 |
| I9 制造业 | 3.78 | 5.27 | 10.17 | 14.22 | 15.93 |

数据来源：据联合国货物贸易数据库的年度贸易数据计算。

（二）产业贸易竞争优势指数情况

产业贸易竞争优势指数能够衡量产业的净出口能力，在此选用产业的净进口额除以其进出口总额的比值来表示，系数的区间为 [-1，1]，系数的值越大表明产业净出口能力越强，相应的国际竞争优势也就越大。通过计算结果表 5-6 可以发现：装备制造业的贸易竞争优势虽然不断增长，但是一直低于制造业总体水平，说明装备制造业比普通制造业面临的国际竞争更加激烈；从装备制造业子行业的相互比较来看，I1 金属制品制造业和 I6 通信设备、计算机及电子设备制造业的贸易竞争优势较强，多数年份的指数都在 0.5 以上，不仅远远高于其他子行业，而且高于装备制造业的总体水平，而 I5 电气及器材制造业的贸易竞争优势比较弱；从发展趋势来看，装备制造业及其子行业的贸易竞争优势整体上体现出不断提高的趋势，表明装备制造业的出口竞争力得到不断提升。

### 表 5-6 产业贸易竞争优势指数

| 年度<br>行业 | 1997 | 2002 | 2007 | 2012 | 2017 |
|---|---|---|---|---|---|
| I1 金属制品 | 0.5045 | 0.5881 | 0.6633 | 0.6744 | 0.7037 |
| I2 通用设备 | −0.3936 | −0.2541 | 0.0749 | 0.1594 | 0.2964 |
| I3 专用设备 | −0.7329 | −0.6402 | −0.2310 | −0.0244 | −0.0157 |
| I4 交通运输设备 | −0.0563 | −0.0622 | 0.2133 | 0.0800 | −0.0202 |
| I5 电气及器材 | −0.0146 | −0.2243 | −0.2100 | −0.0786 | −0.0908 |
| I6 通信计算机电子 | 0.3761 | 0.4281 | 0.6389 | 0.6058 | 0.7895 |
| I7 仪器及办公 | 0.0937 | 0.0014 | −0.0167 | −0.0102 | 0.0331 |
| I8 装备制造业 | −0.0240 | −0.0129 | 0.1549 | 0.1900 | 0.2029 |
| I9 制造业 | 0.1683 | 0.0963 | 0.2386 | 0.2721 | 0.2819 |

数据来源：据联合国货物贸易数据库的年度贸易数据计算。

（三）显示性比较优势指数情况

显示性比较优势指数反映一国某产业的出口与世界平均出口水平相比较的相对优势，在此使用某产业出口占该国总出口额比重除以世界该种产品出口占世界总出口额的比重，进而算出装备制造业及其子行业的显性比较优势指数如表5-7，具体分析如下：首先，从装备制造业与制造业的显示性比较优势来看，前者的优势在先落后于后者的情况下从2012年开始超过了后者，说明装备制造业的出口水平得到了提升。其次，从各类子行业的情况横向比较来看，I6通信设备、计算机及电子设备制造业的显示性比较优势最强（2007年起 RCA 值超过较强优势指标2.5），表明利用外资以来该行业的出口竞争力提升最快、出口能力很强，另外 I7仪器及办公机械制造业和 I1金属制品制造业的显示性比较优势也比较强（RCA 值超过中等优势指标0.8），都超过了装备制造业的平均水平，然而 I4交通运输设备制造业的显示性比较优势相对较弱，表明其出口竞争力进步不大。最后，从显示性比较优势的变化趋势来看，整体上呈现2012年前上升而2017年后有所回落的趋势，表明2012年以后，受国内外经济环境的影响，装备制造业的出口竞争力有所回落。

### 表 5-7　显示性比较优势指数值

| 行业 ＼ 年度 | 1997 | 2002 | 2007 | 2012 | 2017 |
|---|---|---|---|---|---|
| I1 金属制品 | 1.4335738 | 1.625873878 | 1.623085429 | 1.687067799 | 1.634333507 |
| I2 通用设备 | 0.426558 | 0.57722049 | 0.727995265 | 0.888843001 | 0.876754721 |
| I3 专用设备 | 0.2223062 | 0.309482555 | 0.445407874 | 0.590491172 | 0.626103105 |
| I4 交通运输设备 | 0.2335128 | 0.253225481 | 0.397268781 | 0.535164141 | 0.392276767 |
| I5 电气及器材 | 1.26502 | 1.252214203 | 1.42769508 | 0.958868062 | 0.78610237 |
| I6 通信计算机电子 | 1.20784 | 2.263898831 | 3.37271052 | 3.440239357 | 3.229101318 |
| I7 仪器及办公 | 0.93628 | 1.440183287 | 1.74684144 | 1.669724616 | 1.667648789 |
| I8 装备制造业 | 0.66544 | 0.995262541 | 1.27878731 | 1.421024793 | 1.266313234 |
| I9 制造业 | 1.10362 | 1.174510464 | 1.28180207 | 1.398191994 | 1.25188039 |

数据来源：据联合国货物贸易数据库的年度贸易数据计算。

#### （四）产业国际竞争力的综合评价值

在前面产业国际市场占有率 IMS、产业贸易竞争优势指数 TC 和显性比较优势指数 RCA 三个二级指标的计算和分析基础上，利用产业安全评价模型可以估算出产业国际竞争力指标的产业安全评价值，装备制造业及其子行业产业安全评价值的汇总如图5-2，从该图可以发现：首先，从装备制造业与制造业的产业安全值比较来看，装备制造业的国际竞争力产业安全评价值呈不断上升的趋势，从 B 比较不安全区间 [25，45] 逐渐达到 D 级比较安全 [65，85] 区间，制造业的状态类似，二者最后都于2012年达到"比较安全"状态。其次，从子行业的比较来看，I6通信、计算机及电子设备制造业国际竞争力产业安全评价值最高，2007年起达到了 E 级很安全 [85，100] 区间。I1金属制品制造业和I7仪器及办公机械制造业依次为国际竞争力产业安全评价值比较高的行业，都于2007年达到了 D 级比较安全 [65，85] 区间且不断提升，而其他子行业对应的值都处在临界值及以下，尤其是I3专用设备制造业和I4交通运输设备制造业，其产业安全值勉强从 A 级危机 [0， 25 ] 提升到 B 级比较不安全 [25，45] 区间，说明这两个行业的国际竞争力的产业安全值处在预警期，应该引起重视。

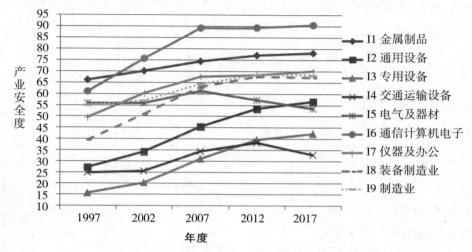

图 5-2　产业国际竞争力的综合评价值汇总

数据来源：根据产业安全评价模型及各二级指标数据计算汇总。

## 三、产业对外依存度评价

产业对外依存度指标反映产业发展对国际市场和资本的依赖程度，在此主要选取产业出口依存度、产业进口依存度和产业资本的对外依存度三个指标进行评价，具体分析如下：

### （一）产业出口依存度情况

产业出口依存度反映某产业的发展对出口市场的依赖程度，在此选用某产业的出口总额与该产业的规模以上工业企业总产值或销售额的比值来表示产业出口依存度，具体计算结果见表5-8，图示表明：首先，装备制造业的对外依存度明显高于制造业总体水平，但是基本还是属于10%~40%的比较安全的区间；其次，从各个子行业的比较来看，多数行业的出口依存度都属于比较安全的区间。I6通信设备、计算机及电子设备制造业的出口依存度最高（2007年对外依存度达到60%以上，属于产业安全的临界状态），I3专用设备制造业和I4交通运输设备制造业的出口依存度相对比较低（多数年份处在10%以下，属于产业安全的临界状态）；最后，从产业出口依存度的变化趋势来看，装备制造业及其子行业的出口依存度基本上呈现先上升后下降的趋势，表明出口市场压力加大，出口依存度降低，需要扩大内需来转移压力。

表 5-8　产业出口依存度（%）

| 年度<br>行业 | 1997 | 2002 | 2007 | 2012 | 2017 |
|---|---|---|---|---|---|
| I1 金属制品 | 24.5854 | 27.1905 | 24.8049 | 11.3906 | 9.2295 |
| I2 通用设备 | 16.6002 | 14.9723 | 15.7766 | 12.6466 | 10.2012 |
| I3 专用设备 | 6.3145 | 8.5102 | 13.7672 | 9.9459 | 8.0280 |
| I4 交通运输设备 | 9.9305 | 8.6959 | 14.2321 | 9.6373 | 6.5490 |
| I5 电气及器材 | 33.1320 | 22.7816 | 25.1830 | 16.8373 | 13.6080 |
| I6 通信计算机电子 | 33.11990 | 49.6127 | 68.1407 | 61.1027 | 47.8191 |
| I7 仪器及办公 | 40 | 46.0205 | 47.1137 | 15.7917 | 14.3856 |
| I8 装备制造业 | 24.5451 | 26.9389 | 34.0107 | 23.9689 | 18.7961 |
| I9 制造业 | 21.9956 | 20.4691 | 21.0726 | 13.4205 | 11.2870 |

数据来源：据联合国货物贸易数据库和中国统计年鉴的年度数据计算。

（二）产业进口依存度情况

产业进口依存度反映某产业的发展对进口市场的依赖程度，在此采用某产业的进口额除以该产业规模以上工业企业的销售额加进口额的和，得到估算数据如下表5-9，具体分析如下：首先，从装备制造业与制造业的比较来看，前者的进口依存度明显高于后者，但是二者的进口依存度都属于3%~30%的比较安全的区间。其次，从各个子行业的情况来看，I7仪器及办公机械制造业成为进口依存度最高的行业（2002年达到63.7024%，属于危机的状态），I5电气及器材制造业（2002年达到43.9740%，属于比较不安全的状态），而I4交通运输设备制造业与I6通信设备、计算机及电子设备制造业的进口依存度比较低，但是基本上属于3%~30%的比较安全的区间。

最后从装备制造业及其子行业的进口依存度变化趋势来看，整体上呈不断下降的趋势。

表 5-9 产业进口依存度（%）

| 行业 ＼ 年度 | 1997 | 2002 | 2007 | 2012 | 2017 |
|---|---|---|---|---|---|
| I1 金属制品 | 8.5370 | 7.7061 | 6.2478 | 3.1103 | 2.9132 |
| I2 通用设备 | 30.2683 | 32.5287 | 19.4684 | 13.1121 | 10.8023 |
| I3 专用设备 | 31.8566 | 35.0100 | 19.9827 | 8.9563 | 9.9848 |
| I4 交通运输设备 | 10.4118 | 10.5832 | 9.0678 | 7.8964 | 6.6469 |
| I5 电气及器材 | 27.4792 | 43.9740 | 40.4422 | 26.0219 | 26.1732 |
| I6 通信计算机电子 | 13.7876 | 13.6255 | 9.9934 | 8.0673 | 2.8360 |
| I7 仪器及办公 | 50.5600 | 63.7024 | 62.6694 | 55.4766 | 52.2100 |
| I8 装备制造业 | 21.9900 | 26.3341 | 22.0544 | 14.2419 | 12.3348 |
| I9 制造业 | 14.7546 | 17.7259 | 13.4386 | 8.0273 | 7.3534 |

数据来源：据联合国货物贸易数据库和中国统计年鉴的年度数据计算。

（三）产业资本的对外依存度情况

该指标反映东道国某产业的发展对外资的依赖程度，鉴于数据的可获取性，在此选用本产业规模以上外资工业企业实收资本除以本产业规模以上所有工业企业实收资本总额的值来估算，计算结果如表5-10，具体数据表明：首先，装备制造业的产业资本对外依存度高于制造业，但基本都在40%以下的比较安全范围。其次，从子行业的情况来看，I6通信设备、计算机及电子设备制造业的资本对外依存度最高，基本在都在40%以上的不安全范围，而其他子行业的资本对外依存度较低、也相对比较安全。最后，从行业发展趋势来看，装备制造业及其子行业的资本对外依存度都呈现2007年前不断增长而2007年后不断下降的趋势并向安全范围回落，说明装备制造业及其子行业过高的资本对外依存度逐渐得到改善。

### 表 5-10　产业资本的对外依存度（%）

| 年度<br>行业 | 1997 | 2002 | 2007 | 2012 | 2017 |
|---|---|---|---|---|---|
| I1 金属制品 | 31.650198 | 41.06462 | 39.32845 | 25.93568 | 17.86391965 |
| I2 通用设备 | 14.8143 | 25.64948 | 31.06876 | 25.80076 | 26.64779562 |
| I3 专用设备 | 8.6806224 | 15.6665 | 32.43748 | 24.55304 | 18.51111889 |
| I4 交通运输设备 | 18.460271 | 20.74066 | 32.30954 | 26.77423 | 33.04508119 |
| I5 电气及器材 | 26.284665 | 35.91939 | 40.61391 | 25.76561 | 20.19449076 |
| I6 通信计算机电子 | 47.25214 | 53.46023 | 70.41403 | 53.01425 | 46.80577673 |
| I7 仪器及办公 | 29.398741 | 40.19844 | 48.59528 | 31.14109 | 23.67101284 |
| I8 装备制造业 | 24.571141 | 33.48614 | 44.57377 | 32.70823 | 30.40422798 |
| I9 制造业 | 24.772282 | 27.6971 | 34.72721 | 30.38964 | 23.22060523 |

数据来源：据相关年度的中国统计年鉴、中国工业经济统计年鉴和中国工业年鉴数据计算。

## （四）产业对外依存度的综合评价值

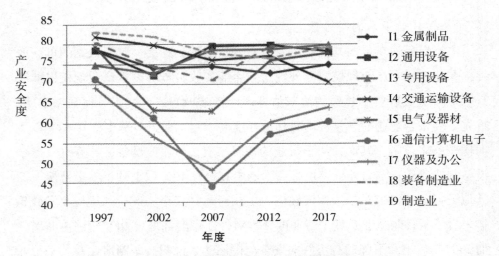

### 图 5-3　产业对外依存度的综合评价值汇总

数据来源：根据产业安全评价模型及各二级指标数据计算汇总。

在上文产业出口依存度、产业进口依存度和产业资本的对外依存度三个二级指标的计算和分析基础上，利用产业安全评价模型估算出产业对外依存度指标的产业安全评价值如图5-3，从该图可以发现：首先，从装备制造业和制造业的比较来看，装备制造业对外依存度的产业安全评价值基本上低于制造业，但是二者都落在预警值 D 比较安全 [65，85] 的范围，说明对外依存度总体还不算太高。其次，从各子行业的情况看，I1金属制品制造业、I2通用设备制造业、I3专用设备制造业和I4交通运输设备制造业的对外依存度产业安全评价值较高，都落在 D 比较安全 [65，85] 的范围，而另外的其他三个子行业 I5电气及器材、I6通信设备、计算机及电子设备制造业和I7仪器及办公机械制造业的值都落在临界状态值区间，产业安全度比较低。最后，从总体变化趋势来看，各行业的对外依存度的产业安全评价值都呈现类似的先下降后上升、但整体上安全值有所下阶的趋势，表明装备制造业及其子行业的对外依存度的安全状况有波动且最终变差。

## 四、产业外资控制程度评价

产业外资控制程度指标反映外资控制东道国产业的程度，测度外资对一国产业的股权、市场和技术等要素的控制程度以及对内资企业的影响程度，在此主要选取产业外资股权控制率、产业外资市场控制率和产业外资技术控制率三个指标进行评价，具体分析如下：

### （一）产业外资股权控制率情况

产业外资股权控制率反映外资对国内产业进行股权控制的程度，在此采用某产业外资类规模以上工业企业所有者权益总额除以本产业所有规模以上工业企业所有者权益总额的值来估算，计算结果见表5-11，具体分析如下：首先，装备制造业的产业外资股权控制率整体上高于制造业，且基本都在30%以上的比较不安全范围。其次，从子行业的情况来看，I6通信设备、计算机及电子设备制造业、I4交通运输设备制造业、I7仪器及办公机械制造业和I1金属制品制造业的产业外资股权控制率都非常高，基本都在30%以上的比较不安全范围，尤其是2007年 I6通信设备、计算机及电子设备制造业的外资股权控制率达到69.36%的危机状态，而其他子行业的值相对较低也基本合理。最后，从行业发展趋势来看，装备制造业及其子行业的外资股权控制率基本上呈现2007年前不断增长而2007年后不断下降的趋势并向比较安全的范围回落，说明随着中国产业结构的调整和产业升级措施的实施，装备制造业及其子行业外资股权控制程度过高的局面逐渐得到改善。

表 5-11　产业外资股权控制率 %

| 年度<br>行业 | 1997 | 2002 | 2007 | 2012 | 2017 |
|---|---|---|---|---|---|
| I1 金属制品 | 39.71648 | 45.610811 | 40.17347 | 25.52113 | 19.30876 |
| I2 通用设备 | 20.32731 | 29.427894 | 34.94448 | 30.48946 | 26.33481 |
| I3 专用设备 | 11.64421 | 20.616902 | 35.12708 | 25.28965 | 19.53073 |
| I4 交通运输设备 | 21.82692 | 32.905494 | 42.07882 | 34.83681 | 33.64901 |
| I5 电气及器材 | 29.77959 | 33.67717 | 38.29446 | 28.44615 | 20.82256 |
| I6 通信计算机电子 | 53.27581 | 54.155209 | 69.35665 | 56.7455 | 45.04167 |
| I7 仪器及办公 | 37.04545 | 47.076345 | 49.85862 | 32.35653 | 26.07511 |
| I8 装备制造业 | 29.40446 | 38.541178 | 46.20143 | 35.3504 | 30.11399 |
| I9 制造业 | 23.73915 | 29.142596 | 34.12591 | 27.7975 | 23.56474 |

数据来源：据相关年度的中国统计年鉴、中国工业经济统计年鉴和中国工业年鉴数据计算。

（二）产业外资市场控制率情况

产业外资市场控制率反映外资对国内产业进行市场和品牌控制的程度，考虑到数据的可获取性，在此采用外资规模以上工业企业主营收入与国内该产业规模以上工业企业主营收入的比值来衡量，计算结果见表5-12，具体分析如下：首先，装备制造业的产业外资市场控制率整体上高于制造业，且基本都在30%以上的比较不安全范围。其次，从子行业的情况来看，I6通信设备、计算机及电子设备制造业、I4交通运输设备制造业和I7仪器及办公机械制造业的产业外资市场控制率都非常高，基本都在30%以上的比较不安全范围，尤其是2007年I6通信设备、计算机及电子设备制造业的外资市场控制率达到83.58%的危机状态，而其他子行业的值相对较低也基本合理。最后，从行业发展趋势来看，装备制造业及其子行业的外资市场控制率基本上呈现2007年前不断增长而2007年后不断下降的趋势并向比较安全的范围回落，表明随着内资产业的发展壮大，装备制造业外资市场控制程度局面逐渐得到改善。

表5-12 产业外资市场控制率（%）

| 年度<br>行业 | 1997 | 2002 | 2007 | 2012 | 2017 |
|---|---|---|---|---|---|
| I1 金属制品 | 29.95140946 | 37.15600496 | 34.7825225 | 20.3513618 | 15.9284424 |
| I2 通用设备 | 16.14172591 | 24.02258285 | 28.1702948 | 26.205963 | 24.460805 |
| I3 专用设备 | 10.49803826 | 20.24884814 | 27.7668783 | 20.8490777 | 18.1643975 |
| I4 交通运输设备 | 22.78603634 | 32.57430847 | 46.2187701 | 39.8521377 | 40.394422 |
| I5 电气及器材 | 27.20693786 | 33.56519289 | 37.2814607 | 27.5488279 | 21.6760803 |
| I6 通信计算机电子 | 62.49504251 | 73.91982477 | 83.5842595 | 73.8210114 | 54.6724257 |
| I7 仪器及办公 | 50.74238038 | 62.65127725 | 63.5514952 | 31.3733385 | 27.5657783 |
| I8 装备制造业 | 31.45101315 | 44.9307344 | 51.3966326 | 39.9660944 | 34.6027418 |
| I9 制造业 | 22.97008118 | 31.92769557 | 35.0197827 | 26.643002 | 23.6026935 |

数据来源：据相关年度的中国统计年鉴、中国工业经济统计年鉴和中国工业年鉴数据计算。

（三）产业外资技术控制率情况

产业外资技术控制率反映外资对国内产业进行技术控制的程度，在此采用外资 R&D 投入总额与该产业总 R&D 投入额的比值来衡量估算，计算结果见表5-13，具体分析如下：首先，装备制造业的产业外资技术控制率整体上高于制造业，且基本都在30%以上的比较不安全范围。其次，从子行业的情况来看，I6通信设备、计算机及电子设备制造业、I7仪器及办公机械制造业和I4交通运输设备制造业的产业外资技术控制率都非常高，基本都在30%以上的比较不安全范围，尤其是2007年I6通信设备、计算机及电子设备制造业的外资技术控制率达到51.85%的危机状态，而其他子行业的值相对较低也基本合理。最后，从行业发展趋势来看，装备制造业及其子行业的外资技术控制率基本上呈现2007年前不断上升而2007年后不断下降的趋势并向比较安全的范围回落，说明随着中国装备制造业竞争力的提升，装备制造业及其子行业过高的外资技术控制程度逐渐得到改善。

### 表 5-13　产业外资技术控制率（%）

| 行业＼年度 | 1997 | 2002 | 2007 | 2012 | 2017 |
|---|---|---|---|---|---|
| I1 金属制品 | 8.661675 | 36.46914 | 28.073826 | 22 | 20 |
| I2 通用设备 | 18.64051 | 19.81614 | 33.124965 | 27 | 25 |
| I3 专用设备 | 10.42402 | 8.834817 | 21.293089 | 15 | 13 |
| I4 交通运输设备 | 19.7911 | 26.25387 | 38.187466 | 32 | 30 |
| I5 电气及器材 | 19.30542 | 17.14886 | 25.951557 | 19 | 17 |
| I6 通信计算机电子 | 42.10703 | 50.07644 | 51.846525 | 45 | 43 |
| I7 仪器及办公 | 44.49325 | 31.2477 | 37.493263 | 31 | 29 |
| I8 装备制造业 | 25.14021 | 31.64182 | 38.200697 | 32 | 30 |
| I9 制造业 | 20.07478 | 23.77554 | 30.499339 | 24.31 | 22 |

数据来源：据相关年度的中国统计年鉴、中国工业经济统计年鉴和中国工业年鉴数据计算。

### （四）产业外资控制程度的综合评价值

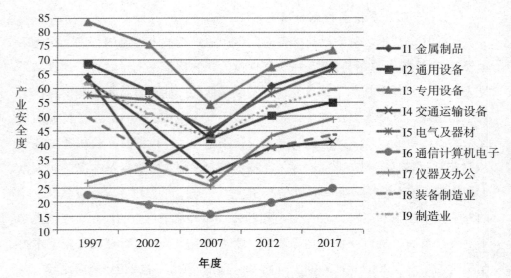

### 图 5-4　与产业外资控制程度相关的产业安全综合评价值汇总

数据来源：根据产业安全评价模型及各二级指标数据计算汇总。

在上文外资股权控制、外资市场控制和外资技术控制三个二级指标的计算和分析基础上，利用产业安全评价模型估算出产业外资控制程度的产业安全评价值如图5-4，可以看到：首先，从装备制造业和制造业的比较来看，装备制造业外资控制程度的产业安全评价值明显低于制造业总体水平，且多数年份落在预警值 B 比较不安全 [25，45] 的范围，说明外资的控制过高并影响了装备制造业的产业安全状态。其次，从各子行业的情况看，I3专用设备制造业的评价值最高，基本落在 D 比较安全 [65，85] 的范围，另外 I1金属制品制造业、I5电气及器材和I2通用设备制造业外资控制程度的产业安全评价值比较高，基本都落在 C 临界状态 [45，65] 的范围。而另外的其他三个子行业产业安全评价值都比较低，如I4交通运输设备制造业和I7仪器及办公机械制造业的评价值都落在 B 比较不安全 [25，45] 的范围，I6通信设备、计算机及电子设备制造业的评价值落在 A 危机 [0，25] 的范围。最后，从总体变化趋势来看，各行业的对外依存度的产业安全评价值都呈现类似的先下降后上升、但整体上安全值有所下降的趋势，表明装备制造业及其子行业受外资控制程度相关的安全状况有所波动且总体变差，尤其是 I6通信设备、计算机及电子设备制造业受外资控制的危机状况没有改善，应该引起重视。

## 五、产业自主创新力评价

产业自主创新力指标反映产业发展的竞争优势的现状，是产业安全发展的保障，在此主要选取产业研发投入强度、产业新产品产值率和产业有效发明专利增长率三个指标进行评价。

### （一）产业研发投入强度情况

产业研发投入强度指某产业投入研究与开发方面的投入力度，在此用行业 R&D 总费用占同期该行业主营销售收入总额的百分比来衡量。计算结果见表5-14，具体分析如下：首先，装备制造业的产业研发投入强度整体上高于制造业，且基本都在2% 以下的比较不安全的范围。其次，从子行业的情况来看，七大子行业的值相对较低，均低于3%，基本上属于不安全的范畴。最后，从行业发展趋势来看，装备制造业及其子行业的外资技术控制率基本上呈现出不断波动但始终陷入不安全状态的趋势，说明随着中国装备制造业生产能力的不断增长，其研发投入的力度还不够。

### 表 5-14 产业研发投入强度（%）

| 年度<br>行业 | 1997 | 2002 | 2007 | 2012 | 2017 |
|---|---|---|---|---|---|
| I1 金属制品 | 0.5570 | 0.3331 | 0.2877 | 0.6448 | 0.9545 |
| I2 通用设备 | 1.7756 | 1.4931 | 0.7714 | 1.2475 | 1.5277 |
| I3 专用设备 | 1.3213 | 1.5622 | 1.0656 | 1.4800 | 1.7774 |
| I4 交通运输设备 | 1.6278 | 2.2119 | 1.1310 | 1.3636 | 1.5689 |
| I5 电气及器材 | 1.3917 | 2.0191 | 0.9210 | 1.2915 | 1.7331 |
| I6 通信计算机电子 | 1.1821 | 2.0976 | 1.0359 | 1.5117 | 1.8855 |
| I7 仪器及办公 | 1.4474 | 1.1742 | 0.6918 | 1.8587 | 2.1025 |
| I8 装备制造业 | 1.3634 | 1.8217 | 0.9278 | 1.3222 | 1.6531 |
| I9 制造业 | 0.8158 | 1.1808 | 0.5776 | 0.8845 | 1.1385 |

数据来源：据中国统计年鉴和中国科技统计年鉴的相关年度数据计算。

（二）产业新产品产值率

产业新产品产值率反映某产业新产品的开发情况，在此用产业行业新产品产值与同期行业总产值的比值来衡量。计算结果见表5-15，具体分析如下：首先，装备制造业的产业新产品产值率整体上高于制造业，且基本都在25%以上的比较安全范围。其次，从子行业的情况来看，I4交通运输设备制造业、I5电气及器材和I6通信设备、计算机及电子设备制造业的新产品产值率都非常高，基本都在25%以上的比较安全的范围，尤其是2007年交通运输设备制造业的新产品产值率达到40.55%，而I1金属制品制造业的值最低，落入比较不安全的范围。最后，从行业发展趋势来看，装备制造业及其子行业的新产品产值率基本上呈现2007年前不断上升而2007年后不断下降的趋势并向比较安全的范围回落，说明随着中国装备制造业竞争力的提升，装备制造业及其子行业新产品开发程度基本安全。

### 表5-15 产业新产品产值率（%）

| 年度<br>行业 | 1997 | 2002 | 2007 | 2012 | 2017 |
|---|---|---|---|---|---|
| I1 金属制品 | 7.4510 | 8.8748 | 10.3899 | 8.1479 | 9.8513 |
| I2 通用设备 | 21.0141 | 28.2112 | 26.5645 | 16.5004 | 18.5786 |
| I3 专用设备 | 19.4227 | 25.9908 | 26.1883 | 18.0389 | 17.1915 |
| I4 交通运输设备 | 30.4135 | 38.4052 | 40.5533 | 28.3531 | 31.7522 |
| I5 电气及器材 | 27.8475 | 37.6571 | 25.9922 | 21.6282 | 26.3620 |
| I6 通信计算机电子 | 38.1208 | 37.4714 | 24.8932 | 27.6466 | 34.9473 |
| I7 仪器及办公 | 22.0735 | 24.6109 | 19.6298 | 20.7930 | 22.5594 |
| I8 装备制造业 | 27.8954 | 34.7301 | 28.0384 | 28.3531 | 26.3109 |
| I9 制造业 | 13.2362 | 24.1371 | 22.4479 | 13.5340 | 16.5872 |

数据来源：据中国统计年鉴和中国科技统计年鉴的相关年度数据计算。

（三）产业有效发明专利增长率情况

产业有效发明专利增长率反映某一产业实际有效发明情况，在此用某产业有效发明专利数与上期产业有效发明专利数的增量百分比来衡量。计算结果见表5-16所示，具体分析如下：首先，装备制造业的产业有效发明专利增长率整体上高于制造业，且基本都在25%以上的比较安全范围。其次，从子行业的情况来看，I4交通运输设备制造业、I5电气及器材和I6通信设备、计算机及电子设备制造业的有效发明专利增长率相对比较高，部分年份在25%以上的比较安全的范围，但是波动加大，而其他子行业的值都相对较低，部分年份为负增长。最后，从行业发展趋势来看，装备制造业及其子行业的有效发明专利增长率基本上呈现2017相对于1997年有所增长、但是期间波动太大的趋势，说明随着中国装备制造业的发展进程中，装备制造业及其子行业有效发明专利的产出不太稳定，也侧面反映自主创新力提升较慢。

表 5-16　产业有效发明专利增长率 %

| 年度<br>行业 | 1997 | 2002 | 2007 | 2012 | 2017 |
|---|---|---|---|---|---|
| I1 金属制品 | 0.8850 | −9.0909 | 5.8228 | 69.3096 | 26.3146 |
| I2 通用设备 | −9.9502 | −9.0909 | 28.2004 | 70.7071 | 18.8694 |
| I3 专用设备 | 12.2172 | 19.8630 | 77.5028 | 33.1764 | 21.4776 |
| I4 交通运输设备 | −14.5833 | −6.7669 | 47.2918 | 51.4953 | 37.2154 |
| I5 电气及器材 | 30.4038 | −10.9524 | 33.3628 | 30.3260 | 28.4036 |
| I6 通信计算机电子 | 2.9412 | 387.5912 | 53.0778 | 34.4761 | 20.5858 |
| I7 仪器及办公 | 7.5758 | 79.4898 | 15.0000 | 14.8543 | 20.4150 |
| I8 装备制造业 | 9.7003 | 95.2381 | 48.2893 | 38.8161 | 23.3776 |
| I9 制造业 | −6.5234 | 60.2490 | 40.2443 | 35.9321 | 20.1543 |

数据来源：据中国统计年鉴和中国科技统计年鉴的相关年度数据计算。

（四）产业自主创新力的综合评价值

在上文产业研发投入强度、产业新产品产值率和产业有效发明专利增长率三个二级指标的计算和分析基础上，利用产业安全评价模型估算出产业自主创新力的产业安全评价值。如图5-5，可以看到：首先，从装备制造业和制造业的比较来看，装备制造业自主创新力的产业安全评价值明显高于制造业总体水平，且多数年份落在预警值 C 临界状态 [45，65] 的范围，说明装备制造业成为推动制造业创新能力提升的主导力量。其次，从各子行业的情况看，I4交通运输设备制造业、I5电气及器材制造业和I6通信设备、计算机及电子设备制造业的评价值比较高，基本都落在 C 临界状态 [45，65] 的范围。而另外的其他四个子行业产业安全评价值都比较低，尤其是 I1金属制品制造业的评价值落在 A 危机 [0，25] 的范围，说明金属制品制造业的自主研发与创新能力还不足。最后，从总体变化趋势来看，各行业的对外依存度的产业安全评价值都呈现类似的上下波动但整体上安全值有所上降的趋势，表明装备制造业及其子行业的自主创新力最终有缓慢提升。

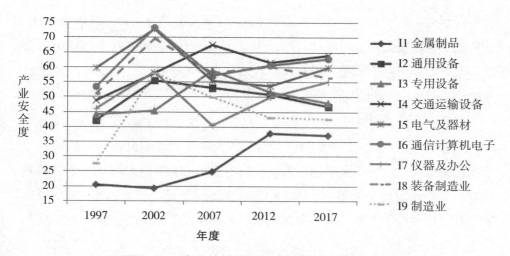

**图 5-5　产业自主创新力的综合评价值汇总**

数据来源：根据产业安全评价模型及各二级指标数据计算汇总。

## 六、产业安全总指标的综合评价值比较分析

在上文产业发展环境、产业国际竞争力、产业对外依存度、产业外资控制度和产业自主创新力等五个一级指标的计算和分析基础上，利用产业安全评价模型最终估算装备制造业及其子行业的产业安全总指标的综合评价值如图5-6、5-7和5-8，可以发现以下特征。

（一）装备制造业的产业安全状况长期低于制造业的总体水平

从图5-6和5-7可见，1997—2017年度装备制造业的产业安全综合评价值一直低于制造业的评价值。从二级指标的评价值分析背后的原因来看，主要在于装备制造业的产业竞争力低于制造业，而装备制造业的产业对外依存度和产业外资控制程度又高于制造业。以上表明装备制造业相对于普通制造业的技术要素投入要求更高、国际竞争更激烈，在利用外资时其产业安全难免受更大的影响。

（二）装备制造业各子行业的产业安全状态均不乐观

从图5-6可以看到，1997—2017年度装备制造业各子行业的产业安全值均在 C 临界状态 [45，65] 的范围徘徊，一直没有达到比较安全的状态。比较而言，产业安全总值相对较高的子行业如图5-7中三个子行业，其中I5电气

及器材制造业的产业安全值最高且是唯一超过装备制造业总体水平的子行业，从产业安全二级指标分析其部分原因为产业发展环境较好、产业创新能力较强、产业对外依存度和受外资控制的程度在合理的范围内。I1金属制品和I3专用设备制造业的产业安全值次之。

产业安全总值相对较低的子行业如图5-8中四个子行业，I2通用设备、I4交通运输设备制造业、I6通信设备、计算机及电子设备制造业和I7仪器及办公机械制造业的产业安全值都低于装备制造业的值。其中I7仪器及办公机械制造业的产业安全值在子行业排名中总体最低但是最终有所回升。I4交通运输设备制造业的值不断下滑，有落于比较不安全状态的风险，从产业安全二级指标分析其部分原因为虽然该行业的产业发展环境好、利用外资规模大，但是产业竞争力仍然较弱、自主创新能力一般且受外资控制的程度较高，说明利用外资以来虽然中国交通运输设备制造业的市场发展较快，但是内资企业的交通运输设备制造业发展仍然很弱，核心技术和产业链整合水平都还需提升。I6通信设备、计算机及电子设备制造业的产业安全值比较低的原因有产业对外依存度较高、外资控制度较高和自主创新能力不显著等原因。

（三）装备制造业及其子行业产业安全状态的变化趋势基本为M型波动

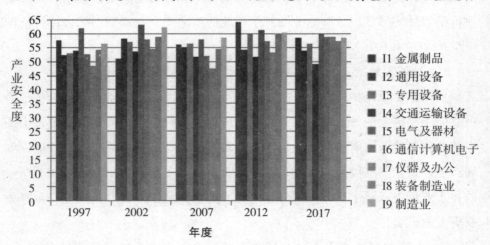

**图5-6　装备制造业产业安全的总评价值汇总**

数据来源：根据产业安全评价模型及各1级指标数据计算汇总，柱状图中从左到右的数据分别为I1、I2、I3、I4、I5、I6、I7、I8、I9。

从产业安全度的总体变化趋势来看，装备制造业及其子行业产业安全状态的变化基本上呈现 M 型波动，从1997年到2017年度大多数行业的产业安全值总体上有所改善。以上表明在此期间的2007年后中国利用外资优惠政策改革、2008全球金融危机、2009年后美国重振制造业计划实施、2011年中国不断提升利用外资的质量进而调整利用外资政策、2015年开始实施的中国制造2025战略等国内外的经济大事件都对中国装备制造业的产业安全发展产业了一定的影响。

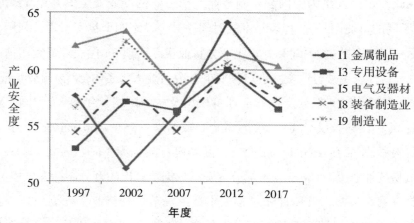

**图 5-7 产业安全总值相对较高的子行业比较**

数据来源：根据产业安全评价模型及各1级指标数据计算汇总。

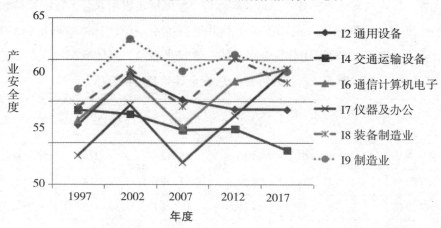

**图 5-8 产业安全总值较低的子行业比较**

数据来源：根据产业安全评价模型及各1级指标数据计算汇总。

## 第二节　利用外资影响中国装备制造业产业安全度的实证检验

在上一节装备制造业产业值估算结果的基础上，本节将实证检验装备制造业利用外资数据对装备制造业产业安全度的影响情况。

### 一、变量选取及数据来源

在此设定因变量为中国装备制造业及子行业的产业安全值并用 $Y_{it}$ 代替，$i$ 代表不同的行业序号，$t$ 代表年度的时间序号。设定四个自变量为：利用分行业实际利用外资数量 $FDI_{it}$ 和外资企业分行业实际产值 $S_{it}$ 代表外资利用情况的自变量，另外选用分行业实际进口额 $IM_{it}$ 和分行业人力资本 $L_{it}$ 为调节变量。

产业安全值 $Y_{it}$ 根据产业安全评价模型及《中国统计年鉴》《中国工业统计年鉴》《中国科技统计年鉴》、万得金融数据库（www.wind.com.cn）、联合国货物贸易数据库（comtrade. un. org）、世界银行数据库（wits.worldbank.org）和WTO贸易统计数据库（www. wto. org）等资源数据估算出的百分制标准化相对值，具体数值见表5-17，具体计算过程见本章第一节。分行业实际利用外资数量 $FDI_{it}$ 可以采用价格调整后的规模以上外资工业企业资本金代替，其数据见表5-18。外资企业分行业实际产值 $S_{it}$ 可以用价格调整后的外资企业分行业销售产值代替，具体数据见表5-19。分行业实际进口额 $IM_{it}$ 可以用联合国货物贸易数据库的年度贸易数据乘以人民币汇率折算并进行价格调整，具体数据见表5-20，分行业人力资本 $L_{it}$ 可以用分行业平均用工数量来表示，具体数据见表5-21。

**表 5-17　分行业的总安全评价值 Yit 汇总**

| 年度<br>行业 | 1997 | 2002 | 2007 | 2012 | 2017 |
|---|---|---|---|---|---|
| I1 金属制品 | 57.6061 | 51.1078 | 55.9129 | 64.1226 | 58.5032 |
| I2 通用设备 | 52.1214 | 58.2049 | 55.1725 | 54.0173 | 53.9415 |
| I3 专用设备 | 52.9133 | 57.0665 | 56.2606 | 59.9815 | 56.3990 |
| I4 交通运输设备 | 53.9365 | 53.4331 | 51.5289 | 51.6589 | 49.0752 |
| I5 电气及器材 | 62.0863 | 63.3473 | 58.0798 | 61.4365 | 60.3146 |

| | | | | | |
|---|---|---|---|---|---|
| I6 通信计算机电子 | 52.7147 | 57.9890 | 51.8210 | 57.3895 | 58.8080 |
| I7 仪器及办公 | 48.4306 | 54.5285 | 47.6033 | 53.2460 | 58.8698 |
| I8 装备制造业 | 54.3029 | 58.8111 | 54.3712 | 60.1273 | 57.2293 |

数据来源：根据产业安全评价模型及各一级、二级指标数据计算汇总。

### 表 5-18 价格调整后的分行业实际利用外资数量 FDIit（亿元）

| 行业＼年度 | 1997 | 2002 | 2007 | 2012 | 2017 |
|---|---|---|---|---|---|
| I1 金属制品 | 66.5716 | 87.4302 | 148.1422 | 183.7174 | 393.8933 |
| I2 通用设备 | 70.3824 | 83.1303 | 209.1734 | 275.0975 | 846.0894 |
| I3 专用设备 | 26.2797 | 34.3991 | 138.2516 | 219.0409 | 566.3749 |
| I4 交通运输设备 | 110.0543 | 122.0115 | 345.1256 | 462.0976 | 2116.5365 |
| I5 电气及器材 | 99.0948 | 132.6482 | 292.5831 | 379.8137 | 957.4776 |
| I6 通信计算机电子 | 192.1317 | 291.3564 | 860.2310 | 1050.4640 | 2673.1404 |
| I7 仪器及办公 | 24.7137 | 33.0842 | 75.5875 | 64.0624 | 208.4847 |
| I8 装备制造业 | 589.2283 | 784.0600 | 2069.0944 | 2634.2936 | 7761.9969 |

数据来源：据相关年度的中国统计年鉴数据计算。

### 表 5-19 价格调整后的外资分行业实际产值 Sit（亿元）

| 行业＼年度 | 1997 | 2002 | 2007 | 2012 | 2017 |
|---|---|---|---|---|---|
| I1 金属制品 | 130.8826 | 268.2491 | 796.5964 | 1015.0371 | 898.2902 |
| I2 通用设备 | 93.3786 | 226.5352 | 1005.1499 | 1704.5731 | 1750.0910 |
| I3 专用设备 | 47.7122 | 122.3852 | 566.1487 | 1014.5179 | 1021.0588 |
| I4 交通运输设备 | 215.6008 | 606.9781 | 2456.3675 | 4469.8051 | 6435.1153 |
| I5 电气及器材 | 204.5463 | 458.9550 | 1775.6767 | 2609.9034 | 2437.3584 |
| I6 通信计算机电子 | 560.1924 | 1881.8985 | 6578.8290 | 8913.5173 | 9109.6439 |
| I7 仪器及办公 | 64.1638 | 159.9377 | 543.9830 | 350.3450 | 432.3827 |
| I8 装备制造业 | 1316.4766 | 3724.9389 | 13722.7512 | 20077.6988 | 22083.9404 |

数据来源：据相关年度的中国统计年鉴数据计算。

表 5-20　价格调整后的分行业实际进口额 IMit（亿元）

| 　　　年度<br>行业 | 1997 | 2002 | 2007 | 2012 | 2017 |
|---|---|---|---|---|---|
| I1 金属制品 | 38.0793 | 248.8575 | 218.5570 | 186.0958 | 169.2231 |
| I2 通用设备 | 242.8838 | 1274.2148 | 1119.0683 | 952.8586 | 866.4661 |
| I3 专用设备 | 191.9819 | 916.9482 | 805.3020 | 685.6944 | 623.5248 |
| I4 交通运输设备 | 103.7092 | 1668.0701 | 1464.9684 | 1247.3838 | 1134.2877 |
| I5 电气及器材 | 259.8413 | 5862.3730 | 5148.5792 | 4383.8859 | 3986.4136 |
| I6 通信计算机电子 | 133.2287 | 715.1907 | 628.1101 | 534.8200 | 486.3297 |
| I7 仪器及办公 | 135.9139 | 2520.0319 | 2213.1966 | 1884.4814 | 1713.6217 |
| I8 装备制造业 | 1105.6381 | 13205.6862 | 11597.7815 | 9875.2199 | 8979.8666 |

数据来源：据联合国货物贸易数据库的年度贸易数据计算。

表 5-21　分行业人力资本 Lit（万人）

| 　　　年度<br>行业 | 1997 | 2002 | 2007 | 2012 | 2017 |
|---|---|---|---|---|---|
| I1 金属制品 | 174.0000 | 87.0000 | 273.4800 | 335.3405 | 351.7200 |
| I2 通用设备 | 403.0000 | 187.0000 | 420.7100 | 425.6264 | 428.1800 |
| I3 专用设备 | 274.0000 | 136.0000 | 256.5100 | 306.4167 | 332.4900 |
| I4 交通运输设备 | 346.0000 | 226.0000 | 408.5900 | 563.4381 | 656.1700 |
| I5 电气及器材 | 227.0000 | 140.0000 | 449.1500 | 573.0664 | 603.6700 |
| I6 通信计算机电子 | 165.0000 | 155.0000 | 587.9200 | 806.6751 | 911.6900 |
| I7 仪器及办公 | 79.0000 | 44.0000 | 106.9700 | 95.4956 | 104.4500 |
| I8 装备制造业 | 1668.0000 | 975.0000 | 2503.3300 | 3106.0588 | 3388.3700 |

数据来源：据相关年度的中国统计年鉴、中国工业经济统计年鉴和中国工业年鉴数据计算。

## 二、研究假设与模型设计

### （一）研究假设

根据利用外资等主要相关因素对装备制造业产业安全影响的相关分析，现做出以下系列假设。

假设一：

$H_0$：实际外资利用数量与装备制造业产业安全不相关。

$H_1$：实际外资利用数量与装备制造业产业安全显著相关。具体而言，如果显著负相关，即表明随着实际利用外资规模的扩大，装备制造业的产业安全评价值下降，将威胁产业安全。反之，如果正相关，则有助于产业竞争力的提升进而提高产业安全。

假设二：

$H_0$：外资实际产值与装备制造业产业安全不相关。

$H_1$：外资实际产值与装备制造业产业安全显著相关。具体而言，如果显著负相关，即表明随着外资实际产值的提升，装备制造业的产业安全评价值下降，将威胁产业安全。反之，如果正相关，则有助于产业竞争力的提升进而提高产业安全。

假设三：

$H_0$：分行业实际进口额与装备制造业产业安全不相关。

$H_1$：分行业实际进口额与装备制造业产业安全显著相关。具体而言，如果显著负相关，即表明随着分行业实际进口额的提升，装备制造业的产业安全评价值下降，将威胁产业安全。反之，如果正相关，则有助于产业竞争力的提升进而提高产业安全。

假设四：

$H_0$：分行业人力资本与装备制造业产业安全不相关。

$H_1$：分行业人力资本与装备制造业产业安全显著相关。具体而言，如果显著负相关，即表明随着分行业人力资本的提升，装备制造业的产业安全评价值下降，将威胁产业安全。反之，如果正相关，则有助于产业竞争力的提升进而提高产业安全。

（二）模型设计

在此用1，2…8分别表示金属制品制造业、通用设备制造业、专用设备制造业、交通运输设备制造业、电气及器材制造业、通信计算机设备电子制造业、仪器及办公制造业和装备制造业等行业的编号，t代表1997、2002、2007、2012和2017等年度，Yit代表第i个行业在t时期产业安全值，FDIit、Sit、IMit、Lit分别表示实际外资利用数量、外资实际产值、分行业实际进口额和分行业人力资本等自变量。根据变量的散点图分析，建立基于面板数据分析的模型如公式（5.1）：

$$LnY_{it} = \beta_{1i} + \beta_{2i}LnFDI_{it} + \beta_{3i}LnS_{it} + \beta_{4i}LnIM_{it} + \beta_{5i}LnL_{it} + \mu_i$$

（5.1）

公式中：

$\beta_{1i}$表示随个体变化的截距，$\beta_{2i}$，$\beta_{3i}$，$\beta_{4i}$，$\beta_{5i}$表示各个自变量对相关产业安全的影响系数，根据该值的正负性和p值的大小可以判定具体的影响程度。

另外通过对面板数据LnYit、LnFDIit、LnSit、LnIMit、LnLit的单位根检验，相关检验方法中Levin、Lin & Chu t、Breitung t-stat、ImPesaran and Shin W-stat，ADF – Fisher Chi-square，PP – Fisher Chi-square都证明面板数据的一阶差分变量都是平稳变量，故可以进行相关性分析。

## 三、实证分析

依据假设的模型，利用EViews 9.0对1997—2017年的相关面板数据分析表明，个体固定效应回归模型的估计方法效果最明显，其相应的回归模型5.1的估计结果如表5-22，可见R2=0.706493、LnFDIit、LnSit、LnIMit、LnLit对应的相关系数分别为0.046988、–0.118306、–0.043170、0.000774，分别表明LnFDIit、LnLit与LnYit正相关，而LnSit、LnIMit与LnYit负相关。但是从对应的t统计量及p值的大小来看，只有LnSi与LnYit的相关度比较显著，部分原因可能是样本数据不足。

表 5-22　利用外资对装备制造业产业安全影响的 EViews 检验结果

| Dependent Variable：LNY? | | | | |
|---|---|---|---|---|
| Method：Pooled Least Squares | | | | |
| Date：12/01/18　Time：18：01 | | | | |
| Sample：1997 2017 | | | | |
| Included observations：5 | | | | |
| Cross-sections included：8 | | | | |
| Total pool（balanced）observations：40 | | | | |
| Variable | Coefficient | Std. Error | t-Statistic | Prob. |
| C | 4.865594 | 0.439674 | 11.06637 | 0.0000 |
| LNFDI? | 0.046988 | 0.079358 | 0.592096 | 0.5593 |
| LNS? | −0.118306 | 0.068448 | −1.728394 | 0.0968 |
| LNIM? | −0.043170 | 0.033525 | −1.287708 | 0.2101 |
| LNL? | 0.000774 | 0.039810 | 0.019444 | 0.9846 |
| Fixed Effects（Cross） | | | | |
| 1--C | −0.109695 | | | |
| 2--C | −0.077591 | | | |
| 3--C | −0.099593 | | | |
| 4--C | −0.035633 | | | |
| 5--C | 0.137681 | | | |
| 6--C | 0.072751 | | | |
| 7--C | −0.147797 | | | |
| 8--C | 0.259877 | | | |
| Fixed Effects（Period） | | | | |
| 1997--C | −0.249857 | | | |
| 2002--C | −0.006183 | | | |
| 2007--C | 0.047024 | | | |
| 2012--C | 0.136851 | | | |

| 2017--C | 0.072165 | | | |
|---|---|---|---|---|
| | Effects Specification | | | |
| Cross—section fixed （dummy variables） | | | | |
| Period fixed （dummy variables） | | | | |
| R—squared | 0.706493 | Mean dependent var | | 4.020403 |
| Adjusted R—squared | 0.523051 | S.D. dependent var | | 0.071424 |
| S.E. of regression | 0.049327 | Akaike info criterion | | −2.891525 |
| Sum squared resid | 0.058395 | Schwarz criterion | | −2.215973 |
| Log likelihood | 73.83050 | Hannan—Quinn criter. | | −2.647267 |
| F—statistic | 3.851315 | Durbin—Watson stat | | 2.852625 |
| Prob（F—statistic） | 0.001647 | | | |

资料来源：根据 EViews 工具计算。

回归模型的相关估计方程式如下：

$LNY1 = -0.109695326602 + PER\_EFFECT + 4.86559406845 + 0.046987625485*LNFDI1 - 0.118305862681*LNS1 - 0.0431698573348*LNIM1 + 0.000774050812607*LNL1$

$LNY2 = -0.0775908128927 + PER\_EFFECT + 4.86559406845 + 0.046987625485*LNFDI2 - 0.118305862681*LNS2 - 0.0431698573348*LNIM2 + 0.000774050812607*LNL2$

$LNY3 = -0.0995927108795 + PER\_EFFECT + 4.86559406845 + 0.046987625485*LNFDI3 - 0.118305862681*LNS3 - 0.0431698573348*LNIM3 + 0.000774050812607*LNL3$

$LNY4 = -0.0356332448929 + PER\_EFFECT + 4.86559406845 + 0.046987625485*LNFDI4 - 0.118305862681*LNS4 - 0.0431698573348*LNIM4 + 0.000774050812607*LNL4$

LNY5 = 0.137681112172 + PER_EFFECT + 4.86559406845 + 0.046987625485*LNFDI5 − 0.118305862681*LNS5 − 0.0431698573348*LNIM5 + 0.000774050812607*LNL5

LNY6 = 0.0727507973686 + PER_EFFECT + 4.86559406845 + 0.046987625485*LNFDI6 − 0.118305862681*LNS6 − 0.0431698573348*LNIM6 + 0.000774050812607*LNL6

LNY7 = −0.147796640264 + PER_EFFECT + 4.86559406845 + 0.046987625485*LNFDI7 − 0.118305862681*LNS7 − 0.0431698573348*LNIM7 + 0.000774050812607*LNL7

LNY8 = 0.25987682599 + PER_EFFECT + 4.86559406845 + 0.046987625485*LNFDI8 − 0.118305862681*LNS8 − 0.0431698573348*LNIM8 + 0.000774050812607*LNL8

其中，PER_EFFECT = −0.249857177113*@ISPERIOD（"1997"）− 0.0061825217848*@ISPERIOD（"2002"）+ 0.0470236988021*@ISPERIOD（"2007"）+ 0.136850795123*@ISPERIOD（"2012"）+ 0.0721652049722*@ISPERIOD（"2017"）

### 四、实证结果的评价

通过实证分析结果可以看到，随着中国利用外资规模的扩大，实际利用外资的规模与装备制造业的产业安全值弱正相关，而分行业外资装备制造业实际产值与装备制造业的产业安全值显著负相关，这说明外资利用的方式（外资的股权比例）比外资利用的规模对装备制造业的产业安全影响更显著，间接证明外资独资或控股的企业更能威胁或损害中国装备制造业的产业安全。

装备制造业的实际进口额与装备制造业的产业安全值弱负相关，说明随着中国贸易措施中非关税措施和贸易救济措施的完善，进口贸易对产业安全的影响不如外资对装备制造业产业安全的影响大。

分行业人力资本与装备制造业的产业安全值弱正相关，说明人力资本的提升对中国装备制造业的产业安全起促进作用，但是作用有限，需要继续提升人力资本中的素质和知识投入。

# 第六章 产业安全视角的中国装备制造业利用外资政策的回顾与评价

## 第一节 利用外资政策的概述

### 一、东道国利用外资政策的基本框架

#### （一）东道国利用外资政策目标

从外资对产业安全的影响机理可以看出，外资对东道国的影响不仅表现在经济方面，还会间接影响到政治、文化和社会发展等方面。因此，东道国利用外资政策的主要目标是促进发展，可以细分为经济、政治、社会和文化多个方面的目标。一般来说，经济目标是东道国政府外资政策目标的核心。利用外资政策的经济目标包括宏观经济目标和微观经济目标，宏观方面的如就业增长、经济增长、出口增长、国际收支平衡和技术转移等。

比较而言，不同经济发展水平的国家的外资政策目标有一定的差异，其主要原因是经济实力不同的国家的总体经济发展目标不同，而外资政策目标主要服务于经济发展目标。发展中东道国更加注重的是经济实现稳步增长，经济主权不被损害，保障就业，收入分配保持均衡，地区、部门及城乡之间实现协调发展。而经济实力较强的发达东道国则较少担忧经济主权问题、不适应技术或者不适当产品的问题。从发展的角度来说，一国利用外资政策的目标在不同的历史阶段也会出现不同的变化，一些时候甚至呈现出完全相反的变化。

（二）外资政策类型和手段

依据发挥作用的领域，外资政策可以分为市场准入和开业方面的外资政策、市场经营方面的外资政策、市场退出方面的外资政策。依据外资政策不同的作用方向，可以将外资政策划分成以下三类：第一，外资限制政策。即东道国利用一定的方法限制外资活动的政策，该政策的实施会减少外资的利益。第二，外资鼓励政策。即东道国对外资实行各种优惠待遇，该政策的实施会增加外资的净收益。第三，外资中性政策。即东道国不干预外资的活动，除进行必要的常规性管理外，既不对其进行限制，也不对其实行优惠待遇，政策不会给外资带来损失，同样不会给外资带来收益。在现实情况中，中性政策只在个别国家和个别地区的个别时期出现，一般情况下很少被使用，世界上大部分国家都在不同程度地实施外资限制政策或外资鼓励政策。

## 二、各国利用外资政策的总体趋势

二战后，随着战后重建及 WTO 等国际经济组织的推动，生产国际化水平发展，全球范围内的国际投资不断增长，出于资源的稀缺性和外资对当地经济的推动作用，各国利用外资向自由化方向发展的特征明显，即各国逐渐放松了对外资的管制，着重于利用外资鼓励和促进政策。根据世界上主要国家投资政策的动态反映，各国外资政策的总体趋势是以促进外资的自由化及便利化为主要导向，且促进外资投资自由化的政策措施基本占总体外资政策的75%以上。但是2002年和2016年，投资保护主义都有短暂的抬头，各国选择利用外资限制或监管政策主要考虑到一些公共政策目标，如环境保护、国家安全、减贫、社会保护、国家资源保护、国有资产保护、国家战略产业保护等方面。

据联合国贸发会议的相关数据资料显示，2017年有65个国家和经济体通过了126项外资政策，是过去十年间出台外资政策最多的一年，其中93项与外资鼓励或自由化的措施相关，18项与外资限制政策有关，其余15项措施属于中性措施。在具体行业方面，运输、能源和制造等行业放松了对外国投资的准入限制，在国别区域方面，亚洲发展中经济体最活跃，许多国家利用经济特区、简化行政手续和提供激励措施等办法来鼓励投资。在外资限制政策方面，一些国家对外资收购的审查变得更为严格，尤其是国家安全或战略性国有资产、技术公司的收购；另外，对外资参与的一些行业提出了新的限制和更严格的审批程序。部分国家进一步加强了外资引进的筛选机制和促进引进外资的质量。同时世界上最不发达国家正在填补其管制框架中的空白。

以上表明，虽然世界上主要国家和经济体利用外资政策以外资的自由化和促进为主，但是随着金融市场和国际经济形势的变化，外资限制政策也常常被加强，因此在外资活动中适当地使用"良性"政府干预对于有效利用外资是至关重要的，可以作为外资自由化政策的重要补充，意义重大。

### 三、改革开放以来中国利用外资政策的变迁

改革开放以来，尤其是中国加入世界贸易组织以来，中国积极利用多种外资方式，逐步推进各种外资政策改革，使中国利用的外资无论数量还是质量都有了很大的提高，也为推动国民经济的发展做出了巨大的贡献。如图6-1，在各种利用外资的形式中，尤其是1992年以来中国利用外商直接投资的金额得到了更快的发展，占有全部利用外资额的比重也逐渐上升，由1983年的40.71%上升到2014年的99.88%，说明中国以利用外商直接投资为主导的趋势逐渐形成。现结合中国利用外资的年度变化特点，分四个阶段描述1979—2017年中国外资政策的变迁内容和特点。

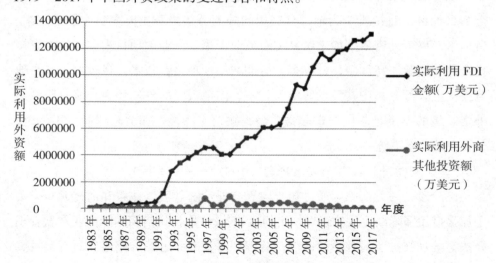

**图6-1 1983—2017年中国实际利用外资金额（万美元）**

数据来源：国家统计局网站年度数据，缺少2015年以后实际利用外商其他投资额的数据。

（一）利用外资政策探索阶段（1979年—1986年）

该阶段中国主要通过向国际金融组织和外国政府贷款等对外借款形式发展基础设施建设，同时开始积极探索鼓励外商直接投资的立法建设，初步构筑了利用外资法律法规的基本框架，初步形成了从经济特区、沿海开放城市到沿海经济开发地区的层级推进引资格局。该阶段的外资政策重点和相关法律法规有：1979年颁布《中华人民共和国中外合资经营企业法》作为中国第一部外资法，对中外经营企业的设立和运营等问题进行了规定；1982年修改的《宪法》从根本上确立了外商投资企业的法律地位；1986年《中华人民共和国外资企业法》和《关于鼓励外商投资的规定》进一步完善了对外商投资企业的鼓励方面的法律制度。出台的给予外资税收优惠方面的法律法规有1980年的《中外合资经营企业所得税法施行细则》、1981年的《中华人民共和国外国企业所得税法》和1983年的《中华人民共和国中外合资经营企业所得税法》。1980年中国开始把经济特区作为利用外资的实验区和切入点。1984和1985年进一步开放沿海城市和经济开放区。1986年开始建立了对外资的分级管理制度，其中包括外国投资工作领导小组，其主要职能是对相关外资利用政策的研究和指导。

该阶段利用外资政策的主要特点是以利用对外借款为主、外商（含中国港澳台地区）直接投资为辅，且利用的外商直接投资主要来自中国港、澳、台地区，以劳动密集型加工贸易和服务业等第三产业的项目占多。外商直接投资的"实验"特征明显，大多为短期和小型项目，技术含量较低。且在地域投向上大部分集中在开发区沿海省市，内地吸收的外资较少。该阶段利用外资政策的不足是制度规定非常粗略，缺乏实操性，相关法律制度不健全，外资政策体系不统一。

（二）利用外资政策的发展阶段（1987年—1991年）

该阶段，一方面中国通过初步建立起外债统计监测体系和通过颁布《关于加强借用国际商业贷款管理规定的通知》《境内机构借用国际商业贷款管理办法》等加强关于对外借款的规范管理；另一方面进一步完善外商直接投资系列政策，如1987年的《指导吸收外商投资方向暂行规定》对外资投资的方向进行了产业指导、1988年《中华人民共和国中外合作经营企业法》对中外合作经营形式的外资企业的准入和经营细则进行了规定，1991年出台《外商投资企业和外国企业所得税法》等。对外商投资企业特别是高新技术外资和出口导向型外资给予税收、劳务费用、生产经营的条件、土地使用费等方面的优惠，并保障外资企业享有独立的经营权。

该阶段外资政策的特点是：激励的重点由对外借款转向外商直接投资，在保持对外资实行规则、出口比例和科技水平的限制等方面一定程度的限制同时，加大了鼓励和优惠政策的使用，并初步形成了全国统一的利用外资政策体系。以上政策的影响是：新设投资选择独资的倾向更加明显，跨国公司进入中国投资的数量增多，外资的市场垄断明显，外资的行业分布以工业制造业为主，在沿海对外开放的基础上推动沿江（长江）、沿线（陇海线、兰新线）、沿边（边境）对外开放，形成了多层次和全方位的开放格局。

（三）利用外资政策的完善阶段（1992年—2000年）

该阶段以1992年邓小平南巡讲话为开始标志，因为该讲话进一步明确了大胆利用外资方向，引导了中国对外开放的全新阶段。相关政策如：1992年《关于商业零售领域利用外资问题的批复》对外资准入零售业的条件进行了规定、1993年《外资金融机构管理条例》对外资金融机构的市场准入进行管理、1995年《指导外商投资方向暂行规定》及《外商投资产业指导目录》对外资投资的方向进行了产业指导、1998年《关于国有企业利用外商投资进行资产重组的暂行规定》对外资并购国有企业行为进行管理、1998年国务院《关于鼓励外商投资的规定》等加强了外资的产业导向和地区导向。在外商间接投资方面有1997年更新并发布的《境内机构发行外币债券的管理办法》、1997年《境内机构借用国际商业贷款管理办法》，以及1998年《中华人民共和国证券法》等。除了对外借款（国际金融组织或国际商业银行贷款和外国政府贷款等）和外商直接投资外，逐渐扩大了出口信贷、加工贸易、BOT、对外发行债券或股票、外资并购等利用外资方式。

该阶段利用外资政策的特点是：逐渐注重对投资软环境的改善；进一步拓宽了外商投资的方向，拓宽了利用外资的途径。以上政策的结果是中国引进外资的规模和水平逐年提高，1992年外商直接投资的金额首次超过了对外借款的金额。部分跨国公司开始出现控制国内市场的趋势。

（四）利用外资政策的调整阶段（2001年—至今）

2001年至今是中国加入WTO并逐步调整利用外资政策、逐渐与国际规则接轨的阶段。相关的政策有：2000年—2001年根据WTO的《TRIMs协定》和《中国入世议定书》的承诺，全面修改三部外商投资企业法律，取消了当地成分要求和出口业绩的规定。2002年修订了《指导外商投资方向规定》，随后于2002年、2004年、2007年、2011年、2015年和2017年多次修订《外商投资产业指导目录》，进一步减少了外资限制政策，扩大了对外资开放的领域。2002年《中西部地区外商投资优势产业目录》、2006年《国务院关于加快振兴装备制造业的若干意见》、2015年的《中国制造2025行动纲领》对外资投资的重点领域进行了相关规定。2004年《外商投资商业领域管理办法》对外资准入商贸领域进行了规定、2004年《国务院关于推进资本市场改革开放和稳定发展的若干意见》、2006年《中华人民共和国外资银行管理办法》促进了金融和资本市场利用外资准入的试点。2007年《中华人民共和国反垄断法》、2008年《中华人民共和国企业所得税法》、2007年《中华人民共和国劳动合同法》、2009《关于外国投资者并购境内企业的规定》的修订、2010商务部《关于加强外商投资房地产业审批备案管理的通知》、2018年国务院《关于积极有效利用外资推动经济高质量发展若干措施的通知》等政策完善了中国外商投资的政策，使其逐步与国际惯例接轨，并鼓励外资参与自由贸易区建设。

该阶段利用外资的政策的特点是：进一步放宽外资进入领域的限制，推进制造业向商业、金融、电信、旅游等产业开放。更加注重引进外资的水平和质量。优化外资投资的区域布局，引导外资投向中西部地区。2007年两税合一等变革表明单纯依靠外资鼓励政策来吸引外资的倾向有所缓和，但一时仍难以发生根本性变化。

总的来说，改革开放40多来年中国的利用外资政策和实践都发生了从量到质的巨大变化，具体表现为实现了从注重弥补资金缺口到弥补资金、技术缺口并重的转变，经历了"地区优惠——普遍优惠——产业导向优惠——国民待遇"路径演化。形成了一套基本完整的利用外资政策体系，包括宪法性的各类规范，部门单行的相关法律法规，地方性的各种法规，各行政主管部门的有关政策、文件以及内部规定，多边以及双边投资公约与协定。下文将分别对市场准入、市场经营和市场退出等方面的利用外资政策进行回顾和评价。

## 第二节 市场准入与开业方面的中国装备制造业利用外资政策回顾

### 一、市场准入方面的外资鼓励政策

市场准入是指外国或地区的资本、货物或服务进入本国市场的范围和程度。市场准入一直是世贸组织及其 GATT 的核心问题之一。对于市场准入方面的中国外资鼓励政策，主要又分为市场准入的范围、外资开业条件和外资并购等方面的鼓励政策。

（一）市场准入范围相关的外资鼓励政策

1. 鼓励外资准入的行业政策

随着利用外资进程的发展，中国通过相继出台的外资产业政策，逐渐扩大了鼓励外资准入的行业范围。较早的政策有1995年的《指导外商投资方向暂行规定》，与装备制造业相关鼓励外商投资的行业和项目有：交通、能源等重要原材料工业，先进技术、高新技术、新设备、新材料，能提高产品档次、拓展新市场尤其是外销市场的新项目。随后是1997年《当前国家重点鼓励发展的产业、产品和技术目录》，确定了当时中国重点鼓励外资投入的原则：市场发展前景好、技术含量较高、能填补国内产业与技术空白、有利于资源环境保护、有利于推动产业结构优化等。同期的《外商投资产业指导目录（1997修订版）》，鼓励外商投资对从农业到工业、服务业等18个领域共186类产品、技术及部分基础设施和服务的发展，其中工业的鼓励类别最多。

2001年后，中国加入世界贸易组织，根据入世承诺，中国分别于2002年2月实施了《指导外商投资方向规定》、修订了《外商投资产业指导目录（2002）》，将鼓励外商投资的行业或项目由1997年186类增加到262类，其中金属制品业相关3类、通用设备制造业相关7类、专用设备制造业相关42类、交通运输设备制造业相关18类、电气设备制造业4类、电子及通信设备制造业29类、仪器仪表及文化办公类机械设备制造业8类。随着利用外资进程的扩大，为适用国民经济发展和产业结构调整的需要，中国分别于2004年、2007年又修订了《外商投资产业指导目录》，鼓励外商投资的行业或项目分别为254类、354类，不仅进一步增加了鼓励的类别，而且也提高了鼓励的项目档次。在此基础上，2010年的《国务院关于进一步做好利用外资工作的若干意见》又提出鼓励外商在符合环保要求的前提下向中西部地区转移劳动密集型产业，支持外资企业设立国家级技术中心或参与国家科技开放项目，鼓励外商投资企业，与内资企业、研究机构合作申请国家科技开发项目。另外，还鼓励外资参与境内金融资本市场。

2. 鼓励外资准入的区域政策

中国鼓励外资准入的区域政策同中国利用外资的进程一样，有实验性、渐近性和递推性的特点。从1979年开始，国家采取了优先鼓励外资准入东部沿海地区的倾斜政策，因为这些地区经济条件较好、地理区位优越和对外商联系较多，适合做改革的试点区域。具体的区域开放进程如下：第一梯度，1979年—1988年先后开辟了深圳、珠海、汕头、厦门和海南岛等5个经济特区，相关的政策有《广东省委、福建省委关于对外经济活动和灵活措施的两个报告》(1979)、《广东、福建两省和经济特区工作会议纪要》(1981)、《当前试办经济特区工作中若干问题的纪要》(1982)等政策（殷华方、鲁明泓，2005)。第二梯度，1984年—1985年开辟了14个沿海开放城市，以及长江三角洲、珠江三角洲、闽南厦三角洲地区，相关的政策为《长江、珠江三角洲和闽南厦漳泉三角地区座谈会纪要》(1985)等。第三梯度，1988年—1990年间进一步推动了沿海经济的开放，开辟了辽东半岛、山东半岛、广西等沿海经济开放区，初步形成了一条从南到北延伸的沿海开放地带，相关的政策有《关于沿海地区发展外向型经济的若干补充规定》(1988)，《关于扩大沿海经济开放区范围的通知》(1988)。第四梯度，从沿海向内地推进的区域政策，在1992年—1999年又开放了一系列沿江、沿边和内陆省会城市，相关的政策有《关于进一步对外开放重庆等市的通知》(1992)、《关于一进步对外开放南宁、昆明市及凭祥等5个边境城镇的通知》(1992)等。第五梯度，2000年以来，开始鼓励外资向中西部地区准入，依据的相关政策有《关于实施西部大开发若干政策措施的通知》(2000)、《关于实施对设在中西部地区的外向投资企业给予3年减按15%税率征收企业所得税的优惠的通知》(2000)、《关于西部大开发若干政策措施的实施意见》(2001)、《中西部地区外商投资优势产业目录》(2008及2017年修订版),另外《外商投资产业指导目录》(2004)也鼓励外资可以独资于西部地区相关产业,《国务院关于进一步做好利用外资工作的若干意见》(2010)鼓励东部地区外商投资企业向中西部地区转移。第六梯度,2004年以来,鼓励对东北地区的外资投资。相关的政策有国务院《关于实施东北地区等老工业基地振兴战略的若干意见》的通知(2004)、国务院《关于全面振兴东北地区等老工业基地的若干意见》(2016)。总之,通过相继开放沿海经济开放地带,沿边、沿江和内陆城市,东北地区的政策,最终形成了"经济特区——沿海开放城市——沿海经济开放区——中西部内陆区域——东北地区"这种多层次、全方位的利用外资区域政策体系。

(二)开业方面的外资鼓励政策

1.逐渐简化外资企业的设立程序

中国外资企业法规定外资企业实行"认缴资本制",外资企业可以先设立后出资,出资不能一次性缴清的,可以分期补缴,允许一定条件下外资企业资金没有到位情况下先行设立并取得营业执照。这与中国公司法规定的"实缴资本制"有很大的差异,反映中国为鼓励外资企业的设立,提供了资金筹措和企业运作方面的便利条件。根据相关规划,2018年中国基本放开制造业,其中包括汽车行业取消专用车、新能源汽车行业外资持股比例的限制,2020年取消商用车外资持股比例的限制,2022年取消乘用车外资股比限制以及合资企业不超过两家的限制。船舶行业取消外资限制,包括设计、制造、修理各环节。飞机行业取消外资限制。

2.逐渐简化外资审批程序和下放审批权限

中国对外商投资采取分级管理,各省、市、自治区及计划单列市具有一定限额投资额以下的审批权限。如1982年的相关规定:经济特区1亿元人民币以上的项目,必须上报省级政府审核后上报国务院审批,重工业5000万元人民币以上、轻工业3000万元人民币以上的项目,必须经省级政府审核之后转报国家计委审批,在该限额以下的,可自行安排。1995年的《指导外商投资方向暂行规定》就已经规定对于列为鼓励类的外商投资项目可先试行直接登记制。外国直接投资项目还可获得优先于内资企业的审核待遇。2010年《国务院关于进一步做好利用外资工作的若干意见》进一步扩大了地方政府的审批权限，另外简化审批程序，减少审批范围，增加审批透明度，改革审批方式，大力推进在线行政许可。2018年又出台了《全国和自由贸易试验区外商投资准入特别管理措施（负面清单）》，推行国民待遇加负面清单及备案管理制度，进一步简化了外资企业的审核程序。

3. 拓宽外资的投资形式

从最早的中外合资经营企业形式到逐渐放开中外合作经营企业、外商独资经营企业、合作开发、BOT、投资性公司、外商投资股份公司、外资并购、参与 PPP 项目等投资形式。早在1979年中国就颁布了《中外合资经营企业法》，使得中外合资经营企业成为中国最早鼓励设置的企业形式，该企业形式的优点是按各方的出资比例共同经营、共负盈亏，且外资的出资比例不少于25%，目前中外合资经营企业在中国利用外资的形式中占有重要的比重。外商独资经营企业是外商投资全部资本并采用有限责任公司形式的企业，在中国的设立条件是采用国际先进技术与设备或产品主要用于出口。1986年《中华人民共和国外资企业法》最早提供了外商独资经营企业设立的法律依据，由于该种企业形式易于外商的管理和技术控制等特点，使得20世纪90年代以来外资的独资化倾向越来越明显。1988年的《中华人民共和国中外合作经营企业法》对中外合作经营企业较早地进行了相关规定。中外合作经营企业与中外合资经营企业的区别是合作各方的权利与义务按合同约定而不是出资比例，通常情况是国外合作者提供资金，而中方合作者提供土地、厂房等生产条件。

随着对外资开放的国内市场不断扩大，中国也在积极探索其他的投资形式。第一，合作开发。主要用于高投入、高风险、高收益的自然资源类项目如石油合作勘探开发。第二，BOT（Build－Operate－Transfer）方式。是指政府通过契约方式授予私营企业（包括外国企业）在一定期限内享有的特许专营权，许可其融资建设并经营特定的公共基础设施，并准许其采取出售产品或向用户收取费用的方式回收投资并赚取一定的利润的投资方式。特许专营权期限届满时，该基础设施将无偿移交给政府。广西来宾电厂 B 厂是中国 BOT 试点项目的代表。第三，外商投资股份公司。以募集方式或发起方式设立的股份公司。第四，外资并购。中国1998年以来出台了一系列政策和法律法规鼓励外资通过兼并或收购中国内资企业股份的方式进入中国市场。如1998年《国有企业利用外商投资进行资产重组的暂行规定》、2002年《关于向外商转让上市公司国有股和法人股有关问题的通知》《上市公司收购管理办法》、2006年《合格境外机构投资者境内证券投资管理暂行办法》；2006年《关于外国投资者并购境内企业的规定》其2009年的修订版，2010年《国务院关于进一步做好利用外资工作的若干意见》鼓励外资以参股或并购等方式参与国内企业重组，2017年国务院《关于扩大对外开放积极利用外资若干措施的通知》，开始允许外资准入轨道交通设备制造、摩托车制造等领域，鼓励外商投资高端制造、智能制造、绿色制造等，支持外资企业参与政府和社会资本合作 PPP 项目，使得外商投资企业和内资企业一样适用"中国制造2025"战略政策措施。以上政策表明，中国已经不再仅仅偏好新建投资或"绿地投资"，不断推进引用包括外资并购在内的投资形式的多样化，外资并购的范围不断扩宽，外资利用的形式得到创新。

## 二、市场准入方面的外资限制政策

### （一）对外资准入范围的限制政策

1. 入世前对外资准入范围的限制政策

就外资准入的领域来说，相关限制政策主要包含在各个时期中国《指导外商投资方向暂行规定》及修订版和多个年度的《外商投资产业指导目录》及修订版等政策里面。

1995年6月国务院批准的《指导外商投资方向暂行规定》第六条列明的与装备制造业相关的限制外资准入的项目为：国内已经引进技术，生产过剩的产业；国家吸引外商投资试点或需要国家进行统筹规划的产业；危害国家安全或损害社会公共利益的产业或项目；对环境形成污染损害，破坏自然资源或损害人类健康的产业或项目；占用大量的耕地，不利于保护与开发土地资源，或危害军事设施安全与使用效能的产业或项目；运用中国的特有工艺或技术生产产品的项目；国家法律法规规定禁止的其他项目。其中限制外资进入危害国家安全、损害社会公共利益的项目产业或项目，是出于产业安全方面的考虑。

随后1997年12月国务院批准的《外商投资产业指导目录》，对25个领域的111类产品、项目或技术的外资准入进行限制，另外根据国家宏观经济调控的需要，分成限制类（甲）或者限制类（乙）。限制类（甲）包括机械工业，电子工业，医药、医疗器械制造业，运输服务业等行业的部分产品或项目。限制类（乙）包括交通运输、邮电通信业，电力工业，船舶工业，旅游、房地产及服务业，金融及相关行业。另外禁止外商投资13个领域的31类产品、项目或技术：包括交通运输、邮电通信业，贸易金融业，新闻业、武器生产业等行业的部分产品或项目。以上规定对外商投资的限制或禁止的领域明显大于鼓励的领域（同期对外商投资的鼓励有18个领域），且从产业安全角度考虑对关系到国计民生的重要部门进行限制或禁止：如机械工业中的汽车整车生产、电子工业中的模拟制移动通信系统、船舶工业中的特种船、高性能、船舶的修理、设计与制造等，外资一旦进入并掌控了这些行业，就意味着国民经济的命脉被其控制了，必然会威胁到国家产业安全。此外，从三大产业的限制或禁止的类别来看，改革开放早期对第三产业的限制或者禁止的程度要大于第一产业和第二产业，而第二产业对高端装备制造业的准入限制较大。

2. 入世后对外资准入领域的限制政策

加入世界贸易组织初期，根据入世的承诺，中国虽然总体减少了限制或禁止外商投资的领域，但是仍然保持了对国计民生的重要行业的控制，甚至加大了对某些重点行业的控制。随着入世后过渡期的结束，对外资开放领域的进一步拓宽提高了中国修订外资政策以保护产业安全的紧迫性。2007年《外商投资产业指导目录》力图通过提高外资的市场准入标准和技术门槛来提高利用外资的效益。例如，专用设备制造业提高了技术标准，表现为限制外商投资于以下专用设备制造业：30吨级及以下液压挖掘机、320马力及以下推土机、6吨级及以下轮式装载机、叉车、压路机、220马力及以下平地机、135吨级及以下非公路自卸翻斗车、园林机械和机具、路面铣平返修机械设备、商品混凝土机械（搅拌车、托泵、搅拌站、泵车）制造。2017年《外商投资产业指导目录》修订版限制类项目共35种，其中6项与装备制造业相关，分别为汽车整车、专用汽车制造，船舶（含分段）的设计的制造与修理，干线、支线飞机设计、直升机、无人机的制造与维修，通用飞机设计、制造与维修，卫星电视广播地面接收设施及关键件的生产，核电站的建设与经营等。

（二）对外资准入形式的限制政策

依据中国的外商投资企业法及其实施细则，中国对外资的准入主要为中外合资经营企业形式、逐渐放开外商独资等其他多种形式。但是为了保持对特定行业的限制，中国也经常规定了限于合作、合资的行业，有的行业还规定了中方投资人必须控股。2002版的《外商投资产业指导目录》中限于合作、合资的装备制造业项目有：空中交通管制系统设备制造，50吨以下汽车起重机制造，60万千瓦及以上核电机组制造，320马力以下履带式推土机、3立方米以下轮式装载机的制造，500千伏及以上超高压直流输变电设备的制造等。2007版的《外商投资产业指导目录》增加的限于合资、合作的装备制造业项目有：铁路客运专线、城际铁路、高速铁路基础设施的综合维修等等。2017年《外商投资产业指导目录》增加的限于合资、合作的装备制造业项目有：汽车整车、专用汽车制造，船舶含分段的设计的制造与修理，干线、支线飞机设计、直升机、无人机的制造与维修，通用飞机设计、制造与维修，卫星电视广播地面接收设施及关键件的生产，核电站的建设与经营等。

另外，中国还对一些限于合资与合作的项目增加了对所有权及控制方面的限制，保障本国参与和控制外商直接投资企业的内部决策。1979年公布的《中外合资经营企业法》第六条规定，无论合资各方的出资比例是多少，都必须由中方担任合资经营企业的董事长。尽管随后的法律法规对这一规定放松了限制，但2002版《目录》仍规定由中方控股的行业有：民用飞机设计与制造，航空发动机设计与制造，特种船、高性能船舶的修理、设计与制造，民用卫星设计与制造，民用运载火箭设计与制造，核电站的建设与经营等。2007版《目录》规定中方控股的装备制造业子行业有：地面、水面效应飞机制造，无人机、浮空器设计与制造，船舶（含分段）及海洋工程装备的修理、设计与制造。2017年《外商投资产业指导目录》规定中方控股的项目有汽车整车、专用汽车制造，船舶（含分段）的设计的制造与修理，干线、支线飞机设计、直升机、无人机的制造与维修，核电站的建设与经营等。

### （三）对外商间接投资的资本管制

中国在加大利用外商直接投资形式的同时，一直保持了对资本市场等渠道的间接投资的限制。例如1996年7月1日，中国取消了对外商投资经常项目方面的外汇管制，实现了人民币经常项目方面的可自由兑换，这就极大地推进了外商的投资，但仍然没有开放人民币资本项目方面的可自由兑换。考虑到对外借款方式的债务压力和利用外商直接投资的优势，中国在2000年后减少了对外借款方面的利用，也是变相地限制外商间接投资。此外，中国也保持了对与金融业相关行业的限制，例如证券市场。广义上的证券包括了债券、国债、股票、基金等，这些市场亦是资本大量聚集的地方，资本的风险大、流动性强，对间接投资的限制也是出于对实体经济产业安全保护方面的考虑。

## 第三节　市场经营方面的中国装备制造业利用外资政策回顾

### 一、市场经营方面的外资鼓励政策

根据联合国贸发会议和经济合作组织（OECD）的分类法，本书将市场经营方面的中国外资鼓励政策细分为财政鼓励政策手段、金融鼓励政策手段和其他鼓励政策手段三种进行研究，其中以税收优惠为主的财政鼓励政策是重点。

（一）税收优惠为主的财政鼓励政策

财政鼓励政策包括各种税收优惠规定、土地使用费的优惠等政策，其目标是降低外资企业的负担，如对特定行业或地区的外资企业实行特殊税率或退税政策。包括资本税、增值税、所得税、销售税方面的优惠。这种鼓励政策比较适合发展中国家，因为发展中国家经济实力不太雄厚，可以考虑通过让渡东道国未来的财政收入而不是提供现时利益为特点的激励政策来鼓励外资投资。

在市场经营方面，中国对外资的财政鼓励政策体系主要包括以下内容。

1. 外商投资企业所得税优惠

依据外商投资企业所得税的立法原则，可以将中国的外商投资企业所得税优惠政策分为三个阶段。

（1）各种外资企业按类别适用不同的所得税优惠阶段（1979年—1990年）

在中国改革开放初期，主要是简单地按企业的类别来给予不同的外资企业税收优惠，相关的政策有《个人所得税法》《中华人民共和国外资企业所得税法》《中华人民共和国中外合资经营企业所得税法》等，相关的优惠如"对新设立的合营企业，合营期在十年以上的，从开始获利年度起，第1年免征所得税，第2及第3年减半征收所得税。"意味着新设立的中外合营企业如果不获利，可以免征所得税。

20世纪80年代中后期，中国进一步调整外资税收优惠政策，开始注重按区域差别和产业差别给予不同的外资企业税收优惠。如1984年颁布的《深圳和沿海开发区的税收和豁免条例》体现了税收优惠的地区差异，1986年《合资企业收入税法》体现了税收优惠的产业差异。

（2）外资企业统一的但有别于内资企业的所得税税制阶段（1991年—2007年）

1991年实施的《中华人民共和国外商投资企业和外资企业所得税法》统一了原来的《合资企业所得税法》与《外资企业所得税法》，统一规定外资企业的税率为：企业所得税税率为30%，地方所得税的税率为3%（在实际操作中经常作为优惠政策被地方政府减免），合计总的税率为33%，然而实际上，外企在中国的实际平均税负仅有11%，而同期内资企业的实际平均税负为25%~55%，内外资企业间的税负差异明显。另外，为鼓励外商按照中国经济政策向亟需发展的行业与地区投资，1991年《中华人民共和国外商投资企业和外资企业所得税法》及《国务院关于鼓励外商投资的规定》提供了一系列更加优惠的产业与地区待遇：

第一，产业导向的税收优惠政策。对属于生产性的且经营期在十年以上的外商投资企业，实行"两免三减半"优惠政策（从开始获利的年度起，前两年免于征收，后三年减半征收）。对重要的生产性项目，给予更长期限的优惠减免税。总之，对生产性外资企业、出口导向和先进技术等类别企业实行相应的所得税优惠政策。

第二，地区导向的税收优惠政策。地区导向包括经济欠发达地区、西部地区、经济特区等特殊地区差异。如设在经济欠发达的边远地区的外资企业，在规定的减免税期满后，可以在十年内继续享受按应纳税额减征15%~30%的企业所得税优惠。设在西部地区的鼓励类产业的外商投资企业在一定的期限内，可以享受减按15%的税率。设在经济特区的外资企业，在经济特区设立场所、机构从事生产经营的外企与设在经济技术开发区的具有生产性的外资企业，减按15%的企业所得税税率。

第三，其他类别的税收优惠制度。除所得税税率的优惠外，相对于内资企业，外资企业的税收费用扣除口径、税基及减免税年限等方面都享受了一定的优惠。且我国对外商投资企业暂不征收城镇土地使用税、城市维护建设税、教育费附加等。

（3）内资和外资企业的所得税税制统一阶段（2008年以来）

2008年开始实行的《中华人民共和国企业所得税法》统一了内资、外资企业的所得税税率为25%，但是仍然保留了行业差异和地区差异方面的优惠。如高新技术产业可以享受15%的税率，微利的中小企业可以享受20%的优惠税率。对于国家已确定的鼓励类企业，如推进技术创新与科技进步、有助于环境保护和节能、有助于区域经济协调发展的外资企业，仍然可以享受优惠政策。同时外资企业保留向后五年的过渡期限，从2013年以后才结束其外资税收优惠。此外，从区域上来看，仍然保留了两个优惠：一是经济特区，二是西部地区。

2. 外国投资者个人所得税的优惠

按照相关法律法规的规定，外国投资者从外资企业获得的收入也可享受优惠的所得税待遇。如为开发重要技术、科学研究、发展交通事业等提供专有技术获得的特许权使用费，可减按10%的税率征收所得税，其中条件优惠或技术先进的，可免征所得税。

3. 利润再投资优惠

外资企业中的外国投资者，将从合资企业中获得的利润直接再投资于该企业，或其他外资企业，投资者可以申请退还其再投资部分已缴所得税税款的40%。享受上述优惠的条件是利润再投资所扩建或设立的企业经营期不得少于十五年，再投资不足五年就撤出的，应当缴回已经退还的税款。另外，所退税款不包含按所得税所附征的地方所得税。投资人申请再投资退税，应提交审核确认机关出具的相关证明文件，向原纳税地税务部门提出，经税务部门核准予以退回。

4. 流转税和关税优惠

在流转税优惠方面，外资企业可以享受退回由于1994年以后改征消费税、增值税、营业税而使税负超过原有工商统一税和特别消费税的部分，内资企业没有该待遇。1999年公布的《关于当前进一步鼓励外商投资的意见》的规定，外资企业在技术转让方面的收入可以免征营业税。

在关税优惠方面，外国投资者与外来的技术人员可免税进口一定限额的生活用品，外资企业可以免税进口生产用或制造出口产品的机器、设备、零部件及原材料等。

1999年公布的《关于当前进一步鼓励外商投资的意见》规定：对已经设立的鼓励类与限制乙类的外资企业，在原经营范围内改造技术需要且进口国内无法生产或者性能无法满足需要的自用设备以及配套的技术、备件、配件，免征进口关税与进口环节税。同时，对外资企业在投资总额内购买的国产设备，如果该类进口设备属于免税范围的，可以全额退还国产设备的增值税，并可以按相关规定抵免企业所得税。

5. 财政扶持

财政扶持政策一般是地方政府给予外资企业的财政补贴、专项经费扶持、费用减免政策、财政担保贷款或政府奖励等鼓励政策。财政补贴一般是指地方政府为吸引外商投资，利用收益财政对外资企业自盈利起三年内缴纳给地方政府的一部分增值税或所得税进行补偿。专项经费护持一般是利用收益财政按企业缴纳的税额的相关比例对外资企业的技术开发进行专项补贴。费用减免一般是地方政府给予外资企业关于行政事业性收费及地方政府可以干预的其他收费项目相关程度的减免与优惠政策。财政担保贷款一般是对特定的外资企业，政府的财政部门给予高达50%的贷款贴息。政府奖励一般是指地方政府为了完成引资任务，给予投资者的资金奖励。

（二）金融鼓励政策

除财政扶持政策之外，在中国投资的外资企业还享有一定的金融鼓励政策。金融激励政策涉及信贷支持政策、外汇业务优惠政策、利率优惠政策等，包括以低于竞争市场的利率为其提供贷款、提供金融担保以为其承担投资风险、以货币支付的方式提供补贴或资助等。

1. 信贷支持政策

依据《中华人民共和国中外合资经营企业法》和《中华人民共和国外汇管理条例》等相关法律法规的规定，外资企业可以从境内外筹集资金，如果直接向境外银行借款，可以享受比内资企业更简便的利用外来借款的审批程序，允许外资企业之间相互调剂外汇余缺，中国人民银行指定的银行可以为外资企业办理现汇抵押业务，以贷放人民币资金。2010年公布的《国务院关于进一步做好利用外资工作的若干意见》提出支持外资企业拓宽在境内证券市场的融资渠道，引导金融机构加强对外资企业的信贷支持。

2. 外汇业务的优惠政策

在外汇管理上，区别于内资企业的售汇和结汇制度，外资企业可根据需要在外汇指定的银行开立外汇结算账户，用于经常项目收支；还可开立外汇专用账户用于资本项目收支，可以保留一定数额的经常项目外汇收入，允许外资企业以海外资产抵押、外汇质押、外汇担保等形式向中资商业银行融资。

（三）其他鼓励政策

1. 土地使用方面的优惠

为了吸引更多的外资，地方政府也可以在一定政策允许范围内给予外资特别优惠的场地使用费或一定期限的免收，具体如土地低价出让、减免土地租金、土地出让金的返还、将土地以国有的形式折价入股等。

2. 企业生产经营权优惠

首先，生产经营权方面。值得引起注意的是，2001年3月全国人民代表大会批准修改了《中外合资企业法》，改变了过去计划经济模式下中外合资企业的生产经营计划需要上报主管部门备案的做法，使得外资企业在采购、生产、人事、资金等方面有比内资企业更多的自主经营权，有利于外资在市场体系中自主地安排生产经营活动，而不用承担更多的社会职责与政府指令。其次，在1999年中国的外贸体制改革前，外资企业较早拥有了内资企业所没有的自营进出口经营权，这样外资企业通过直接签订外贸合同、自己进行报关，有效降低成本和减少中间环节。最后，外商除了享受以上优惠待遇之外，在企业经营管理、投资数量和投资方向方面都可享受一定的优惠。

3. 对外资企业物资供应方面的优惠

对企业的物资的供应主要包括基础服务和生产物资方面的供应，基础服务的供应一般是指对企业生产所需水、电、气、通信和运输等方面的供应，生产物资的供应是指生产所需原材料、辅助材料及其配件的供应等。为了鼓励外资投资，很多地方政府采取优先供应基础服务和生产物资给特定的外资企业的政策。为更好地履行相关政策，有的地方还特别设立外商投资企业服务中心。

4. 劳务费用方面的优惠

根据相关法规，新技术类外资企业可以免缴国家要求对职工的部分补贴，主要为中方职工的基本生活品、教育、文化、卫生保健、取暖、交通、探亲等各类补贴。这些补贴约占全部劳务费用的一半以上，较大程度地减轻了外资企业的负担。

## 二、市场经营方面的外资限制政策

### （一）对外资垄断行为的限制

在中国反垄断法出台之前，较早的法律法规中关于垄断和反垄断问题基本是一些原则性的规定，如1986年的国家经贸委的《关于组建和发展企业集团》意见初次提及："一个行业一般不搞具有全国性的独家垄断企业集团"。1993年施行的并于2017年修订的《中华人民共和国反不正当竞争法》也对企业的不正当竞争行为进行了规制。2001年修订的《关于外商投资企业合并与分立的规定》第五条也有相关规定，即公司合并或者分立，应遵守中国的法律法规与本规定，遵循自愿、平等与公平竞争的原则，不得损害社会的公共利益与债权人的合法权益。公司合并或者分立，应当符合《指导外商投资方向暂行规定》与《外商投资产业指导目录》的规定，不允许外国的投资者在目录中受限制的行业中独资经营或者占主导控股地位。2006年的《外国战略投资者对上市公司战略投资管理办法》第四条也规定战略投资"不得妨碍公平竞争，不得造成中国境内相关产品或市场过度集中、限制或排除竞争"。2003年的《外国投资者并购境内企业暂行规定》的第三条、第十九条、第二十条、第二十二条等内容进一步完善了反垄断规定，其中第十九条规定了外国投资者并购境内的企业可能会造成过度集中的四种情形。

2008年8月3日颁布的《国务院关于经营者集中申报标准的规定》指出了经营者集中的两类情况申报标准，主要涉及外资企业在世界范围内的营业总额或在中国境内的营业总额标准，对于经营者集中未达到规定的申报标准，但是按照规定程序收集的事实与证据显示该经营者集中具有或可能具有限制、排除竞争效果的，国务院商务主管机构应当依法进行调查。并强调"按照规定的程序收集证据"，以防止执法机关滥用裁量权。2008年8月1日实施的《中华人民共和国反垄断法》的第二十七条规定审查经营者集中，应考虑以下因素：参与集中的经营者对相关市场的控制力，市场集中度，经营者集中对技术进步、市场进入的影响，经营者集中对中国国民经济发展的影响，国务院反垄断执法部门认为应考虑的影响市场竞争的其他因素。如2018年中国监管机构否决了美国通信芯片主要厂商高通公司（Qualcomm）对荷兰恩智浦半导体公司（NXP）的收购，就是出于以上两家公司如果合并可能在中国市场形成垄断并排除竞争的考虑。

（二）对外资并购的管理

近年来，随着外资并购的迅速发展，中国相继制定了一系列有关外资并购的法律法规及规章：《关于企业兼并的暂行办法》《反不正当竞争法》《关于出售国有小型企业产权的暂行办法》《国有资产评估管理办法》《外国投资者对上市公司战略投资管理办法》《上市公司收购管理办法》《合格境外机构投资者境内证券投资管理暂行办法》《关于向外商转让上市公司国有股和法人股有关问题的通知》《外国投资者并购境内企业的规定》《外商投资企业投资者股权变更的若干规定》《利用外资改组国有企业暂行规定》和《关于外商投资企业合并与分立的规定》等。其中，2006年商务部等六部委联合公布了的《关于外国投资者并购境内企业的规定》，包括外资并购境内企业的基本制度、并购方式、审批与登记程序等内容，要求国外投资者在并购境内的企业时，除要符合中国的法律法规与规章对投资者资格及产业政策的要求之外，还必须遵从中国的土地保护及环保政策要求，不能危害中国的产业安全。2015年《关于对装备制造业改制（投资合作）中维护经济安全和产业安全审查办法的通知》，多个层面对外资在装备制造业中的并购行为进行约束：如明确一批重点企业和敏感行业的企业，直接点名保护且不许外资控股。

（三）市场经营方面的其他限制

市场经营方面的其他限制主要有：人员招聘要求，销售或创汇等业绩要求（包括出口创汇要求、当地成分要求、技术转让与建立研发中心的要求、进口限制、当地销售要求、贸易平衡要求、外汇平衡要求等），资本和利润汇出限制，当地信贷获得限制等。为了提高外资企业的创汇能力，1990年的《外资企业法实施细则》对外资企业在中国国内市场的销售比例进行了限制，同时把外资企业的出口业绩与税费减免等优惠待遇挂钩。

## 第四节　市场退出方面的中国装备制造业利用外资政策回顾

### 一、市场退出方面的外资鼓励政策

关于外资的市场退出方面的鼓励政策相对较少，现有的政策主要涉及特定行业和区域的产业转移战略及内资企业的反向并购政策。产业转移战略如2008年起广东省为了应对全球金融危机对沿海地区出口导向型经济的冲击，转变经济发展方式，加快经济结构调整，推动低附加值劳动密集型产业转移和劳动力转移的双转移战略，俗称"腾笼换鸟"政策，鼓励高污染、高能耗外资企业和市场或技术淘汰行业外资企业退出广东发达城市，转移到珠三角其他落后区域。2010年《国务院关于中西部地区承接产业转移的指导意见》更是从国家层面明确鼓励东部沿海劳动密集型产业转移到中国中西部区域，以促进东部创新型产业的发展和全国范围更合理的区域产业分工格局。内资企业对外资企业的反向并购也在一定程度上受到地方政府的支持，通过反向并购，既实现了外资的退出，又使得内资企业摆脱了外资控制并独立发展自身的竞争力，如2017年惠州市德赛西威汽车电子股份有限公司反向并购德国西门子等外资股份，从中外合资企业变为一家地方国资控股的内资企业。

## 二、市场退出方面的外资限制政策

（一）外资合法的自主退出途径与规制政策

1. 股权转让

假如外资企业属于国家或者当地相关产业政策的调整对象，但是因为经营不善或财务状况恶化等原因而选择退出中国市场的，一般优先考虑股权转让方式，根据《外商投资企业投资者股权变更的若干规定》等政策，外资企业通过规定的程序向境内的机构或其他第三方投资者转让所持有的股权，能保证外国投资者的合法退出，也能避免因企业清算或非法撤离带来的职工安置和财产处置等问题。

2. 境内搬迁到异地经营

由于目前中国各个地方招商引资政策以及条件要求各有区别，而且各地劳动力的成本也有差异，因此，也有一部分沿海地区的外资企业在经营困难时迁到内陆地区经营的实例。虽然这种搬迁不等于撤离中国市场，且中国法人的身份没有改变，但是由于注册地址发生了变化，就等于从中国某一地区市场退出，各地争夺外资可能引发利益纠纷问题。在这种情况下，外资企业搬迁的过程中就可能面临撤出地相关部门要求其返还其已经享受的税收优惠待遇的问题，例如享受税收优惠待遇的外资企业在经营期限不满10年就搬迁的，须补缴减免的税款；免税进口的设备且还在监管期内的，在外资企业进行境内迁移时，也应当补缴已经享受的优惠税款等。

3. 清算

这里的清算主要是指因经营期限届满；经营不善导致严重亏损；外国投资者决定解散；因自然灾害、战争等不可抗力而遭受严重损失而无法继续经营；破产；外资企业章程规定的其他解散事由已经出现而主动清算的情形；并非因违法被有关部门强制吊销营业执照的情形。2008年前的《外商投资企业清算办法》及2008清算办法被废止后，《公司法》和《外资企业法》及实施细则等法规对外资企业的清算行为进行规制，明确规定了在清算尚未结束之前，外国投资者不得自行处理企业的财产、不得将该企业的资金汇出或者带出中国境外。外资企业清算结束，其资产净额和剩余财产超过注册资本的部分视同利润，应当依照中国税法缴纳所得税。根据目前的规定，外资企业进行清算时还必须返还的税款如下：以从外资企业获得的利润直接进行再投资不满5年就撤离的，需补缴已退的企业所得税税款；经营期限不满10年的生产性企业进行清算时，需补缴已减免的企业所得税；享受进口机器设备免税待遇的企业在监管期内进行清算时，如果该免税进口的设备留给合营的中方继续使用或者出售、转让给国内企业的，则应当按使用年限的折旧补税；加工贸易类的企业在免税设备监管期内进行清算，且在境内转让进口的机器设备时，应该补缴进口设备关税与增值税等。

4. 破产

虽然按照1986年颁布的《企业破产法（试行）》的规定，外资企业无法通过企业破产的方式退出中国。但2007年开始实施的新《企业破产法》，把适用破产的企业范围扩展到外资企业等所有的企业法人。因此，当外资企业无法清偿到期债务，资不抵债或明显缺乏清偿能力的，企业或者债权人可依照《企业破产法》向相关管理部门申请企业破产清算，为外资企业提供了新的市场退出途径。

（二）规制外资非正常撤离行为的政策

在进入中国的部分外资企业中，有一部分政策追逐型的企业，如追求中国特定地区"两减三免"的税收优惠，一旦优惠期到期，这些外资企业便以假破产或非法撤资的形式退出中国市场。如随着中国环保标准的提高和用工制度的完善，2007年在中国山东省的87家韩国投资企业在没有经过正常清算处置资产的情形下撤离。对此，中国商务部、司法部、公安部和外交部于2008年联合发布《外资非正常撤离中方相关利益方跨国追究与诉讼工作指引》，积极寻求跨国公司来源国政府的帮助、做好跨国诉讼和追究工作，对非法撤资涉及的金额比较大的要实施引渡，同时国家有关部门正在考虑增强对外企资金非正常流动的监管。

恶意破产也是一种非正常的撤离。外资企业的恶意破产的一般目的是通过债务人逃避债务、借产权改革转移合资企业的有效资产或国有资产，或债权人恶意损害债务人商业信誉、打败同业竞争对手等。目前中国《国有资产评估管理办法》和《企业破产法》等政策对恶意破产行为进行了一定的限制。

## 第五节　产业安全视角的中国装备制造业利用外资政策评价

### 一、外资政策影响中国装备制造业产业安全的实证分析

本部分实证研究外资鼓励政策和外资限制政策对中国装备制造业产业安全的影响。

（一）变量选取及数据来源

在此设定因变量为中国装备制造业及子行业的产业安全值并用 Yit 代替，i 代表不同的行业序号，t 代表年度的时间序号。鉴于数据的可获取性，设定外资鼓励政策的替代变量为内外资行业增值税实际税率差异 TDit，设定外资限制政策的替代变量为政府规制外资效率 GZit 和对分行业外资的管理壁垒 GLit 等。

产业安全值 Yit 是根据产业安全评价模型及《中国统计年鉴》《中国工业统计年鉴》《中国科技统计年鉴》、万得金融数据库（www.wind.com.cn）、联合国货物贸易数据库（comtrade. un. org）、世界银行数据库（wits.worldbank.org）和 WTO 贸易统计数据库（www. wto. org）等资源数据估算出的百分制标准化相对值，具体估算值见第五章的表5-17。

内外资企业增值税实际税率差异 TDit 是指内资与外资企业年度实际缴纳增值税税率的差异。因为内资、外资企业增值税率的差异直接反映了两类型企业的税收负担区别和国家对外资企业的特别税收优惠政策，而且中国对外资企业的税收优惠政策主要体现在增值税和企业所得税方面，因此内外资企业增值税实际税率差异 TDit 可以作为外资鼓励政策的代表。长期以来，中国内、外资企业执行的是两套不同的企业税制。1991年《外商投资企业和外国企业所得税法》以及《国务院关于鼓励外商投资的规定》给予了外资企业一系列所得税和增值税等各方面的税收优惠。增值税方面，主要有采购国产设备退增值税的税收优惠。企业所得税方面主要有定期减免优惠、购买国产设备投资抵免企业所得税、地区税率优惠、追加投资优惠、技术开发费加计扣除、再投资退税等税收优惠。虽然2008年1月1日开始施行的《中华人民共和国企业所得税法》将内、外资企业所得税税率统一定为25％，最终统一内资、

外资企业所得税，但还是保留了特定产业和地区的外资企业所得税优惠及其他税收优惠政策。

鉴于以上实际情况，本书选取1997、2002、2007、2012、2017年的内外资行业增值税实际税率差额数据进行研究。而两类行业增值税的实际税率可以根据装备制造业规模以上工业企业实际缴纳的所得税额除以企业主营业务收入总额先计算出实际税率，然后用内资行业实际增值税税率减去外资行业实际增值税税率得到最后的估算值。相关数据来自于各期《中国统计年鉴》，最后估算出的内外资装备制造业实际增值税年平均税率的差额（简称为 TD-Tax Different）如表6-1所示，可见1997年—2017年内外资行业增值税实际税率的差额虽然总体趋势为不断变小，但是一直存在，TD 值比较高的行业为 I7仪器及办公机械制造行业和 I6通信计算机电子设备制造行业。

政府规制外资效率的评价值 GZit 选用透明国际组织《全球腐败年度报告》的全球清廉指数折算。全球清廉指数（Corruption Perceptions Index，简称 CPI）反映了世界各地企业界及民众对当地清廉情况的观感指数，其数据可以作为衡量各国政府规制效率的参考指标，与政府合理规制外资的能力和效率成正比，即分数越高政府规制能力越强，具体数据如表6-2。

而对分行业外资的管理壁垒 GLit 反映政府规制外资进入领域的控制力度，鉴于数据的可获取性，在此用外资装备制造业规模以上工业企业中所有者权益的实际增长率来替代，具体数据如表6-3。

**表 6-1　内外资行业增值税实际税率的差额值 TDit（%）**

| 行业 ＼ 年度 | 1997 | 2002 | 2007 | 2012 | 2017 |
|---|---|---|---|---|---|
| I1 金属制品 | 1.2128 | 1.1699 | 0.8358 | 0.1299 | 0.0726 |
| I2 通用设备 | −0.2090 | 0.4119 | 0.8345 | 0.2995 | 0.2326 |
| I3 专用设备 | 0.3556 | 0.2470 | 0.4191 | 0.1445 | 0.1931 |
| I4 交通运输设备 | −0.5422 | −1.5740 | −0.9916 | −0.9918 | −0.9153 |
| I5 电气及器材 | 1.3648 | 0.9227 | 0.7363 | 0.2999 | 0.3342 |
| I6 通信计算机电子 | 1.1584 | 1.6790 | 2.5053 | 1.9259 | 1.6067 |

| I7 仪器及办公 | 2.8072 | 2.7381 | 1.9727 | 0.8566 | 1.1911 |
| I8 装备制造业 | 1.1123 | 1.1350 | 1.2047 | 0.4520 | 0.4585 |

数据来源：据相关年度的中国统计年鉴数据计算。

### 表 6-2　政府规制外资效率的评价值 GZit（%）

| 年度<br>行业 | 1997 | 2002 | 2007 | 2012 | 2017 |
|---|---|---|---|---|---|
| I1 金属制品 | 28.8 | 35 | 35 | 39 | 41 |
| I2 通用设备 | 28.8 | 35 | 35 | 39 | 41 |
| I3 专用设备 | 28.8 | 35 | 35 | 39 | 41 |
| I4 交通运输设备 | 28.8 | 35 | 35 | 39 | 41 |
| I5 电气及器材 | 28.8 | 35 | 35 | 39 | 41 |
| I6 通信计算机电子 | 28.8 | 35 | 35 | 39 | 41 |
| I7 仪器及办公 | 28.8 | 35 | 35 | 39 | 41 |
| I8 装备制造业 | 28.8 | 35 | 35 | 39 | 41 |

数据来源：据透明国际组织《全球腐败年度报告》的全球清廉指数折算。

### 表 6-3　政府对分行业外资的管理壁垒 GLit（%）

| 年度<br>行业 | 1997 | 2002 | 2007 | 2012 | 2017 |
|---|---|---|---|---|---|
| I1 金属制品 | 5.9907 | 9.0360 | 13.7294 | 11.5296 | −6.4158 |
| I2 通用设备 | 4.4615 | 10.0713 | 26.6240 | 4.8538 | −1.1773 |
| I3 专用设备 | 3.3835 | 24.5803 | 46.9570 | 9.5981 | 3.9653 |
| I4 交通运输设备 | 3.7036 | 17.4593 | 15.4950 | −0.4337 | 6.8590 |
| I5 电气及器材 | 4.1433 | 6.5339 | 19.3862 | 6.5435 | −3.1647 |
| I6 通信计算机电子 | 6.1100 | 12.8700 | 11.6399 | 7.7262 | 4.3444 |
| I7 仪器及办公 | 5.8274 | 26.3190 | 9.8750 | −21.5542 | 8.8188 |
| I8 装备制造业 | 4.9458 | 13.1508 | 17.3631 | 4.4456 | 2.8798 |

数据来源：据《中国统计年鉴》的外资行业的所有者权益的实际增长率估算。

（二）研究假设与模型设计

1. 研究假设

根据利用外资政策等相关因素对装备制造业产业安全影响的相关分析，现做出以下系列假设。

假设一：

$H_0$：外资鼓励政策与装备制造业产业安全不相关。

$H_1$：外资鼓励政策与装备制造业产业安全显著相关。具体而言，如果显著负相关，即表明随着内外资行业增值税实际税率差额的扩大，装备制造业的产业安全评价值下降，将威胁产业安全。反之，如果正相关，则有助于产业竞争力的提升进而提高产业安全。

假设二：

$H_0$：外资限制政策与装备制造业产业安全不相关。

$H_1$：外资限制政策与装备制造业产业安全显著相关。具体而言，如果显著负相关，即表明随着政府规制外资效率或政府对外资管理壁垒的提升，装备制造业的产业安全评价值下降，将威胁产业安全。反之，如果正相关，则有助于产业竞争力的提升进而提高装备制造业的产业安全。

2. 模型设计

在此用1，2，…8分别表示金属制品制造业、通用设备制造业、专用设备制造业、交通运输设备制造业、电气及器材制造业、通信计算机设备电子制造业、仪器及办公制造业和装备制造业等行业的编号，t代表1997、2002、2007、2012和2017等年度，Yit代表第i个行业在t时期产业安全值，TDit、GZit、GLit分别表示内外资行业增值税实际税率差额、政府规制外资效率和政府对外资的管理壁垒等自变量，且TDit属于外资鼓励政策，GZit和GLit属于外资限制政策。根据变量的散点图分析，建立基于面板数据分析的模型如公式6.1，及6.2：

$$Y_{it} = \beta_{1i} + \beta_{2i}TD_{it} + \mu_{1i} \quad （6.1）$$

$$Y_{it} = \beta_{3i} + \beta_{4i}GZ_{it} + \beta_{5i}GL_{it} + \mu_{2i} \quad （6.2）$$

公式6.1和6.2中$\beta_{1i}$和$\beta_{3i}$表示随个体变化的截距，$\beta_{2i}$，$\beta_{4i}$，$\beta_{5i}$表示各个自变量对相关因变量产业安全值的影响系数，根据该值的正负性和p值的大小可以判定具体的影响程度。

另外通过对面板数据TDit，GZit和GLit的单位根检验，相关检验方法中Levin、Lin & Chu t、ADF - Fisher Chi-square和PP - Fisher Chi-square都证明面板数据的一阶差分变量都是平稳变量，故可以进行相关性分析。

（三）实证分析

依据假设的模型6.1和6.2，利用EViews 9.0对1997—2017年的相关面板数据分析结果如下：

1. 外资鼓励政策对装备制造业产业安全

对于模型6.1，个体固定效应回归模型的估计方法效果最明显，其相应的估计结果如表6-4，可见R2=0.540033，TDit对应的相关系数为-2.157311，分别表明TDit与Yit负相关，且从对应的t统计量（-2.000518）及p值（0.0543）的大小来看，相关度比较显著，原假设成立，说明内外资增值税实际税率的差异对装备制造业产业安全存在显著的负面影响。

**表6-4　外资鼓励政策变量TDit对装备制造业产业安全影响的检验结果**

| Dependent Variable：Y? | | | | |
|---|---|---|---|---|
| Method：Pooled Least Squares | | | | |
| Date：12/03/18　Time：15：02 | | | | |
| Sample：1997 2017 | | | | |
| Included observations：5 | | | | |
| Cross-sections included：8 | | | | |
| Total pool（balanced）observations：40 | | | | |
| Variable | Coefficient | Std. Error | t-Statistic | Prob. |
| C | 57.36090 | 0.888535 | 64.55670 | 0.0000 |
| TD? | -2.157311 | 1.078377 | -2.000518 | 0.0543 |
| Fixed Effects（Cross） | | | | |
| 1--C | 1.565622 | | | |

| | | | | | |
|---|---|---|---|---|---|
| 2——C | −1.992174 | | | | |
| 3——C | −0.250188 | | | | |
| 4——C | −7.598159 | | | | |
| 5——C | 5.270251 | | | | |
| 6——C | 2.212947 | | | | |
| 7——C | −0.698034 | | | | |
| 8——C | 1.489735 | | | | |
| | Effects Specification | | | | |
| Cross−section fixed （dummy variables） | | | | | |
| R−squared | 0.540033 | Mean dependent var | | 55.86176 | |
| Adjusted R−squared | 0.421332 | S.D. dependent var | | 3.969301 | |
| S.E. of regression | 3.019456 | Akaike info criterion | | 5.243138 | |
| Sum squared resid | 282.6305 | Schwarz criterion | | 5.623136 | |
| Log likelihood | −95.86276 | Hannan−Quinn criter. | | 5.380533 | |
| F−statistic | 4.549525 | Durbin−Watson stat | | 2.559090 | |
| Prob（F−statistic） | 0.000972 | | | | |

资料来源：根据 EViews 工具计算。

回归模型6.1的相关估计方程式如下：

$$Y1 = 1.56562195606 + 57.3608991041 − 2.15731129777*TD1$$

$$Y2 = −1.9921736718 + 57.3608991041 − 2.15731129777*TD2$$

$$Y3 = −0.250188352558 + 57.3608991041 − 2.15731129777*TD3$$

$$Y4 = −7.59815918014 + 57.3608991041 − 2.15731129777*TD4$$

$$Y5 = 5.27025075116 + 57.3608991041 − 2.15731129777*TD5$$

Y6 = 2.21294729757 + 57.3608991041 − 2.15731129777*TD6

Y7 = −0.698033705107 + 57.3608991041 − 2.15731129777*TD7

Y8 = 1.48973490482 + 57.3608991041 − 2.15731129777*TD8

2.外资限制政策对装备制造业产业安全

对于模型6.2，个体固定效应回归模型的估计方法效果最明显，其相应的估计结果如表6-5，可见 R2=0.557497，GZit 和 GLit 对应的相关系数为0.264526和0.025323，分别表明 GZit 和 GLit 均与 Yit 正相关，且从对应的 t 统计量及 p 值（0.0298，0.6068）的大小来看，GZit 的相关度比较显著而 GLit 的相关度不显著，说明政府规制外资的效率对装备制造业产业安全存在显著的正面影响，而政府对外资的管理壁垒对对装备制造业产业安全的正面影响不明显（部分原因可能是样本数据过少）。

表6-5　外资限制政策变量 GZit 和 GLit 对装备制造业产业安全影响的检验结果

| Dependent Variable：Y? | | | | |
|---|---|---|---|---|
| Method：Pooled Least Squares | | | | |
| Date：12/05/18　Time：10：11 | | | | |
| Sample：1997 2017 | | | | |
| Included observations：5 | | | | |
| Cross-sections included：8 | | | | |
| Total pool（balanced）observations：40 | | | | |
| Variable | Coefficient | Std. Error | t-Statistic | Prob. |
| C | 46.17538 | 4.279691 | 10.78942 | 0.0000 |
| GZ? | 0.264526 | 0.115962 | 2.281135 | 0.0298 |
| GL? | 0.025323 | 0.048682 | 0.520165 | 0.6068 |
| Fixed Effects（Cross） | | | | |
| 1--C | 1.644183 | | | |

| | | | | |
|---|---|---|---|---|
| 2——C | −1.170363 | | | |
| 3——C | 0.441220 | | | |
| 4——C | −3.926506 | | | |
| 5——C | 5.248715 | | | |
| 6——C | −0.106605 | | | |
| 7——C | −3.247516 | | | |
| 8——C | 1.116872 | | | |
| | Effects Specification | | | |
| Cross−section fixed （dummy variables） | | | | |
| R−squared | 0.557497 | Mean dependent var | | 55.86176 |
| Adjusted R−squared | 0.424746 | S.D. dependent var | | 3.969301 |
| S.E. of regression | 3.010537 | Akaike info criterion | | 5.254432 |
| Sum squared resid | 271.9001 | Schwarz criterion | | 5.676652 |
| Log likelihood | −95.08864 | Hannan−Quinn criter. | | 5.407094 |
| F−statistic | 4.199567 | Durbin−Watson stat | | 2.428556 |
| Prob（F−statistic） | 0.001377 | | | |

数据来源：根据 EViews 工具计算。

回归模型的相关估计方程式如下：

Y1 = 1.64418281795 + 46.17538326 + 0.264525532102*GZ1 + 0.0253228130973*GL1

Y2 = −1.17036291319 + 46.17538326 + 0.264525532102*GZ2 + 0.0253228130973*GL2

Y3 = 0.441220181991 + 46.17538326 + 0.264525532102*GZ3 + 0.0253228130973*GL3

Y4 = −3.92650559381 + 46.17538326 + 0.264525532102*GZ4 +

0.0253228130973*GL4

Y5 = 5.24871514389 + 46.17538326 + 0.264525532102*GZ5 + 0.0253228130973*GL5

Y6 = −0.106605081411 + 46.17538326 + 0.264525532102*GZ6 + 0.0253228130973*GL6

Y7 = −3.24751638612 + 46.17538326 + 0.264525532102*GZ7 + 0.0253228130973*GL7

Y8 = 1.1168718307 + 46.17538326 + 0.264525532102*GZ8 + 0.0253228130973*GL8

（四）实证结论

通过实证分析结果可以看到，在中国装备制造业利用外资的进程中，中国对装备制造业的外资鼓励政策与装备制造业的产业安全值显著负相关，这说明对外资投资装备制造业的税收优惠等鼓励政策实际上有损中国装备制造业的产业安全，对外资的超国民待遇政策并不一定有利于提高装备制造业利用外资的质量和水平。外资鼓励政策适合中国改革开放早期为了扩大引资规模的特定历史背景，目前应该把政策中心转移到提高利用外资的服务水平和硬件条件方面来。

另一方面，中国对装备制造业的外资限制政策如政府规制外资的效率值与装备制造业的产业安全值显著正相关，这说明对政府对外资的管理效率和水平的提升有利于加强中国装备制造业的产业安全。政府对外资的管理壁垒与装备制造业的产业安全值弱正相关，这说明政府对外资进入特定行业的壁垒设置在部分程度上能保护产业安全但目前效果不是很明显，进而说明外资管理壁垒的设置是否合理也影响保护产业安全的实际效果。

## 二、基于产业安全的中国装备制造业利用外资鼓励政策评价

结合上文的分析，并从特定的历史条件（市场经济不完善和投资环境较差）和国际发展环境等背景来看，中国外资鼓励政策的作用是正面的、积极的，尤其在改革开放之初是有其必要性的。其直接结果是外资的大规模流入，让外资在中国经济的发展中发挥了十分重要的作用。但是，从产业安全的角度来看，过度的长期使用外资鼓励政策，极易形成的"超国民待遇"和"内资歧视"，以及由其延伸的"假外资"、恶意并购、权力寻租和地方政府盲目引资等问题，影响了外资鼓励政策的正面效果，进而造成直接的产业安全问题和间接的产业安全隐患。

（一）外资鼓励政策的偏差加剧了行业和地区发展的失衡

1. 外资鼓励政策引起外资产业结构失衡

由于中国在不同产业上的市场准入鼓励、税收减免优惠和金融鼓励政策偏差，外资准入中国各产业的数量存在差异，进而在一定程度上加剧了中国产业结构的失衡局面：不仅导致三大产业的外资投资比例失衡、第一产业引资明显不足，而且导致第二产业的引进外资质量不高，主要集中在投资少、盈利高、见效快的加工制造行业，即使在装备制造业内部（见表3-1），也形成了通信电子及计算机设备制造业利用外资较多、专用设备制造业利用外资偏少的情况，这种局面一面是与外资产业限制政策相关，也与外资激励政策的设计不足有关，如对外资企业提供的是普遍性的有期限的税收优惠，但没有与扩大研发费用、加速折旧费用扣除相关的企业所得税减免方式，这在一定程度上刺激了"短、平、快"类中小规模外资的流入，不利于外资企业的长期投资，进而影响了中国的产业安全。

2. 外资鼓励政策引起外资地区结构失衡

由于外资鼓励政策存在地区性差异，且各地区的资源禀赋存在差异，导致实际引进外资的地区结构失衡。具体表现为，外资高度集中在东部沿海地区，西部地区引进外资不足。进而导致整个中国地区的经济结构过度地偏向东部沿海地区。外资的区域结构失衡在一定程度上加剧了中国各地区经济发展不平衡的局面。

（二）国际和国内外资鼓励政策竞争导致"囚徒困境"

1. 国际层面的外资鼓励政策竞争导致"囚徒困境"

据世界投资报告分析，近年来越来越多的国家倾向于通过外资鼓励政策来引用外资，中国在实行外资鼓励政策时难免会面临其他国家类似政策的竞争，进而导致引用外资的"囚徒困境"。中国利用提供补贴和税收减免等鼓励政策来吸引外资，虽暂时能获取多于其他东道国的外资流入，但若是以牺牲国家的部分财政收入和经济发展效率为代价，也有一定的弊端。从长期来看，中国利用外资鼓励政策会引起其他东道国的政策跟进，进而导致利用外资鼓励政策的恶意竞争，对参与竞争的每一个国家的利益都会产生损害，如目前劳动力成本优势明显的东南亚等国家的外资鼓励政策对中国的引资工作形成了挑战。从全球福利来看，由于各国间利用外资鼓励政策的"不合作"，总福利不仅不会增加，而且还有可能恶化。这一结论可用"囚徒困境"的博弈模型分析。假设有1000亿美元的外资需要投入两个东道国 A 和 B，两国的投资条件相同，且都面临着采用外资鼓励政策或不采用外资鼓励政策的选择，另外，采用外资鼓励政策的一方要面临50亿美元的财政收入损失，都不采用外资鼓励政策则各自均分得500亿美元的外资。A、B 两国不同战略组合下的支付水平（如表6–6）可以归纳为3种情况：①如果两国都采用外资鼓励政策，则它们均分全部外资，但是扣除各自因采用外资鼓励政策的财政收入损失，最终各自收益450亿美元；②如果其中一国采用外资鼓励政策，而另一国不采用，则前者得到全部外资（1000亿美元），但是实际收益为扣取50亿的财政收入损失后剩下的950亿美元，而另一国则得不到任何外资投入。③如果两个国家都不使用外资鼓励政策，则它们能无损失地均分外资总额，各得500亿美元。表面上看，情况③的结果最好，但是实际上由于两国的不合作，情况①却成了博弈的纳什均衡，即 A、B 两国都竞相采用外资鼓励政策，最终各自收益450亿美元，两国的财政收入共损失100亿美元，导致了不必要的资源浪费。并且，不断竞争的结果必定引起严重的"棘轮效应"（rachet effect），即如果一国采取外资鼓励政策，会迫使其他国家做出相应的对策，最终导致没有哪一个国家能够单方面停止使用外资鼓励政策（杨建龙，2000），最后受损的还是各个东道国，受益的仅是跨国公司，不利于对产业安全的维护。这也是中国运用外资鼓励政策必须考虑的问题。

表6-6 国际外资鼓励政策竞争的"囚徒困境"

| | | B 国 | |
|---|---|---|---|
| | | 鼓励 | 不鼓励 |
| A 国 | 鼓励 | （450，450） | （950，0） |
| | 不鼓励 | （0，950） | （500，500） |

2. 国内各地利用外资鼓励政策的竞争导致"囚徒困境"

中国内部各中央部门间、各地方政府间或中央和地方政府间也常常会因外资鼓励政策而产生利益冲突，导致类似国际间鼓励政策竞争的"囚徒困境"难题。

其一，中央政府部门之间的政策竞争。不同的政府部门的政策目标可能存在差异，例如商务部主要考虑的是如何引进外资；国家发改委主要承担制定产业发展规划、保护产业安全等职责。一些政府机构和部门为了大规模吸引外资，争相出台相关外资鼓励政策，尽量满足外商的要求，而放弃必要的引导和监管，必然增加监管部门的工作，损害内资企业的利益，对产业安全造成一定损害。

其二，不同地方政府之间的政策竞争。为了吸引外资，一些地方政府更是将"引资额"作为干部政绩、官员升迁的重要考核指标，造成地方政府在引进外资过程中竞相自行出台不同外资鼓励政策以提高引进外资的数量，甚至互相拆台，承诺各种变相的突破国家规定底线的优惠政策以招商引资，如以财政奖励或者补贴的名义返还企业所得税给企业，或允许普通的外资企业挂校办企业、高新技术企业、社会福利企业、劳动就业服务企业等招牌，给予突破国家规定的优惠政策。有的地方政府对外资除了在税收、土地、审批程序优惠等方面相互攀比外，甚至动用行政手段主动去迎合跨国公司的恶意并购，甚至直接代替内资企业与跨国公司进行商务谈判，忽视国家的产业安全问题。而外商为了达到自己的目的，也经常以此作为筹码，与多方交易，以此地压彼地，使中方合资者不得不降低谈判条件。各地方政府之间的政策竞争实质是以国家的整体利益损失为代价，吸引外资在国内间流动，严重损害了国家的总体产业安全状况。

其三，中央政府和地方政府间的政策竞争。在吸引外资时，地方及部门的利益诉求与国家利益也会出现冲突，进而在使用外资政策的重点上也会产生利益冲突。中央政府从国家的长远利益出发，考虑国家的经济安全、产业发展及国有资产流失等方面的问题；地方政府主要考虑的是当地经济的发展、社会稳定、税收、招商引资等方面的问题，更注重局部利益和短期利益。因此，一些地方政府可能会私下放松对外资的管制，甚至给予外资超国民待遇，盲目地引入外资，背离了中央政府对外商投资进行产业引导的目标，使得国家层面的产业发展和布局政策失效，进而影响国家的产业安全。

（三）外资鼓励政策形成了内资歧视

中国的外资鼓励政策的实施结果有时会诱发内资相比于外资在税收、信贷、准入和并购条件等多方面的不平等待遇，形成了实际存在的"内资歧视"，不利于内、外资的平等竞争。

1. 形成了对内资企业的不平等待遇

一是对外资的财政和金融等优惠政策过多。根据上文对中国外资鼓励政策的回顾，不难发现进入中国的外资不仅享受了低于优惠的税制和税率、特定产业和地区的税收减免政策，而且还享受了经营自主权、信贷、土地、用汇等方面的鼓励政策。

二是内资、外资准入的领域不平等。从理论上来说，凡是向外资开放的领域均可向国内民营资本开放。但是由于政策引导，有些允许外资企业准入的领域，国内的民营企业却不许进入，出现了"疏"内资而"亲"外资的现象。如一些地区对国有装备制造业的改组和并购，明确规定只能由外资企业参与并购。

三是内外资对国有企业进行并购的条件不同。外资在进行国有企业并购时，很多地方政府通常主动承担企业留下来的负担，外商无须承担社会负担；而民营企业在进行国有企业并购时，地方政府一般不给予类似的优惠条件，使得外资能够以高工资、低成本的优势与中国的企业竞争，在很大程度上抑制了国内民营企业的发展与壮大，影响了内资企业的产业竞争力，不利于产业安全的维护（郭春丽，2007）。

2. 产生了对内资的挤出效应

外资鼓励政策造成的超国民待遇，使外资企业投资与运营成本远低于内资企业，而利润却明显高于国内企业，这使得外资企业有实力在国内进行低成本扩张，并凭借政策的优势对内资企业造成"政策挤出效应"，在竞争过程中抢占先机并不断打压排挤内资企业，使内资企业输在竞争的起跑线上，导致该行业内资企业的投资增长缓慢甚至负增长。另外，"政策挤出效应"的负效用还有：（1）导致内资企业外资化。如一些内资企业为获得优惠待遇，盲目地与外资进行"合资"，甚至是"假合资"，形成了"内资企业外资化"的倾向。（2）导致过渡性的资本外逃。即一部分内资企业选择过渡性资本外逃，而后以"返程投资"的身份重回国内，以享受税收的优惠。据商务部的统计资料，中国大部分外资主要来源于亚洲区域国家，欧美发达国家的投资明显不足。其背后原因一是受血缘、地缘等诸多因素的影响；二是一部分外资就是所谓的"返程投资"，即内资企业过渡性的资本外逃之后的"假外资"。"返程投资"主要借道英属维尔京群岛、开曼群岛等国际离岸金融中心返回进行投资。据亚洲开发银行2004年报告估算，中国"返程投资"占中国外资年度流入规模的26%~54%，平均规模大约是40%。一些"假外资""假合资"与"返程投资"的行为，不仅导致利用外资行为的扭曲，扰乱中国的经济发展秩序，而且还会导致公共利益的损失和国家财政收入的减少。另外还会导致实际利用外资统计数据虚增，增加人民币升值的压力，恶化国内产业发展环境，不利于国内产业安全维护。

## 三、基于产业安全的中国装备制造业利用外资限制政策评价

改革开放后、中国利用外资以来，中国逐步出台的外资限制政策体现了政府对外资的积极管理，有助于产业调整目标的实现与国民经济的发展。但是，由于相关制度建设的滞后、外资限制政策体系的不健全等原因，致使部分制度低效，不利于产业安全的维护。

（一）外资政策中产业安全意识不强

1. 对外资的开放领域过宽，限制政策不足

依据《外商投资产业指导目录》等外资准入指导政策，不难发现中国对

外资的开放领域过宽，未从产业安全的角度对外资准入的相关基础与支柱产业领域采取适当的限制，并且轻视对外资准入形式的监管。世界上很多国家一般都会对重大装备制造业、能源、原材料、金融保险等领域的外商投资进行限制。在2004年修订的《外商投资产业指导目录》中，共370个产业项目中，限制类的项目只有77个，规定由中方控股的产业项目仅有二十几个，市场准入制度过于宽松，不利于产业安全的维护。

此外，商务部2004年发布的《外商投资商业领域管理办法》，将对外商在股权、数量、地域的限制取消了，开放进程过快，能源原材料、金融保险、商业与重大装备制造业等已经成为外资进入的重点或热点领域，存在潜在的产业安全隐患。此外，中国的外资法律体系中仅规定了外商在企业投资中所占的最低比例而没有设置投资上限，例如《合资企业经营法》相关条款只规定了外商投资的下限，即："外国合营者的投资比例一般不低于25%"，却没有设置上限，在实践中难以限制外国投资者对拥有合资企业控股权的要求，这就为外资并购快速发展并威胁中国产业安全提供了可能性。

1999年8月，国家经贸委公布的《外商收购国有企业的暂行规定》，明确规定外国投资者可以参与购买国有企业，随后，随着其他相关鼓励政策的出台，外资并购逐步成为外资进入中国市场投资的新兴形式。2002年10月《上市公司收购管理办法》及《外国投资者并购境内企业暂行规定》等相关规定的出台，使得并购市场进一步向外资全面开放，不少地方逐渐把外资并购作为引进外资的重要方式。但在此过程中各地容易轻视外资并购带来的产业安全问题，更不用说采取相关的产业安全政策。例如，从1997年开始"精密轴承及各种主机专用轴承制造"就已经被划进鼓励外商投资的领域。但是国有轴承企业是否应作为事关国家产业安全的行业并禁止其作为外资并购的对象，相关政策并没有明确规定。

2. 追求利用外资的数量而忽视质量

引进外资的本意主要是通过引进外国的技术、资金与先进的管理经验，推进国民经济的快速发展，以实现经济的后发优势与赶超战略。然而中国不少地方却将引进外资的数量当作考核政府政绩及决定官员升迁的重要指标，导致地方政府在引进外资的过程中过度追求数量和规模而忽视质量，疏于必要的管理和监督，很少有维护产业安全的思想。许多地方政府高举"招商引资"的大旗，依据《当前国家重点鼓励发展的产业、产品和技术目录》制订了各地不同版本的鼓励外商投资的产业目录，但是往往为了尽快取得招商引资业绩，部分地方政府往往忽视产业安全，不惜将具有垄断资源的大型国有企业及有比较优势的重要产业列为引进外资的重点，并给予土地使用、税收减免等多方面的优惠，有时候甚至动用行政手段促成外资并购，不惜把一些有实力、发展前景好的企业出让给外资。如某些地方政府为了完成国企改制和招商引资的任务，不惜把一些效益还不错的装备制造企业定为改制的对象，并鼓励外资进行并购。

3. 在合资中对中方资产疏于监管

近年来，由于引进外资并购国有企业能同时完成国企改革重任，也可以体现招商引资业绩，一些地方政府乐于把用外资并购国有企业作为利用外资鼓励政策的重要选项。但是在外资并购国有企业的过程中却疏于对国有资产的监管，常常出现国有企业的资产价值被严重低估的情况，如对中方企业的无形资产低估或甚至不予估价，而外方的无形资产被夸大，造成了不必要的国有资产流失、有自主产权的民族品牌被放弃和国家经济利益的损害。

（二）外资管理体制不健全

1. 外资管理机构多元化且不统一

在加入 WTO 之前，中国的外商投资管理体制是多元化的体系，全国外资工作指导小组、国家经济贸易委员会、对外贸易经济合作部、国家计委、其他相关部委、各地方政府及其所属职能机构都在各自的职能范围内参与了对外资政策的制定与协调管理。对外贸易经济合作部虽然是外商投资的主管机构，但却只是行业主管部门，难以承担利用外资政策的制定或者对外资企业的管理等职能；经贸委、计委也各有分工，不能独立地承担外商投资政策的制订等职能；全国外资工作指导小组也只是松散的协调机构。这种多头与分级管理的体制导致政出多门且效率低下，难免增加各个机构政策之间的协调难度和政策效果，所出台的政策也让相关企业无所适从。例如《关于向外商转让上市公司国有股和法人股有关问题的通知》规定"涉及产业政策与企业改组的，由国家经贸委（现在已经撤并）负责进行审核；涉及到国有股权管理的，由财政部负责进行审核；重大事项上报国务院批准"，涉及的管理部门过多。

加入 WTO 后，随着有关管理部门的大整合和调整，主要由国家发改委，商务部及国务院国资委、国家税务总局、国家工商总局、中国证监会、国家外汇局等多个部委和地方政府相应部门来制定相关的外资管理政策，并加强对外资并购的管理，但是仍然存在缺少法律授权、部际协调松散的现象，难以形成有效的行政合力对外资进行规制。

2006 年 8 月公布的《关于外国投资者并购境内企业的规定》明确提出"反垄断审查"。但是尚无专门的机构审查外资并购，商务部只是临时代行审查工作，没有形成像美国投资委员会那样的多部门协调机构。既不能从不同的角度和侧面关注外资对产业安全的影响，又不能以牵头机构的主导权力避免部门之间的相互推诿和职权不清。另外，例如 2006 年出台的《国务院关于加快振兴装备制造业的若干意见》，文件中第七条特别提出："大型重点骨干装备制造企业的控股权向外资转让时应当征求国务院相关部门的意见"。其中提到的"应当征求国务院相关部门的意见"一款并没有明确是哪些具体部门，导致该政策条款的可操作性不强。

2. 外资审批权不集中

在外资审批权限上，不同于加拿大、澳大利亚等国的单一审批制，中国实行的是分级审批制，不但外经贸部以及合并后的商务部有审批权，各地方政府也具有一定的审批权，例如《中外合资经营企业法实施条例》规定成立合营企业必须由对外贸易经济合作部（商务部）审查批准，凡是具备一定条件的，由国务院授权给省、自治区、直辖市的人民政府或者国务院的有关部门审批。这样就存在潜在问题：由于对外资审批的责任在法规文本上规定得过于模糊，地方政府往往出于引资政绩与地方利益的考虑，很容易导致审批权被滥用，忽视产业安全问题。

3. 对外商出资监管的不足

相关对外资管理的政策中对外资出资的规定相对简单，一是没有规定外商投入的资本必须属于境外合法的资本，二是没有要求实际认缴的时间，采用的认缴制导致认缴的时间期限比较长，其弹性过大，三是对部分产业的外商投资规定了出资比例的最低值而没有最高比例限制，忽视了外资在合资企业控股或独资的情况，不利于国家产业安全。

（三）外资有关的产业安全立法不足

1. 管理外资的一般法律法规不足

中国调整外商投资的法律规范基本分布在《中华人民共和国外资企业法》《中外合作经营企业法》《中华人民共和国外资企业法实施细则》《公司法》《中外合作经营企业法实施细则》《反垄断法》《证券法》等法规中，这些法律规范有一部分出台时间较晚并不断修订的，缺乏直接以维护产业安全为目标的人大及其常委会层次的立法。例如，直接规制外资的规定都是国务院及其各部委发布的行政规章与政策文件，导致利用外资政策的立法层次不高、法律的权威性不足。再如《中华人民共和国中外合资经营企业法实施条例》的第八条规定成立外资企业的申请，须由对外经济贸易部进行审查，待批准后，发放批准证书；成立外资企业的申请属于以下情形的，国务院授权给省、自治区、直辖市、计划单列市、经济特区的人民政府进行审查，待批准后发放批准证书。存在倚重行政审批而非法律管理的问题。与发达国家相类似的《国家安全法》《国防工业安全纲领》《国有资产保护法》《民族工业保护法》《工业安全法规》等专门性的保护产业安全的法律要么缺失，要么出台时间过晚，如《中华人民共和国国家安全法》于2015年才实施。

2. 规范外资并购和反垄断的法律法规不足

其一，在《中华人民共和国反垄断法》出台之前，涉及外资并购和反垄断问题的只是一些原则性规定，缺乏全国人大及其常委会层次的立法，即专门性的《外资并购法》。中国规制外资并购的直接或间接性的法规政策体系较散，制订规范的部门各异且法律位阶不高，操作性不强，存在很多矛盾，难以有效地规范外资并购。《外商投资指导目录》缺少强制性与稳定性的法律制度安排。2003年4月12日生效实施的《外国投资者并购境内企业暂行规定》具有一定的实际操作性，因而被认为是中国第一部具有反垄断意义的外资并购法规，但这也只是"暂行"规定，并未形成规范的系统操作程序。2006年颁布的《外国战略投资者对上市公司战略投资管理办法》第四条规定的战略投资应当遵守的原则是"不得造成中国境内的相关产品市场过度地集中、不得妨碍公平的竞争，不得排除或者限制竞争"，该项规定仍存在法律权威性不足的问题，未能对投资者形成实质性的约束。

其二，即使2008年8月1日《中华人民共和国反垄断法》实施之后，由于缺乏相应的实施细则及配套措施，反垄断体系仍然不够完善，不能有效地规制外资并购与反垄断行为。而《反不正当竞争法》及其修订版并不调整外资并购及相关问题。另外，目前中国还没有制定专门的外资并购相关的产业政策，外资并购准入的产业领域主要参考《外商投资产业指导目录》，但其侧重于规范"绿地投资"，且由于立法的不完善与执法的不严格，其可操作性不强。在产业准入上，"绿地投资"与并购投资应当有所区分，因为二者对东道国经济社会发展的影响及对产业安全的影响存在差异："绿地投资"对民族工业和民族经济的威胁是经过市场竞争来体现的，对东道国产业安全的影响是间接的，而并购投资会直接导致内资产业的退出，对东道国产业安全的影响是直接的，因此不能将"绿地投资"的法规简单地用于外资并购。如从引进"绿地投资"的角度来看，外资进入装备制造业有助于引进国外先进的技术和推进装备制造业行业竞争并进一步发展，而对并购投资形式，鼓励外国投资商并购装备制造业的重点企业或战略性国有企业显然不利于市场竞争和鼓励内资装备制造业的发展。根据《国务院关于加快振兴装备制造业的若干意见》，至少应给予外商并购投资以适当限制。这也是2006年机械制造行业美国凯雷集团收购中国徐工集团一案引起广泛关注，并最终被国家相关主管部门暂缓审批的原因。

3. 外资并购规章的法律权威性不够

中国目前还没有一部专门规制外资并购的专业性法律。2005年施行的《外商投资产业指导目录》虽对鼓励、限制及禁止外商投资的项目做出了相关规定，且这一行政指导性文件长时间成为中国规制外资并购行为而制订有关行政规章的立法依据。但是，按照法律优先与法律保留原则，该文件的法律权威性不够。

（四）政策不协调、可操作性不强，透明度不高

1. 政策不协调

这主要表现为：（1）依不同外资企业形式的立法导致的不协调。对外资独

资企业、中外合作企业与中外合资企业分别立法，这种立法思路导致很多问题的出现，存在不协调现象，从而在不同类型的外资企业之间形成不平等的待遇。如三部法律规定的企业审批期限就各不相同。（2）内、外资分别立法导致的不协调。由于采取外资与内资分别立法的思路，致使外资立法与国内统一立法的规定发生冲突。如依照《中外合资经营企业法》，中外合资企业最高的权力机构是董事会，而《公司法》则规定上市公司最高的权力机构是股东会等。（3）法律规章的层次及其制订机构多而导致的不协调。中国制订的外资法律规章的机构主要分为三个层次，即全国人大及其常务委员会、国务院及其各部委、各级地方人大及其常务委员会，这虽然表明中国外资法律规章有层次多和适应性强的特点，但同时也有可能导致政出多门。

2. 政策的可操作性不强

《外资企业法》《中外合资经营企业法》等外资法律中对外资企业当地成分要求的规定模糊，因而在实际应用中缺乏约束力。2002年《指导外商投资方向规定》将"危害军事施安全与使用效能的""危害国家安全或损害社会公共利益的"均列为禁止类的外商投资项目，该规定中禁止外商投资的条文比较简单，且缺乏相应完善的审查标准与审查程序。此外，其对许多细节性的操作问题没有进行明确规定，操作性不强。《外国投资者并购境内企业暂行规定》中对于提到要保护的重点行业、中华老字号、驰名商标等并未给予明确的标准与定义，需要相关部门内部掌控，影响政策执行的透明性和可操作性。另外，相关规定采取的产业安全保护措施之间的相互配合度不高，不能有效地维护产业安全。

3. 政策的透明度不高

中国的外资政策既包括全国人大的外资立法，又包括多个不同部门制订的单行法规、实施细则和相关内部文件，使外国投资者、本国的企业甚至政府部门都很难及时、全面地了解利用外资政策的全部内容。外资政策的内容和实施不够透明，随意性强。《关于外国投资者并购境内企业的规定》仍然不是规范外资并购中的专项法规，特别是对于外资并购的产业安全问题，实质性的内容较少。相关条款的规定与立法所要求的"确定性"差距大，操作性差，使得执法人员的自由裁量权过大，增加交易的费用，造成并购过程的低效率。

# 第七章 外资条件下维护装备制造业产业安全的国际实践比较

世界各国在利用外资的过程中，装备制造业及制造业基本都是利用外资的重点部门，无论主要发达国家还是多数发展中国家，都直接或间接地把维护产业安全尤其是装备制造业的产业安全作为利用外资的重要前提条件之一。由于各国利用外资中维护产业安全的实践和政策各异，目前没有一套统一标准的产业安全政策体系和实践供中国照搬，但是可以借鉴利用外资较多的国家已有的经验和教训，不断探索和改进有中国特色的、适合中国的利用外资特点及产业发展水平，维护装备制造业产业安全的政策体系。另外，TRIMs和 MAI 等多边投资协议的相关规定，为成员国维护产业安全的政策选择提供了参考，这些规定也值得各国借鉴。

## 第一节 发达国家利用外资中维护装备制造业产业安全的实践比较

鉴于外资对东道国经济安全及产业安全的负面影响，世界上的多数国家都有相应的利用外资的管理制度和实践，如美国虽然一方面标榜"贸易自由、投资自由"，另一方面却对外资并购实行严格法律管，并常常借口"国家安全"对涉及美国市场的外资并购进行干扰和否决，如1987年阻止日本富士通公司对美国仙童半导体公司的收购，1990年阻止中国航空技术进出口公司对美国西雅图飞机零件制造商马姆科公司的收购，2012年阻止中国三一重工的关联公司拉尔斯控股公司对美国俄勒冈州四个风电场的收购，2016年否决了中国福建宏芯投资基金收购德国半导体制造商爱思强在美国的业务等等。因此，研究美国等发达国家在利用外资中维护装备制造业产业安全的制度与机制，可以为其他国家制定相关政策提供借鉴。下面选取美国、德国和日本等三个有代表性的发达国家的实践进行个案研究。

## 一、美国：外松内严

一战以前，美国作为后起的工业化国家，抓住第二次工业革命的历史机遇，积极利用英国、德国等欧洲国家的外来资本，对外资的流入审查和管制较少，促进了美国的工业化进程和铁路建设事业的大发展。但是一战后，美国和德国是敌对的交战国，为了防范德国直接投资对美国国家安全的影响，通过了《与敌对国家贸易法》，规定战争期间美国总统可以将敌对国家的资产实行国有化，并依据该法案，冻结了德国公司在美国的部分资产。

二战之后，美国成为全球头号经济强国，其国内企业尤其是装备制造业具备了优于其他国家竞争者的技术与管理优势，体现了更强的竞争力。如在2010年度的世界500强企业中，有25%左右的企业属于装备制造业，竞争优势比较全面，传统的汽车制造业和新兴的装备制造业如通信设备制造、计算机与电子设备制造业、航空航天制造业、高级生产型服务业都有较强的实力。这种现状使得当时美国市场的外资流出大过外资流入，引进的外资相对比较少。因此，美国逐渐在总体上形成了比较开放的利用外资政策，但是在美国的外商投资自由是有局限性的和相对的，实际上它还要受到相关的不断完善的法律制度体系的制约。20世纪70年代之后，随着美元不断贬值，日本、中东等国家的外国资本大量进入美国，使美国逐渐成为世界上最大的资本输入国，即使在受到金融危机影响的2009年，美国的外资流入量依然达到了1299亿美元，仍居世界第一位。2017年全球FDI下降16%，美国依然是全球第一的FDI流入国。随着外资渗透到各个经济部门，尤其是日本、中国等国家的装备制造业对美国本土制造业的挑战，引起了美国社会对经济安全和产业安全的更加重视，加大了外资立法和行政法规的建设，在利用外资过程中形成了"外松内严"式的维护产业安全政策体系。

（一）不断完善的法律体系

其一，对外资一般审查与管理的法律法规

除宪法授权联邦政府可以根据外国商业条款、国家防御状况、商品的供应情况对外商投资实施一定的管理之外，1968年美国财政部就制定了国际定价管制办法，对跨国公司的内部交易进行管理。1974年的《外国投资研究法》以及1976年的《国际投资调查法》授权美国总统每隔五年调查一次外资的综合情况，并规定外商投资者每获取一家美国机构10%以上的股权就必须在购入股权的45天之内呈送备案报告。1988年的《综合贸易与竞争力法案》授权美国政府可以限制外商在美国企业的控股权，授权外国投资委员会审查外商投资者购买美国企业的申请是否损害国家安全，如果损害存在，可以不予批准。1990年和1991年又公布《预算调整法案》以规范外资交易行为。此外还有用以取缔不公正交易的《公平交易法》。1990年的《外国直接投资和国际金融统计改进法》要求美国商务部与劳工部经常交换在美国的外资相关资料，进而全面掌握外资的发展动态。1991年的《对外国银行的监管立法》授权美联储加强对外资银行的监督和管理。另外，美国还利用《外国投资和国家安全法》（2007）对关系国计民生的产业或者核心技术的产业实施产业安全审核。

其二，反垄断和规制外资并购的法律体系

首先，一般的反垄断法律体系主要包括《谢尔曼法》（1890）及随后的《克莱顿法》及其多个修正案（1914）等、《凯勒—克福弗反对合并法》（1950）、《反垄断民事诉讼法》（1962）、《反垄断诉讼程序和惩罚法》（1974）、《哈特—斯科特—罗迪诺反垄断修订法》（1976）、《反垄断程序修正法》与《联邦反托拉斯法》（1980）。其中《谢尔曼法》是世界上制订最早的反垄断法。而《克莱顿法》的第七条规定企业间的任何导致垄断或者削弱竞争的并购行为都是法律禁止的，已经涉及到与外资并购相关的反垄断问题。

其次，随着外资并购活动在美国发生频率的逐步提高，为了保护市场公平竞争，美国更新了对外资并购同国内并购一样适用的并购规则。例如，1982年，美国司法部颁布了新的并购准则，采用赫芬德尔——赫希曼HHI指数（Herlindahl Hirshmann Index）即某一行业中每个企业市场份额的平方和来衡量市场的集中度。对于高集中度（HHI>1800）市场，并购后 HHI 指数上升超过 50 点，将会受到反垄断机构的限制甚至禁止。

最后，美国还制订了专门针对外资并购的法律法规，主要包括《埃克森—弗罗里奥法案》（1988）及其 1992 年修正案、《1993 财年国防授权法》（1992）、《2007 年外国投资和国家安全法》与《关于外国法人收购、兼并和接管的条例》《关于外国在美国并购的有关规定（草案）》（2008）。其中，1987 年日本富士通公司申请收购美国的仙童工业公司一案促使美国为了应对日本企业收购有可能带来的产业安全风险，在 1988 年通过了《埃克森—弗罗里奥法案》。该法案弥补了《国家紧急经济权力法》及《国家紧急权力法》的不足，授权美国总统不需要宣布国家进入紧急状态就可对外资并购实施审查，解决了常态下对外资并购实施审查的法律适用问题，使得外资并购审查变成常态化的制度。

以上说明，美国外资管理法律体系的层级之高、分类体系之全及内容规定之严，值得中国借鉴吸收。

（二）多部门联合的外资管理机构

1975 年，美国在世界范围内率先成立了外国投资委员会 CFIUS（Committee of Foreign Investment of United States）与外国投资办公室，CFIUS 隶属于财政部。《国防生产法》规定了其委员的构成来自多个部门，如财政部、国务院、国土安全部、国防部、商务部、司法部、能源部、议会的经济部门、美国情报局、总统认为合适的其他执行部门等。该委员会负责分析外资是不是符合美国的产业优化政策和国家利益，并向国会提交关于外资管理的立法与管理方案。CFIUS 最基本的权力就是随意审查，但是它无权去实施任何一项法律与法规。它对被提及的外商投资的影响进行衡量，并推荐方法适用相关法律，以消除对国家安全所造成的威胁。该多部门联合的审查机构由于得到了国会立法的明确授权，大大加强了其审查权利和权威性，此外，牵头机构的设置也可以有效地避免不同结构之间的职权纠缠和责任推诿，最大限度地提高了工作效率。另外，执行外资并购法律的机构还有司法部、联邦贸易委员会及各州的有关部门。

### （三）强化的行业管理制度

美国对某些特殊行业设置了不同的限制，规定禁止或限制的投资领域，规定外方的出资比例。即在吸引外资时采取"双轨制"，虽然美国在原则上鼓励外商自由投资和资本自由流动，但是为保护国家的产业安全，对外商在其关键性行业和部门的投资又实行一定的限制措施，对部分重要产业的外资流入采取审慎的态度和严格的审查。这些重要产业一般包括：国防行业及国防相关行业、电信行业、飞机制造业、沿海船舶运输业、汽车制造业、微电子工业、核工业、国内航空业、关键技术行业、矿产资源业、能源工业、农业、大众传播业等，其中装备制造业占有很大的比重。

### （四）严格规范的外商投资审查程序

美国外国投资委员会（CFIUS）主要负责外资并购方面的事务性审查，分为申报（又称通报）、初审、调查、总统决定四个环节。申报环节以外资并购方的自愿申报为主。由于外国投资委员会有权利对已完成的并购交易再次启动审查，因此，为了避免不必要的商业风险，外资并购方都会首选主动申报。CFIUS在接到申报后便进入初审阶段，在初审阶段委员会秘书处把资料分发给各成员机构，假如有三个及以上的机构同意对该外资并购案进行调查，即向总统报告进入调查阶段。在完成调查之后，假如需要采取行动，委员会就会向总统提出有关的行动建议。总统或其授权人在收到CFIUS的报告之后会综合各种因素决定是否对并购案展开行动，如果决定展开调查行动，应该在收到书面报告的30天内开始行动，在行动的45天内完成相关调查任务，在调查结束的15天内宣布是否采取措施干预外资并购。

另外，相关法规还规定CFIUS要向议会提交年度报告并汇报审查的情况，授予了议会定期监督权利。美国的这一审查程序构建了外国投资委员会、议会、总统三方监管外资的结构，其权力级别较高，侧面反映了美国对外资并购及相关的产业安全问题的重视程度。多个部门之间的相互监督和制衡，也大大降低个别机构腐败的风险，有效地减轻了外资并购可能对国家经济安全和产业安全产生的影响。

## 二、德国：有限限制

德国的装备制造业优势主要在通用设备制造业、专用设备制造业、交通运输制造业、金属制品制造业、电气机械制造业等行业，整体上实力强大，对外投资较多，引进外来投资较少。同美国一样，德国总体上实行的是中性的外资管制政策，很少有歧视外资的法律法规，但仍然采取了一些非正式的防范机制，针对外资给本国产业安全带来的负面影响进行"有限的限制"。

（一）对投资行业的限制

由于德国拥有大量政府持股的国有行业并占其国民经济很大比重，德国政府主要采取间接措施限制外资参与这些行业，如国家完全垄断铁路部门、电讯业和广播电商系统。一般限制性行业有农业、采矿业、航海运输业、航空工业、信息技术产业、核工业、汽车设备制造业、银行与金融业等行业，其中航空、信息技术产业、核工业、汽车设备制造业属于装备制造业。

（二）对外资的审查制度

德国政府对外资审查与限制的权力要比美国大得多。德国公布了上千个需要重点保护的战略企业清单，并且要求外资进入这些产业时须经过政府主管机构的批准。如为了保护德国知名企业——大众公司，1960年德国专门颁布了《大众汽车法》，明确规定了大众公司的最大股东持股比不得超过20%，以保证大众公司永远属于德国。2018年德国金融监管局对中国吉利公司在二级市场收购戴姆勒公司9.69%股份一案进行严格审查，并限制吉利公司参与股权控制，就是一个例证。

（三）外资管制手段

德国的外资管制手段包括正式管制手段和非正式管制手段。正式的管制手段主要包括外汇管制及对敏感行业的外资设限等。非正式的管制手段主要为：其一，通过国有企业掌控命脉部门，例如德国限止准入银行与金融服务业；其二，与跨国公司订立自愿性协定，要求跨国公司满足出口额度、生产部件采购当地化、产量增长控制等方面的条件，进而实现对外资的引导与规范；其三，对恶意并购进行设限。

### （四）外资并购管理制度

首先，规制外资并购的标准方面。德国的《公司法》规定跨国并购达到25％以上表决权或50%以上的股份时，必须上报德国联邦卡特尔局。当并购会加强市场控制地位时，即如果并购企业至少拥有1/3的市场占有率，并且在上一年度的营业总额超过规定额度，或者如果CR3（市场中最大的3家企业的产业集中度）大于1/2或CR5大于2/3，且这些企业之间不存在着实质性的竞争时，这类外资并购将被禁止。

其次，德国还利用欧盟增强区域内的合作，以实现投资方面对内的自由，对来自欧盟以外区域的外商投资进行限制。德国可以同时按照欧盟法规的规定限制相关外资并购。欧盟审查并购的条件主要参考两家企业的全球年销售收入总额和在欧盟境内的全年收入情况。

再次，在规制外资并购和反垄断的法律法规方面。在规制外资并购方面，德国制订了系列法律法规体系如《反限制竞争法》及其修订版、《德国对外贸易和支付法》《德国对外贸易和支付条例》《有限责任公司法》《股份公司法》《商法典》等，能够较好地利用法律手段对外资并购及其可能产生的垄断进行监管，以维护公平的市场竞争。

最后，规制跨国并购的程序与机构方面。德国不但规定了外资并购的事先登记与事后报告等程序，还通过垄断委员会、联邦卡特尔局、联邦金融监管局和联邦经济能源部等多个机构进行监管。联邦卡特尔局是独立的高级机构，也是德国《反限制竞争法》最主要的执法机构。

## 三、日本：间接利用外资为主

日本的装备制造业经历过二战后在美国帮助下的全面复兴，也经历过1985年"广场协议"后装备制造业比较优势的衰落时期，最终在21世纪通过利用IT产业对传统的电气设备制造业和交通运输设备制造业的改造，保持了其在电气设备制造、交通运输设备制造和电子通信设备制造等装备制造业方面的比较优势。但是与其他的发达国家相比，日本对外资企业的监管比较严格，坚持产业立国，为了扶持本国新兴产业的成长，一贯地保护国内市场，鼓励对外投资与出口贸易，限制外商对日本市场的投资，并且以引用利用间接投资为主，形成了有限开放式的维护产业安全政策体系。

（一）保持资本自由化的谨慎性

日本对外资的开放是渐进式、分阶段的，强调按照不同商品、不同产业的竞争力情况分阶段地推行自由化措施。1963年以前，日本一直将外资持有股权的比例控制在49%以下。1963年以后，日本逐渐提高了外资持股比，但在外资进入相关产业之前须经过严格的审查。日本虽然在1964年加入经合组织（OECD），但是经过3年才开始实际履行《资本移动自由化公约》的部分义务，成为经合组织中保留和限制资本交易最多的国家。1967年的《对内直接投资自由化决议》及其1975年修订决议，根据产业竞争力情况把国内产业分成自由化产业与非自由化产业两大类。其中自由化产业又分为第一类自由化产业和第二类自由化产业。第一类自由化产业通常指那些不仅在资金、技术、设备及其他方面，而且在综合竞争力上，同外企相比较差距不大的产业，例如电子计算机、摩托车制造、钢铁、造船等产业，在该类产业里外商可以持有全部股份。第二类自由化产业通常指虽然有一定的国际竞争力，然而在资本、设备、技术等方面以及综合竞争力方面，同外企相比较有一定差距的产业，如合成纤维、医药品生产、电话设备、汽车制造等，在该类企业里外商的持股比只能低于50%。

非自由化产业起先涵盖比较多的种类，经过多次调整后现在只限于矿业、水产业、农林业、石油业、皮革及其制品等行业。日本对该类产业里的外商投资实行了更为严格的限制，对外国投资者的出资比例设置了上限，并且该上限的水平远远比自由化产业低。经过1975年的《关于技术引进自由化决议》以及《对内直接投资自由化决议》等政策，日本在一定程度上放宽了外商投资的准入条件，但是仍利用各种非正式的防范机制应对外资，使外资的进入仍然受到很大限制，直至1980年，日本的矿业、农技水产、皮革制品业和石油业仍然未全部对外开放。据统计，1971年—1990年间，日本引进外资的形式以借款和证券市场投资为主，外商直接投资额仅占同时期固定资产形成额的0.1%，尽量限制了外商投资者对日本企业经营权的控制。

关于证券市场上市公司的并购，日本政府通常采取公开收购制度。因为公开收购极易出现欺诈性行为，所以日本政府对此进行了比较细致的规定，并重新修订了《证券交易法》。按照该法的相关条款，并购公司必须向社会发布公告，内容应包括：收购的公司证券的数量、价格、目的和期限等，并须在收购公告发布当天提交申报书给大藏省，此外，把副本交给证券交易所及被收购的公司，才可以实施公开收购的行为。并购公司应该在收购公告发布之后的20~30天内实施收购，这样既能避免投资者因等待时间过长而造成的不安，又给予了足够的时间让目标公司的股东做出是否应募的决定。

为在实践中将外资申报及审批制度进行落实，日本设置了由大藏省大臣担任会长的外资审议会，该机构包括由相关省厅的主管处长（或课长）组成的外资干事会。对某些比较重要的外商投资或并购项目，先由外资干事会进行审查和给出初步意见后，再交给外资审议会研究决定，研究决定最后交给主管大臣进行正式批准。日本的外资法规定内阁在对外商投资相关事项做出决定之前，先须向外资审议会征求意见，并尽量尊重该审议会的意见。可见，外资审议会在对外资投资和并购项目的审核过程中，具有十分重要的作用。另外，日本《禁止垄断法》规定了公正交易委员会为反垄断法的执行部门，该委员会也是由内阁总理大臣直接管辖的专门性行政机构，其成员一般为经过参众两院批准的、35岁以上且有经济与法律方面的知识及经验的专业人士。公正交易委员会主要承担以下工作：限制一定交易范围内对公平竞争产生了实质性阻碍的行为或具有潜在阻碍倾向的行为；干预采用不公正手段交易的状态或利用市场势力形成垄断局面；利用对相关经济活动的调查、取证及裁决等手段，防止行业过度集中及其他妨碍行业公平竞争的活动。

（二）加强对外资的立法管理

首先，外资准入方面的立法：《外国投资法》和《外汇管理法》为主要的管理外商投资的法律。《外汇管理法》是一般的外汇管理方面的法律。《外国投资法》对外商直接投资和外商间接投资都有管辖权，原则上只允许外国投资者在日本设立合资企业，其前提条件是外商必须带来先进的新技术，在合资企业中外资的持股比不得超过50%。《外国投资法》成了专管证券投资、债券发行、借款、技术引进和直接投资等对外经济活动的特殊法律。日本多次修订了《外国投资法》和《外汇管理法》，最终将这两部法律合并，成为目前日本调整外商并购和投资活动的基本法。

其次，外资并购及反垄断方面的立法。日本于1947年颁布了《禁止垄断法》《关于确保公平交易及禁止私人垄断法》。按照目前最新修订版的《禁止垄断法》的相关条款，在某类商品或者商业领域中，若由于市场结构、规模的原因而出现市场弊害的状况，某一企业或许会以控制和排挤的方式来实现垄断，该状况应被限制。另外，《禁止垄断法》在判定企业的并购行为是否构成垄断时，必须重点审查如下情况：其一，并购活动中的任何一方企业的市场占有率或者各方的总市场占有率是否占比达到25%，它的市场占有率是否位居第一，与达到15%或与位居第二及第三的企业相比较，是否有很大差距；其二，并购活动中的一家或者全体企业总计的市场占有率是否位居前三，同时位居前三的企业的市场占有率合计是否超过50%；其三，这一行业的竞争者是否比较少，数量不多；其四，并购活动中的任何一方企业的资本总额是否超过了1000亿日元，除它之外的企业的资本总额是否超过了100亿日元。只要某一并购活动满足以上条件之一，反垄断当局就会对其进行指控，这一活动的申请就很可能遭到否决。此外，日本的《证券交易法》和《商法》中也有比较多的涉及公司并购的条款。

（三）重视利用外资的效益

日本重视引进外资过程中实行"先保护育成，后开放竞争"的指导方针，在外资的利用过程中充分考虑本国的产业安全成长和产业安全发展等利益。由于以利用间接投资为主，故指导外资间接投向石油、化工、钢铁和机械等优先发展的工业部门，而限制外资直接投资于化工业等尚未发展壮大的战略产业，借以保护民族产业的发展。同时日本十分注重技术的引进与消化吸收，重视对西方发达国家的技术赶超。不仅充分考虑国内的产业结构优化、外汇的承受能力以及技术的适用性等条件，而且在经济的不同发展时期不断调整引进技术的内容和方式。日本不仅通过一般性的外汇管制及对技术输入相关的外汇支付提供优惠，来鼓励外国技术的输入，也很注意有选择性地引进技术，非常重视引入尚未商业化的高新技术，鼓励在此基础上技术创新，充分发挥日本制造业的"后发性优势"、增强日本国内产业的国际竞争力。另外，日本政府还以公开生产技术作为某些外资进入日本市场的批准条件，以期打破外资的技术垄断。

### （四）采取大企业扶持政策

为提高本国企业的国际竞争力，日本政府实行了大企业扶持政策以对抗外资并购，重点是通过内资企业改组与合并，实现资本的集中，实行规模经营。经过扶持，日本形成了独特的产业组织形式，即大型企业之间相互持股的大企业集团，培养了一批闻名世界的本土跨国企业，具备了和外资竞争的能力，有效抵制了外资并购与垄断，致使外资并购日本企业难度远高于并购其他国家企业。

## 第二节　发展中国家利用外资中维护装备制造业产业安全的实践比较

印度、巴西和墨西哥作为发展中的大国，其经济发展历史和资源条件和中国相似，都坚持积极利用外资来促进本国产业发展的方针，其利用外资中维护产业安全尤其是装备制造业产业安全的实践也值得比较和分析。

### 一、印度：政府主导的限制外资政策逐渐向自由化转变

根据国内、国外经济、政治形势的变化，印度在不同时期实行了差异性的外资政策和工业政策，但印度政府始终把"为了自力更生而引用外资和提高制造业的竞争力"作为其引进外资政策的基调，强调内资产业尤其是重工业的安全发展，其外资政策均是在坚持大框架不变的基础上，对具体政策做出一些局部调整，保持了其外资政策的连续性和变革性的统一。印度利用外资中维护产业安全的政策体现了不同阶段的特点。

第一阶段是从1948年国家独立到1967年的谨慎利用外资时期，印度采取了吸收与限制相结合的外资政策。1948年的《工业政策决议》提出企业的控股权须掌握在印度人手里，强调依赖印度技术人员代替外国专家。1951年《工业发展与管理法》许可政府采用许可证形式对工业企业进行管制。1956年的《工业政策决议》，强调采取理性利用外资政策规定，在限定的领域利用外资，

该《决议》将工业分成 A、B、C 三大部类，其中 A 类为煤炭、钢铁、铁路、航空和电力等17个重工业及基础工业部门，外资和私人不能参与，完全由政府主导；B 类为 A 类以外的12个工业部门，外资不能参与，政府与私人均可涉足；剩下的均为 C 类工业部门，包括外资在内的私营部门均可投资。

第二阶段是1968年—1979年的加大限制利用政策时期。随着印度国民经济的发展及引用外资中不利问题的逐渐凸现，印度转变了外资政策，加强对利用外资的政策限制，依然强调对外商投资企业的有效控制，将工业部门分成"不允许任何国外资本进入，只允许外商参与技术合作但不许外资进入，外资与技术合作均允许进入"等三类，以限制外资进入的领域。1969年制订的《垄断和限制性贸易惯例法案》加强了对工业领域的监管，将资产超过二亿卢比的企业划为垄断企业，对其经营活动进行相关限制，加强了对外资企业生产规模和生产范围等方面的控制。1973年的《外汇管制法》，限制外商在合资企业的股权，规定外资的持股比一般不能超过40%；只有出口项目、尖端技术和国家的优先发展项目中外商持股比例可以达51%~74%等，体现了印度政府希望利用外国技术促进本国技术的发展并对本国工业进行保护的目的。

第三阶段是20世纪80年代的放松外商直接投资管制时期。为了激活国内市场，创造更多的就业机会，缩小国内各地区的发展差异，增强本国企业的出口能力，同时为了减小外债风险（1987年—1988年间印度的外债偿还利率占比达到了26.9%，远远超过了20%的外债偿还安全线），印度政府不得不加快吸引外商直接投资的步伐。1988年的《垄断和限制贸易行为法》对原有的外资政策进行了改革，不仅取消了50种工业品相关的许可证约束，而且鼓励外资投资新兴产业部门和出口加工区，并给予税收减免、优惠贷款及补贴等外资鼓励政策。

第四阶段是20世纪90年代至今的自由化利用外资政策阶段。为了抓住全球化的历史发展机遇及国内经济发展需要，印度政府不断调整利用外资政策，使之朝着自由化的方向转变。同时，印度逐步取消了歧视外资企业的政策，使内外资企业的待遇逐渐接近，这表明印度的外资政策逐渐向国民待遇转变，但这一阶段的外资政策仍然属于干预主义与民族主义的政策，尽管它正处在削弱之中。相应的外资管理措施为：

1. 外资投资产业方向的规制：禁止外资准入的行业有武器弹药、博彩业、赌博业、核能、铁路、贵重金属的采掘、房地产开发等；限制外资准入的行业包括用于社会或者公共事业的工业生产部门及烟酒类、国防和太空电子行业、有毒危险化学品和工业品、医药品和毒品、保险业、航空、零售业和银行业等；鼓励外资投向可以改善农业和基础设施，可以提高就业、引进技术与资本，同时鼓励投向具有社会意义的项目。允许外商直接投资在高科技领域、出口为导向的产业和在优先发展产业领域持有51%的股份。

2. 外资管理机构。根据印度外资管理机构的分工，印度商工部产业政策促进司负责外资政策的制定，而财政部经济事务司下属的外国投资促进委员会（FIPB）负责外资政策执行。FIPB的具体职能是对银行金融机构以外的外资参与的各类合资、收购和兼并项目进行审核。另外印度国家制造业竞争力委员会（NMCC）负责研究促进印度制造业竞争力提升的政策。印度外资政策和管理机构的调整促进了外资流入量的快速增加，据2018年联合国贸发会议《世界投资报告》的统计资料显示，2017年印度引进外商直接投资额400亿美元，世界排名为第十位，在发展中国家或地区中排名第五位。另根据《2008年世界投资报告》的统计资料显示，在2003年—2007年期间，印度吸引外商直接投资的年均增长率达到了53.3%，大大高于同期中国吸引外商直接投资的年均增长率9.89%。但是由于印度的利用外资政策还存在透明度差、在具体操作过程中走样、"寻租"严重和执政党的政策难以在全国通行等原因，影响了其外资政策的效率，进而影响了其产业安全的维护。

## 二、巴西：重在外资引进但忽视管理

巴西在利用外资中维护产业安全的实践经验主要为注重对外资的引导：其一，充分利用外资开发落后的地区。巴西的经济发展存在区域发展不平衡的问题，为了开发北部的亚马逊流域落后地区，巴西政府在此区域设立了自由贸易区，并通过税收优惠政策吸引了大量外资投资于自由贸易区，同时注重引进先进的管理经验和生产技术。其二，引导外资投向重点部门。在引用外资的过程中，巴西政府积极发挥了产业发展的引导作用，针对不同阶段的经济发展目标，先后引导外资进入铁路、公路、汽车、石油、港口建造、制造业、矿山开发、化工、钢铁等行业，其中对装备制造业的重视度也非常高。自20世纪80年代中期以来，更加注意将外资引入高科技部门，加速经济和科技的发展，限制金融保险、新闻媒体、高速公路、矿产资源开采、电信、近海航运等行业的投资，禁止核能、邮政、航空等行业的投资。其三，推动外资的技术转让。巴西政府从1985年开始先后制订了技术转付款、技术评议、工业产权等一系列法规，促进外资的技术转让，使得巴西在引用外资的同时，在一定程度上得到了先进的技术，加速了本国产业的技术进步。

巴西的外资利用的实践也存在放松对市场经营层面的管理、不利于产业安全维护方面的教训：（1）过早放松对外资的管制。巴西政府在国内制造业尚未具有比较优势时，就过度地引入外资，并放松管制、任由外资控制国内的大多数制造业。例如巴西94%的制药工业、100%的汽车工业、81%的橡胶工业、91%的烟草工业、57%的化学工业、60%以上的电力工业和76%的家电业都被外资控制。巴西的前100家大企业中，外资约占一半。巴西的15大银行中，外资约占到40%。外商直接投资尽管促进了巴西经济的繁荣，但是所有权决定分配权，跨国公司偏向于把大量的利润汇回母国而不是在东道国再投资，导致了"增长而不发展"的现象。（2）外资的来源地过于单一、结构不合理。如来自于美国的资金占到绝对比重，导致美国的经济波动对巴西经济的影响较大。（3）外债负担沉重，严重影响了巴西经济发展。由于外债逐年激增，还本付息压力逐年增大，从20世纪70年代中期开始，巴西就陷入了借新债还旧债的恶性循环中，国家的债务负担沉重，限制了本国产业的安全发展。（4）资本市场过度开放。巴西过早地开放了资本项目，为大量外资通过股票交易、债券市场等途径进入巴西的资本市场套利创造了条件，而巴西的管理当局并未采取有效措施进行监管，当国际金融市场发生危机的时候，金融市场的外资大量撤离也直接牵连了直接投资市场外资的逃离，影响了产业安全。

### 三、墨西哥：外资规制政策逐渐转向过度的自由主义

墨西哥是拉美国家中的第二大经济体，也曾经是拉美国家中吸引外资最多的三大国家之一。墨西哥以对外借款作为利用外资的主要方式。墨西哥对

外资管理的实践主要分为以下方面：

首先，外资法律管理方面。20世纪70年代的《促进墨西哥投资与管理外国投资法》，从利润汇出限制、利润再投资比例控制、逐步减少股权的期限规定、外资流向限制、合资企业中外资股权比限制等方面对外商投资实行限制。1989年的《外资法实施细则》，在外商投资比例、外资利润的汇出规定、企业中外国管理者数量、国产化率、投资范围和出口义务等方面做出了严格规定，防止外资控制度过高。1991年，墨西哥的《促进出口加工工业法》，使出口加工企业的设立手续进一步得到简化，允许出口加工型企业在保证外汇平衡的前提下提高国内销售比。

其次，在技术管理方面加大了对技术输入的管理和控制。例如1981年的《技术转让管制登记法》通过规范引进的国外技术，提高本国技术需求企业在谈判中的地位，或者逐渐削减对国外技术的依赖，推动本土企业的技术进步。

最后，行业管理方面。按照墨西哥的《外国投资法》第五条，墨西哥禁止外资进入基础石化工业、石油、电力行业、电报、核能发电、放射性矿物、邮政服务等各类行业。《外国投资法》的实施细则对禁止外资投资的领域做出了更加详细的规定，如电力行业的禁止范围没有将特定情况下的私人发电包括在内。墨西哥政府将部分行业提供给本国国民或符合"外国人特别条款"的企业经营，相关的行业包括国内陆上客运、煤气和汽油零售、货运（船务服务及快递不在此限）和旅游服务、电视业（有线电视除外）、无线广播和其他电讯、信用合作社及其他特别保留的技术和服务。但是从2004年1月1日开始，又放松了相关管制，如对于汽车零配件及配件组装和制造业、客运巴士车站、客货运输业及其相关服务管理等原来限制类的行业，允许外资独资。

20世纪80年代以后，墨西哥实行新自由主义的经济政策，并在1992年签署了《北美自由贸易协定》，对外资的管制不断放松。与此同时，外资对墨西哥的产业安全产生了较大的负面影响，墨西哥的橡胶工业、机械工业、金属工业和100%的交通运输工具制造业，84%的烟草工业和78%的化学工业等被跨国公司控制，逐渐放松了对装备制造业等产业的适度保护，这也成为1994年墨西哥金融危机爆发的一个重要原因。

# 第三节　多边投资协议对成员国维护装备制造业产业安全的相关规定

目前，世界上各国的利用外资进程都离不开复杂的国际投资法律体系的约束，该法律体系主要由以下部分构成：各个国家制订的国内法，国家间的双边、多边投资协议，区域性投资协议和的与投资相关非政府组织的协议等。以上各类协议有的是多边经济组织协调制定的，有的是发达国家之间内部达成的，还有的是发展中国家内部达成的。它们的目的主要是规范各国利用外资的政策，促进国际资本流动，但也对发展中国家在利用外资中维护产业安全的政策产生影响。

到目前为止，与投资问题最直接相关、且对发展中国家或地区影响最大的多边投资协议主要有两类：一是世界贸易组织 WTO 的基本法律原则和TRIMs 协议。TRIMs 协议在 1994 年就已制订并实施，现在它已成为世贸组织各成员国必须遵循的国际准则。二是经合组织（OECD）于 1995 年—1998 年间谈判初步形成的《多边投资协议草案》（简称 MAI），目前虽然仍然没有通过完整协议，仅是草案，但是它却代表了多边投资国际立法的趋势，对各国吸引外资政策的制定具有重要的借鉴意义。

## 一、世界贸易组织（WTO）多边协议的相关规定

贸易与投资活动能够相互替代、相互促进，这种关系已经得到充分认识，因为跨国公司对外投资虽然可以绕过东道国贸易壁垒并在一定程度上替代东道国的部分进口贸易，而外向型跨国公司的投资却又能带动东道国的进口或出口贸易。1986 年乌拉圭回合谈判以前的 GATT 协议管辖范围有限，只对货物贸易进行约束，而乌拉圭回合谈判以后，服务贸易、与贸易有关的投资措施和与贸易有关的知识产权等才逐渐纳入 GATT 及后来的 WTO 的管辖范围。世界贸易组织的多边协议中对投资具有最直接影响的是《与贸易有关的投资措施协议》（即 TRIMs 协议），它是为限制和禁止那些可能对贸易产生限制或扭曲作用的"不当投资措施"而制定的相关规范。此外，《补贴与反补贴措施

协议》（SCM）、《与贸易有关的知识产权协定》（即 TRIPs）与《服务贸易总协定》（GATS）等三个协议均涉及了投资自由化的某些问题。上述四个方面的文件虽然在性质、类别方面有所不同，但都间接或直接地对国际投资的原则与措施做出了规定，从而为多边贸易组织对各个成员国的外资政策实施规范奠定了基础，进而对成员国利用外资过程中维护产业安全的政策选择产生影响。

（一）TRIMs 协议对成员国维护产业安全政策的影响

1. TRIMs 协议对成员国利用外资政策的规范

TRIMs 协议首次把与贸易有关的投资问题纳入世贸组织多边贸易体制，并以多边条约的形式督促 WTO 成员国取消限制或不利于贸易的投资措施，有效地促进了国际投资的自由化、透明度与国际化。TRIMs 协议旨在通过减少投资政策扭曲，促进所有的贸易伙伴尤其是发展中国家的经济发展。TRIMs 协议的内容主要包括协议的适用范围与鉴别原则、例外条款与发展中成员国特殊优惠、通知与过渡安排、磋商及争端解决的机制等条款。在 TRIMs 协议的附件中，对禁止的投资措施也有详细的规定：（1）对贸易平衡的要求，如限制外资企业进口用汇占出口外汇收入的比例，或为了限制用汇而对进口数量进行限制；（2）对当地成分的要求，如要求外资企业所生产的最终产品里必须含有部分原料或零件是从东道国采购或生产的；（3）对国内销售的要求，如要求外资企业采用灵活的方式在东道国市场销售规定数量的商品；（4）对进口外汇的限制，如把外资企业的生产采购方面用汇限制在其拥有的外汇的规定比例内。TRIMs 协议通过对成员国利用外资政策的规范，禁止它们实施违反国民待遇原则与取消数量限制原则等所有可能对贸易产生扭曲或限制作用的投资措施，进而间接影响成员国维护产业安全的政策选择。但是，由于受到实际经济发展水平和产业竞争力水平的影响，TRIMs 协议可能不利于发展中成员国保护内资产业发展目标的实现，从而不利于其产业安全的维护。

2. TRIMs 协议对发展中成员国维护产业安全政策的影响

（1）总体影响

总而言之，TRIMs 协议有效地约束了与贸易相关的投资措施，因此东道国规制外国投资的力度会减弱，相关政策将会进一步透明化，这将会优化东道国投资环境，由此更有利于国际直接投资的发展。就发展中国家来说，由于它们会更多地实施与贸易相关的投资措施，因此，在 TRIMs 协议的作用下，发展中国家的区位优势明显增强，投资环境出现显著改善，国际直接投资的速度也会大大提高。此外，因为化工、制药、电子通信、汽车等产业领域的国际直接投资极易受到与贸易相关的投资措施的影响，所以，在吸引外资上，这些产业将会比其他产业发展得更快。

但是 TRIMs 协议的实施将使发展中国家在引用外资时可以使用的保护产业安全政策减少，对这些国家的产业安全造成比发达国家更严重的不利影响。其原因有：首先，很多发展中国家对外资流向进行管理及引导，维护本国产业安全，靠的就是与贸易相关的投资措施的运用。随着 TRIMs 协议的施行，这些投资措施将被迫取消。其次，由于 TRIMs 协议对贸易平衡要求、进口用汇限制与当地成分要求等措施的禁用，导致发展中国家的市场过度开放，跨国公司垄断市场的可能性大大提高，不利于发展中国家产业安全的维护。再次，按照普惠制原产地规则的规定，发展中国家可以享受一定范围与数量内的原产地产品出口优惠，而 TRIMs 协议禁用当地成分要求，将会导致其受惠产品范围的缩小及数量的减少，也不利于跨国公司的产业关联效应的发挥。最后，由于 TRIMs 协议是一个折中的妥协协议，其仍然存在的不完善之处也影响了发展中成员国产业安全的维护，表现为：其一，不完备性的影响。以发展中国家的角度来看，TRIMs 协议虽然约束了东道国的外资政策选择，却完全忽略了对国际投资博弈双方中另一个重要参与者即跨国公司的行为进行制约，如没有关于跨国公司的差别价格和转移定价、销售和市场配置战略、限制性商业做法等方面的规定。这些方面将会影响东道国的经济、社会与技术发展等产业政策目标。这实际上达到了发达国家意图的通过国内的竞争法来行使域外管辖权，利用发展中国家的法制不健全及经济上的劣势地位，损害了发展中国家的部分经济主权。因此，TRIMs 协议事实上成为限制东道国TRIMs 行为的单方面守则，这将会使发展中国家对外资进入的限制权完全丧失，发展中国家将很难依据本国的发展需要引进外资，从而也就不利于其国家产业安全的保护。其二，不对称性的影响。TRIMs 协议主要规定了成员国必须逐步取消与货物贸易相关的外资限制措施，而却较少提及各国减少对外资企业的各种优惠待遇，也未禁止跨国公司强加在其外国子公司上的同贸易相关的管制。因为优惠政策的实施都在不同程度上造成了对内资企业的歧视，所以导致严重的市场扭曲以及外资和内资企业间的不公平竞争，不利于入世之后内资企业的生存与发展，从而也不利于发展中成员国产业安全的维护。

（2）例外条款和发展中成员国特殊优惠的影响

据 TRIMs 协议第三条"例外条款"的规定，东道国在产业发展有危机时或受外资损害时可以暂时实施一些背离国民待遇及 TRIMs 协议禁用的措施，以维护产业安全发展。据 GATT 相关条款，这些例外条款主要包括安全例外、一般例外（例如保护人类与动植物的生命及健康、为了保护公共道德等所采取的措施）、外汇安排的例外、国际收支保障的例外、紧急措施的例外、非歧视性原则例外以及自由贸易区、关税同盟和边境贸易的例外等。

此外，成员国中的发展中国家还能够享受特殊的优惠待遇。由于在投资与贸易方面，发展中国家有着与发达国家不同的客观情况及特殊要求，因此，TRIMs 协议的第 4 条"发展中国家成员条款"提到"发展中成员国有权以 GATT 第 18 条中的《关于为国际收支目的而采取贸易措施的宣言》和《关于1994 年关贸总协定国际收支条款的谅解》，为了平衡外汇收支和帮扶国内幼稚产业的发展等目标，暂时自由的背离取消数量限制和国民待遇原则"。

以上 TRIMs 协议例外条款和发展中成员国享受的特殊优惠表明，利用外资中完全取消 TRIMs 协议禁止的措施是不可能的，发达国家和发展中国家为了维护产业安全，在利用外资政策中纷纷利用国民待遇原则的例外对敏感产业的限制或禁入的实践证明了这一点。况且，由于不同的 TRIMs 行为之间的可替代性，某成员国对极少数 TRIMs 行为的禁止将导致其他类别限制投资措施的替代性使用。

（二）GATS 协定对成员国维护产业安全政策的影响

服务贸易总协定（即 GATS）提出了服务贸易自由化等基本原则，用以调整国际服务贸易行为，解决国际间服务贸易的争端。GATS 主要约束东道国对商业存在形式的服务贸易的政策选择，商业存在是跨国公司扩展跨国服务的一种重要形式，生产型服务业的投资也发展较快，所以 GATS 实际上也属于十分重要的多边投资协议。GATS 的核心是市场准入条件、国民待遇条款、政策透明度、最惠国待遇条款、转拨资金的自由流动等。

GATS 对成员国维护本国产业安全措施选择的影响是多方面的。一方面，服务贸易的不断开放，有助于引进外国投资的服务理念，完善投资的服务体系，提高投资的服务水平，全面改善东道国的投资环境，从而减少对外资鼓励政策的片面性的过度依赖，对东道国的产业安全产生积极的影响。另一方面，GATS 的自由化和国民待遇原则同 TRIMs 一样，也会使成员国可以利用的维护产业安全政策减少，虽然可以增加交通、公用事业、电信、保险和银行等部门的外资流入量，但是也不利于这些关键部门的产业安全维护。

（三）SCM 协议对成员国维护产业安全政策的影响

虽然补贴和反补贴措施协议（SCM）旨在消除国际贸易过程中由于单方面采取反补贴措施带来的贸易摩擦，但是仍被普遍认为其与国际直接投资之间具有密切联系。SCM 协议主要关注扭曲贸易流向的专向补贴问题，除了农产品一定保留之外的出口补贴与进口替代型补贴，专门针对外资的鼓励措施也属于专向性补贴，一样要受到这一协议规则的制约。由于对外资鼓励性补贴的减少将会提高资源的配置利用效率，这将有助于东道国减少对外资鼓励政策的使用，但是不利于东道国希望通过鼓励出口来提高产业国际竞争力的措施的使用。

## 二、OECD 多边投资协议的相关规定

（一）OECD 多边投资协议草案的主要规则

早在1991年经合组织（OECD）就开始致力于一个更公平、更有约束力的多边投资协议的谈判，但因多种原因最终只是达成了一项草案（MAI）。但是该草案仍然具有十分重要的研究和借鉴意义，因为它反映了发达国家在外资准入、外资保护、外资待遇等政策方面的基本态度。MAI 协议草案制定了三个方面的主要规则：一是高度的投资自由化。主要包括对投资和投资者的定义、对国民待遇与最惠国待遇的规定、关于适用于投资开业前后各阶段的全面禁止业绩方面的要求。二是有力的投资保护。包括在利润转移、征收补偿及资金汇回投资国等方面的特殊保护。三是高效的纠纷解决机制。MAI 协议草案规定了"国对国"与"投资者对国家"两种程序，而世界贸易组织中

的争端解决机制中的争端解决程序未规定投资者可自行采用的争端解决程序。此外，MAI 协议草案中的争端解决机制适用使用外资设业前后的各个阶段，而在世界贸易组织中等争端解决机制的只涉及投资设业之后。总体而言，协议草案试图提供比 WTO 多边投资协议更强的法律约束力。

（二）OECD 多边投资协议草案对成员国维护产业安全政策的影响

由于经济合作组织发起的 MAI 谈判及其协议草案在许多方面忽略了发展中国家的要求、主要体现了发达国家集团的单方面利益以及发达国家内部的分歧等原因，MAI 协议被无限期搁置。但是不可否认，随着国际资本流动的范围和速度不断扩大，在世界范围内制定更广泛、更有效和更统一的多边投资规则已经变得很迫切。因此，不可忽视 MAI 对成员国维护产业安全政策以及未来国际投资规则的潜在影响：首先，MAI 实行全面的国民待遇原则，尤其是在外资的准入阶段就放松管理，难免会对发展中成员国的民族工业和幼稚产业形成冲击。同时，MAI 要求其成员国履行对现有限制性的措施维持原状或逐步取消的义务，且规定成员国不得引入新的限制外资措施，这些都将影响发展中国家对外资政策的自主权和选择权，进而会影响其产业安全。其次，关于争端的解决机制问题。MAI 要求其成员国同意将争端的解决无条件地提交国际仲裁，而且将单方面的承诺看作是成员国对投资者的义务，这些条件太苛刻，相当于剥夺了成员国调整外资政策的自由此举重视了跨国公司的利益，却不利于成员国的公共利益和公共权利。再次，MAI 限制了成员国对外资企业业绩方面的要求，且在范围上大大超出了 TRIMs 的规定，这也会影响成员国对外资的规制能力，不利于其产业安全的维护。最后，MAI 的核心规则中未提及对跨国公司消极行为的管制规则，也没有涉及跨国公司的义务，不能充分地反映发展中国家对跨国公司行为规则的立场，也不利于发展中国家产业安全的维护。

## 第四节 利用外资中维护产业安全国际实践的启示

### 一、利用外资中维护产业安全的经验对中国的借鉴

（一）要根据产业安全的动态性调整对外资的管理政策

主要发达国家或发展中国家维护装备制造业等行业产业安全的实践表明，在利用外资中维护产业安全的政策和实践会根据各国经济发展的不同阶段、产业的竞争力水平变化而变化，要动态地处理好产业保护和产业开放的关系。虽然没有一个统一适用的外资管理模式，但不能对外资一味实行放任。如美国在经济崛起的时候也更多地倾向于对外资限制，在成为世界头号经济强国及多数产业具备了较强的竞争力后才放松对外资的管制，但是每逢严重的经济困境时期如20世纪70年代的石油危机、美元贬值和2008年的次贷危机，又都加大了对外资的管制。日本也是在加入经济合作组织或关贸总协定后才逐渐放松了对外资的管制，但是对外资的管理仍采取了很多保留政策。印度在20世纪90年代后外资政策自由化进程中，仍保留了民族主义和干预主义。因此，中国的对外资利用政策要根据产业安全状态的变化，把握好调整时机和调整力度。

（二）处理好产业安全维护中行政管理和立法管理的关系

首先，不能忽视利用外资中政府对产业安全的规制作用。美国等发达国家和印度等发展中国家的经验表明：产业安全的维护离不了政府规制的作用。美国、德国等发达国家高效的审查机构、完善的法律体系和操作性较强的调查程序，使得产业安全的审查体现了效率与公平统一的特点。根据本章第一节对美国的维护产业安全政策的研究，在外资审查机构方面，美国的外国投资委员会（CFIUS）由13个权力机构联合组成，这些机构均在美国的经济或外交事务中扮演了重要的角色，能从不同的侧面和角度关注进入美国的外资对产业安全的不利影响，从而能确保外资审查的完整性和全面性；同时把财政部国际投资局作为CFIUS牵头机构的设置亦能有效避免部门之间的权责不清和相互推诿，有利于提高审查的效率。在调查的程序方面，美国规定了外

资审查的最长期限是不超过90天，其程序的具体四个环节的衔接紧密流畅，保证了程序的便捷性。而日本、韩国、巴西和印度等国政府对投资领域的引导，有利于外资投向与本国产业政策相符的重点领域，日本的大企业扶持政策、韩国技术转让要求和外债管理都有利于本国产业安全的积极维护。

其次，由于政府规制失灵的弊端，要注意加大关于产业安全的法制建设，重视立法管理。美国等发达国家的立法先行的经验表明，不断完善的外资管理法律体系，能较好地应对外资利用中的恶意并购等新情况对产业安全的不利影响，能较好地避免产业安全管理中的短视性、任意性和无序发展等问题，避免简单的行政干预。以上经验都值得中国借鉴。

（三）要注意中国产业安全问题的特殊性——发展中的社会主义大国

中国产业安全问题的特殊性体现在以下两个方面：一方面，人口多、市场大、引资多和经济崛起等发展中大国的特征，决定了中国经济的发展既要依靠国际市场的拉动，又要更多地利用国内市场，同时也决定了中国有必要和有条件建立起相对完善的产业体系，而不像新加坡等一些小国，必须依赖国际市场和国际分工来获取少数优势产业的发展。另一方面，社会主义大国的特征也决定了中国在对外开放过程难免受到西方发达国家的政治歧视和资本技术限制，跨国公司也难免受到投资母国的政策影响而采取与中国经济发展目标相悖的行为。这些情况都说明了中国不仅要积极应对发达国家对中国产业转移形成的冲击，而且要积极培育中国主要产业的竞争力，加快培养自主创新能力，重视维护产业安全的必要性。

## 二、利用外资中忽视产业安全的教训对中国的借鉴

（一）不能忽视利用外资方式的合理性

在利用外资类别上，不仅强调间接投资和直接投资的合理搭配，而且要强调直接投资中绿地投资和并购投资的合理搭配。鉴于外债等间接投资对产业安全的危害较小，但是若偏重外债利用而忽视管理，也会引起债务危机进而危害产业安全。在直接投资的内部分类方面，由于并购投资并不新建企业，不能增加企业的数量，且会限制竞争，比绿地投资对产业安全的危害要大。同时由于绿地投资更能直接增加东道国的资金、技术和就业机会，也能增加

市场竞争。因此，针对外资并购不断增多的新情况，要加强对外资并购的管理，同时也要重视对绿地投资的利用。

（二）避免外资政策中限制政策或自由政策的极端化

印度在1968年—1979年间过于强调自力更生，过于限制外资导致外资大量撤离，引发国民经济发展的困境，表明外资政策的限制不能走向极端的自给自足。而巴西和墨西哥利用外资中过于奉行新自由主义经济政策，在国内主要产业还不具有比较优势时，就较快地放松了对外资和资本项目的管制，放任外资控制包括金融体系在内的重要产业部门，否定了国有企业和政府在调控国民经济发展和维护产业安全方面的作用，最终导致了严重的经济危机，这表明利用外资政策的极端自由化也不利于产业安全的维护。

（三）利用外资的同时也要立足于本国内部资金的积累

墨西哥等国过度利用外债和放松对外资管理的教训表明，不能过分依赖外资（外债）。如果一国未能重视本国的内部资金积累，而且缺乏对引进的外资的正确引导，就会导致该国对外资的过度依赖，诱致该国经济变得脆弱，从而不利于产业安全的有效维护。

（四）要防止外资管理制度的低效

印度外资管理制度的透明度差、不统一的问题将会影响其制度的效率，不利于利用外资中产业安全的维护。因此，要重视外资管理制度的质量。

## 三、多边投资协议关于投资的规范对中国维护产业安全的启示

（一）要积极参加多边投资协议的谈判，重视维护发展中国家的利益

由于目前国际投资的主要承担者是发达国家，因此 TRIMs 和 MAI 等多边投资协议的谈判都由发达国家主导，其规定明显对发展中成员国不利。其目的是要使发展中国家丧失对外资准入的限制，使其难以根据本国发展的需要利用外资。今后的一段时间内，由发达国家主导多边投资协议谈判的局势仍不可避免，发展中国家很难回避国际投资自由化的大趋势。因此，在今后的多边投资协议谈判中，中国应充分发挥在世界贸易组织和世界银行等国际经济组织中的地位和谈判力量，以维护国家经济安全和产业安全为原则，积极主动地参与多边投资协议相关的谈判，最大限度地争取对发展中国家有利的

优惠条件和权利。此外，中国要加紧与其他国家订立区域投资协议、多边投资协议和双边投资协议，增强同其他发展中国家的投资合作，维护国家产业安全。

（二）要根据 TRIMs 协议积极调整外资政策

中国作为发展中国家，且已经在2001年入世承诺中申明加入 TRIMs 协议，因此已无权选择实施或不实施 TRIMs 措施，因此，当务之急是要在过渡期内，大力培育国内产业的国际竞争力，为更好地应对外资冲击做好准备。同时，要积极根据 TRIMs 调整外资政策，减少或限制 TRIMs 明确禁止使用的措施，在加大开放力度的同时，研究替代性的适度保护措施。

（三）充分利用例外条款和发展中成员国特殊优惠政策

纵观世界各国的外资管理政策及利用实践，许多发达国家和经济成功转型的经济体在引进外资时，都非常重视对外资的管理以维护产业安全，不可能无条件地实行多边投资协议中的国民待遇原则。TRIMs 并不是要排除所有的投资限制措施，而是重点禁止可能对贸易和投资产生限制或扭曲作用的相关投资措施。因此，中国可以渐进地实行国际规则和国民待遇原则，在特别情况下还可以依据 TRIMs 第3条"例外条款"规定和 TRIMs 第4条"发展中国家成员条款"，临时性地采取一些背离国民待遇和一般禁止使用数量限制原则的特别救济和保护措施，以维护本国产业的安全发展。

# 第八章 利用外资条件下维护中国装备制造业产业安全的对策研究

东道国的产业安全维护是一个系统的、动态的和长期的复杂问题。由于装备制造业在国民经济中的特殊地位，装备制造业的产业安全发展成为一国产业安全发展的重点问题。从国际实践的比较分析来看，片面地依靠政府主导的或完全依靠自由市场主导的利用外资体系都不能很好地维护装备制造业的产业安全。应该从产业安全的主要影响因素出发，从宏观、中观和微观的不同层面，共同发挥政府、产业中间组织、企业等各方主体在维护装备制造业产业安全中的作用。

## 第一节 从产业安全视角不断优化中国装备制造业利用外资的政策体系

### 一、优化外资的市场准入政策

（一）制定更加灵活的利用外资产业导向政策

根据前文关于中国利用外资政策的分析，中国采取了试点性、渐进性和递推性的产业准入和地区准入政策，不仅产业上形成了农业、工业和服务业不断开放的产业格局，而且在区域上形成了从经济特区到沿海开放城市再到内地、延边地区、东北地区的一种从点到线再到面的多层次、多渠道的区域开放格局。但是从税收优惠政策来看，实质上主要采取了区分地区而不区分产业的外资企业鼓励政策。虽然促进了特定地区的外资引进，但是不利于外资投向的合理布局和区域均衡发展，也降低了国家的产业调控能力。为了更好地维护产业安全，应该在兼顾区域引资目标的基础上，逐渐把引资目标转移到实施国家的产业发展政策方面上来，对外资采取有重点、有灵活度的、有目的的产业导向政策。

1. 要逐步取消注重地区差异而忽视产业差异的区域性外资鼓励政策，减少不同区域外资鼓励政策恶意竞争而导致的低效。应该从政策上加强利用外资的区域合作。

2. 要积极地培育和保护中国主导产业。不仅要严格禁止外资准入事关自然垄断或国家安全的产业；而且要防止外资利用并购方式控制高科技战略产业和支柱产业，保持国家对关键产业的股权控制，如持股49%以下的合作或合资限定。

3. 对符合国家产业发展目标的外资企业提供重点支持：一是要设立外资准入的技术门槛。根据产品的技术密集度、生产工艺和效率的高低、在国内外市场的发展前景等方面的条件设立技术指标，调整外资鼓励政策，支持外资的先进技术转让或引入。通过更多高技术型外资装备制造业的准入能促进外资的技术溢出，加速内资产业的技术改良与自主创新，促进内资企业的技术发展。高新技术企业的准入还有利于内外资企业间的合理竞争格局的形成，避免外资对内资产生过度挤出效应。二是对外资企业的产业导向要考虑经济的可持续发展，要设立资源和环境保护相关的考核标准，在外资企业准入前对其进行测评。过去偏向外资引进规模的外资鼓励政策难免导致部分高能耗、高污染类外资产业的流入，对中国的资源环境进行了破坏。这种资源消耗型和环境污染型产业将不利于中国经济的可持续发展，应该得到改变。三是要适应西部大开发和东北老工业基地振兴战略的需要，对中西部和东北地区的外商投资给予一定的产业支持政策。由于WTO的《补贴与反补贴措施协议》允许落后地区提供与其环保和经济社会发展相关的补贴措施，故可以依据WTO有关规定鼓励外商投资于落后地区的相关产业，促进其经济发展。

（二）建立公平合理的引资政策

1. 由中央政府来统筹利用外资政策，减少地方政府引资的恶意竞争中国地方各级政府的 GDP 考核机制及财政分权的制度等多方面原因引致地方政府间的引资博弈，造成了引进外资的恶性竞争。这类恶性竞争无益于保障中国的外资利用效益，既不利于各地区的长远发展利益，也严重影响了区域经济结构的调整。这类恶性竞争问题的解决，需要国家的集体行动，即由中央政府统一制定外资的利用政策，按国家的统一要求制定区域优惠和产业优惠政策，逐步取消经济特区、保税区以及地方政府自行制定变相的外资鼓励政策的权利，这样不仅有利于为外资提供更好的发展环境，而且有利于中国经济的可持续发展。

中央政府统筹全国性的外资政策时，应注意外资政策的约束性、可操作性和健全性。根据前文关于中国利用外资政策的分析，中国利用外资政策虽然做到了鼓励和限制相结合，但更倾向于鼓励政策，体现为鼓励政策制定得更为详细而限制政策方面却显得过于笼统，可操作性不强。基于这种情况，为使外资政策更加健全、有效，全国统一性的外资政策须规定得更具体、更具可操作性，避免过于原则化，以免在实际操作中靠大量的部门内部文件做补充，就应加大力度用专门法对外资限制政策作详细的规定。

2. 促进内资与外资企业公平竞争

作为国际投资方面重要的多边投资协议，TRIMs 协议的重点在于约束成员国的外资限制政策，却没有相关规定来约束外资鼓励政策。外资鼓励政策的实施难免造成对内资企业的歧视，导致不公平竞争和严重的市场扭曲。要认识到外资影响中国产业安全的现状，不能一味地追求引资的数量和规模，要注重引资的质量和效果，减少鼓励政策的使用。也不能因为加入了 TRIMs 协议而忽略了外资鼓励政策对内资企业生存和发展的不利影响，从而忽略对产业安全的维护。一方面，要逐步取消国家一般性的利用外资鼓励政策，并逐步给予外资企业相应的国民待遇，促进内、外资企业公平竞争。另一方面，要逐步取消地方政府推出的不合法或不合理的所谓"引资鼓励政策"，规范对外资的管理，防止地区之间的恶性竞争，创造有利于内外资公平竞争的市场环境。中国虽然于2007年颁布了新的《企业所得税法》，统一了内外资企业的所得税税率，但是由于对新设外资企业的"两免三减半"等优惠政策依然存在；对特定行业的并购，限于外资而排斥民营企业等各类外资鼓励政策依然存在。因此，促进内资和外资企业平等竞争、民营企业与国有企业平等竞争的利用外资政策改革依然必要。

（三）优化中国装备制造业外资利用方式

根据本书的文献综述，总体来说，利用外资的所有方式都可能具备一定的风险，但不同方式的风险程度有所不同。首先，外商直接投资归属于国际长期资本流动，波动性小，并且其资本流入本身并不构成东道国的对外债务，没有偿还外债的压力，但是由于外商直接投资涉及到外资企业在东道国的直接生产经营管理或控股，会与东道国内资企业产生直接竞争，易冲击内资产业的发展，易造成东道国主要产业对外资的依赖和被控制进而直接危害产业安全问题。其次，外商间接投资如对外借款及国际证券投资并不以谋求对东道国相关产业的实际控制权为主要目的，对产业安全的直接影响较小，但是对外借款易形成东道国的偿债压力，诱发国际收入问题和债务危机，而国际证券投资以短期资本为主体，具有高度的投机性和流动性，易引起东道国的金融市场及证券市场动荡，间接影响东道国的产业安全。因此，为避免加入WTO后各种方式的外资流入带来的风险，应搞好各种外资形式的组合使用，同时加强对外商直接投资的管理和外资间接投资相关的资本市场的监管。从第七章的国际比较看，日本曾经采取间接投资为主的外资利用方式，并取得了利用外资的成功，其经验值得借鉴。

## 二、加强外资的市场经营政策

（一）加强对外资并购和外资垄断行为的监管

2003年以来，外资越来越倾向于用跨国并购形式对中国进行投资，但是中国传统的外资管理体制主要是针对新建投资（绿地投资），面对跨国并购迅速发展的新形势，中国的外资政策存在对外资并购的立法不足、管理机构不统一以致监管不力等问题，存在产业安全方面的漏洞。所以，有必要通过外资政策的调整，加强对外资并购的监管。

1.加强对外资并购中国有资产的监管

外资并购是中国实现国有企业改革的途径之一，1998年颁布的《关于国有企业利用外商投资进行资产重组的暂行规定》提出了加强对国有企业利用外商投资进行资产重组的管理。但是，在实际操作中，仍存在着利用外资并购过程中过于迁就外资、忽视国有资产流失的问题。因此，要采取相应措施增强外资并购中的国有资产流失监管。其一，要以国家的《公司法》等法律法规为依据，依法改制。既要选择好适当的合作伙伴，也要选择适当的合作形式，避免盲目地、运动式地推动国有企业改革。其二，建立规范的资产评估制度和资本评估监督。应该在《物权法》的基础上研讨建立《产权交易法》，利用独立规范的评估中介机构，对被并购企业实行强制性资产评估，进一步完善《企业国有资产法》，完善中国企业的国有资产管理体系，明确国有资产的产权责任主体和利益主体，重视对品牌、商誉、土地、工业产权、专有技术等国有资产的评估，防止外资并购过程中的国有资产流失。政府主管部门在审查外资并购协议时，应加强对重要交易条件的管理，如外资并购方对中方被并购企业的债务承担及技术研发或技术转让。另外，可以借鉴德国等国家对本国战略企业进行管理的办法，公布限制外资进入的战略企业清单以扶持民族品牌。另外，还要建立对外资并购进行事后评估与责任追究机制，若事后查证相关责任人因勾结外商等腐败问题而造成国有资产流失，要用法律手段追究其相关责任。

2. 完善规制外资并购及其垄断的法律体系

如前文所述，在2008年的《中华人民共和国反垄断法》出台之前，涉及外资并购及其垄断问题的只是一些原则性规定，缺乏全国人民代表大会及其常委会层面的专门立法，不是严格的法律规范。出台相关行政法规和政策文件的部门多，且政策多有矛盾，审批和监管政策体系混乱。即使《反垄断法》出台之后，由于缺乏相应的配套法律和实施细则，反垄断法律体系仍不够完善，规范外资并购及其垄断不力，不能满足外资并购条件下更好地维护产业安全的需要。因此，有必要从维护产业安全的角度，完善外资并购相关法律法规的建设：一是不断完善《反垄断法》和《反不正当竞争法》及其配套的实施细则。虽然《反垄断法》已经施行，但是对于这部颁布时间较晚的法律，在其实际运用过程中必须进一步地予以完善，加强从程序和实体两个方面对外资并购进行规制：在程序法方面，不断完善外资并购的申报和审批制度、反垄断听证制度和反垄断执法机构等；在实体法方面，设定外资并购的合理限度及其适用除外等内容。在反不正当竞争方面，要严格限制价格歧视、市场倾销、技术歧视等不正当竞争行为。二是建议制订《企业并购法》和《外资并购审查法》。因为历史发展背景和企业发展特点，中国的国内企业在发展历史和发展规模方面普遍比跨国公司弱，容易成为跨国公司收购和控制的对象，而现有的《关于外国投资者并购境内企业的规定》等法规层级低、法规多，因此需要制定专门法对事关国家产业安全的战略产业、基础产业、高新技术类产业，限制外资并购尤其是恶意收购，同时对外资并购的审批程序进行规范，强化审批责任及审批标准。三是建议制订《产业政策法》。在《指导外商投资方向规定》和《外商投资产业指导目录》等政策文件的基础上，加快制定《产业政策法》，并把外资并购与国家的产业发展政策相结合。四是继续完善其他相关法律法规。由于外资并购行为涉及的范围广、内容多，因此需要建立完善的配套法律法规体系。

3. 建立统一的跨国并购管理机构

一方面，要建立国家统一的产业安全审查机构。目前中国对外资并购的审查和批准由商务部、国家发改委、国资委等多个部门共同负责，多头管理但没有明确牵头部门，部门之间沟通和协调困难。面对跨国并购不断增加的新形势，应该学习国外先进经验，组建统一的跨国并购审查机构如外国投资委员会，对外资并购进行专门的审查和管理，这样既能从不同的角度和侧面关注外资对产业安全的影响，又能利用部门之间的联合行动，加强对跨国并购是否危害国家产业安全的审查管理。另一方面，还应依据《反垄断法》，完善国家反垄断局和反不正当竞争局的权责，提高管理效率。

（二）合理利用国际规则和区域合作协议规范外资经营行为

除了要完善国内的相关管理制度外，还要合理利用国际规则和区域性的合作协议加强对外资的管理，从而更好地维护产业安全。

1. 利用国际规则和惯例规范外资经营行为

一是要充分利用 TRIMs 协议的例外条款和发展中成员国特殊优惠，规范外资的经营行为，保护国内的产业发展。根据 TRIMs 协议过渡期安排和特殊优惠，发展中国家给予外资的国民待遇可以分阶段实施，且发展中国家还享有例外条款、优惠和过渡措施。中国仍属于发展中国家，市场经济体制还不够完善，内资企业的竞争力相对外资较弱，因此，中国在积极履行相关的国际义务时，也要适当利用 TRIMs 协议等国际规制，如一般例外、国家收支平衡例外、安全例外、紧急保障例外和幼稚工业保护例外的援用等，并充分利用相应过渡期的安排，针对中国的实际情况，提出切实有效的保护内资产业发展的措施，培育内资产业的适应能力和竞争能力，以便在利用外资中对内资产业实行更好地保护。

二是要充分利用尚未被 TRIMs 协议禁止的措施，采取切实有效的促进内资产业发展的政策和措施，以实现有效地规制外资行为的目标。如使用普惠制中的原产地规则来代替当地成分要求，鼓励出口型的外资企业提高当地成分的比重，以充分利用中国享受的普惠制待遇。因为欧盟、日本等国家和地区给予中国的普惠制待遇利用率并不高，出口型外资提高对中国零部件或原材料的采购，不仅能享受普惠制待遇，而且能带动中国关联产业的发展。

三是要积极倡导完善全球化的利用外资的多边规则。中国应积极主动地参加与国际投资相关的法律规则、多边体系的谈判及 WTO 协议的后续谈判，充分发挥在 WTO、国际货币基金组织和世界银行等世界经济组织中的地位和谈判力量，以维护国家经济安全和产业安全为原则，积极争取有利于发展中国家的贸易和投资权利。

2. 利用区域合作协议规范外资经营行为

中国还应积极参与区域性的合作，与其他发展中国家加紧订立双边、区域或多边的投资协议，加强与其他发展中国家的投资合作，如避免双重增税的协定。与此同时，还应积极与其他国家或地区签订有关外资政策的双边协议，收集研究其他国家或地区的外资政策及相关立法信息，利用其中的先进经验并避免已有的利用外资教训。

### 三、完善外资的市场退出政策

根据产品生命周期理论，外资企业在市场上的正常退出和准入一样，都应该鼓励。首先，为了转变中国的经济增长方式，促进中国的产业升级和产业合理布局，要出台政策鼓励高污染、高能耗、技术落后行业外资企业按正常程序或简化程序退出市场，鼓励属于东部技术淘汰行业但能吸引就业的劳动密集型行业的外资企业向落后地区进行产业转移。其次，要继续完善中国《企业破产法》和《国有资产评估管理办法》等法规，对外资非正常撤离和恶意破产行为进行严格审查和限制。最后，鼓励有条件的内资企业对中外合资企业的外商股份进行反向收购，从而实现外资的合理退出。

### 四、协调好外资政策与其他配套经济政策的关系

中国外资政策的调整并不能孤立于经济体制改革的背景之外，它与整个社会主义市场经济体制的改革是相辅相成的关系：外资政策进一步调整和完善的过程本质上也是不断深化市场经济体制改革的过程；而只有不断地完善现有经济体制改革，构筑整体良好的市场经济发展环境，才可能更好地为中国外资政策的调整提供保障。因此，外资政策的调整离不开外贸政策、产业政策、区域发展政策、财政及金融政策等经济政策的协调。如外资在中国的生产经营活动离不开中国市场，也离不开国际市场，其全球采购、销售和资金融通的行为将会带动中国的外贸市场和金融市场发展，因此相关配套的外贸政策、金融政策、财政税收政策完善也非常必要，这样才能通过多个政策目标的合力，更高效地利用好外资。

## 第二节　不断改进中国装备制造业的产业发展环境

### 一、依托供给侧的制度创新加大对装备制造业的政策扶持

（一）坚持供给侧的制度创新为装备制造业提供合理的发展规划

供给侧的制度创新是指作为经济政策的提供者——政府部门应该发挥好在经济运行中的"看得见的手"的作用，政府要从具体干预经济运行的形式转变为提供高质量的制度供给，通过职能改革调整管理方式，更有效而不是更多地干预经济运行。因此，政府应该从宏观调控方面创新制度供给和管理手段。具体到装备制造业，中国应该在经济发展规划中一贯重视装备制造业尤其高端装备制造业的战略地位，抵住国外压力，坚持贯彻落实《中国制造

2025》的宏伟目标，明确阶段性的发展任务，为中国装备制造业的行业发展提供合理的规划，为相关企业提供政策指导，给予重点支持和优先发展方面的政策鼓励和护持。

（二）利用支持政策推动中国装备制造业的需求市场大发展

市场需求的增长也是产业发展重要推动力，政府应该通过提高政府采购的国产化率、鼓励企事业单位优先使用国产设备的支持政策，推动中国本土装备制造业品牌的需求市场不断发展，进而为中国装备制造业的发展提供良好的市场条件。

（三）从软硬件环境两个方面不断改善总体投资环境

改善投资环境不仅能更好地替代利用外资鼓励政策，而且能使内资和外资企业共同受益、更好地实现公平竞争。因此，要在投资硬环境方面不断加大交通、商务、通信、生产供应和非生产服务等各个大类基础设施的建设投入。同时也要在投资软环境方面提升宏观经济环境的稳定性和公平性、政府政策的连续性和透明度，提高公务员的行政效率、管理及服务的水平、公司的经营环境、知识产权保护力度、金融发展水平、产业配套水平和本地区教育水平等。同时，要深化政府管理体制的改革，转变政府角色和职能，减少政府规制的领域，简化审批投资的程序。实际上，国际实践也表明，高端的外资更加看重东道国的总体投资环境质量，而不是单一的投资鼓励政策。

## 二、完善市场经济体制建设

装备制造业的可持续发展离不开市场经济体制的建设。要以自由、规范的竞争为目标处理好市场与政府、企业、法制建设之间的关系。要坚持市场经济体制改革，减少计划经济体制的影响，重视市场机制在资源配置中的基础作用，把理性的政府宏观调控作为有益的补充，坚持现代企业制度建设和市场经济法律法规的建设，为中国装备制造业的发展提供良好的市场法制环境。

## 三、不断改善产业发展的财税与金融环境

装备制造业基本上属于资本密集型产业，其特点是资金投入大，投资周

期长，投资风险大，而中国目前的资本成本仍然较高、资本效率仍然很低、财税压力大，不利于装备制造业的发展。因此，应该继续深化金融体制的改革，一方面为装备制造业企业提供优惠的贷款措施，创新多类型的融资渠道和融资鼓励政策，为中小企业提供融资担保和融资服务，鼓励风险投资基金支持装备制造业的创新发展，帮助装备制造业分摊投资风险；另一方面，利用包括税收优惠规定、土地使用费优惠等财政政策降低企业负担，支持装备制造业投资和发展。

### 四、优化产业发展的人力资源环境

装备制造业基本上属于技术密集型产业，但是科技以人为本，装备制造业的发展和升级也离不开大量优秀的企业家、创新力强的科技人才和熟练的工人，更离不开重视科技和人才的社会环境。国家应该重视对科技人才的教育投入和对从业人员的培训，促进科研机构、装备制造业企业、高等院校以及职业学校等产、学、研、用各方共同合作培养的机制，培养更多的多层次专业人才。不断完善人才引进政策，给予国内外高端人才在工作和生活条件上的资金或政策支持。不断改进人才使用政策，利用更完善的人才培养和激励机制来提高员工的素质。在全社会形成科技立国、人才为本的良好氛围，为装备制造业的发展提供良好的人力资源环境。

## 第三节　提升中国装备制造业的自主创新力和竞争力

### 一、大力培育中国装备制造业的自主创新力

在当今世界经济一体化的背景下，任何国家或地区都很难依靠自我封闭的方式保持发展。只有积极地利用国外先进技术等国际生产要素，并注重对国外技术的引进与消化吸收的有效结合，才能更好地维护产业安全。日本就是坚持以引进国外先进技术，消化、吸收并进而形成自主创新为主的技术政策，在二战后30年内实现了产业竞争力的不断提升，成为高效应对产业安全

问题的经济大国。产业安全问题，从表象上看是外资的技术垄断抑制了东道国本土企业的发展，但深层次原因则是东道国的经济增长模式仍属于粗放型，导致其产业技术的相对落后，产品档次低，无力应对外资的竞争。从长远来看，不断提升中国装备制造业的创新力和国际竞争力是维护产业安全的治本之策。因此，要大力支持中国产业提高自主创新力和潜在竞争力，实现粗放型的经济增长模式由向集约型转变，实现装备制造业生产技术的智能化、高端化、绿色化、服务化和全球化，确保中国装备制造业在全球价值链中的地位不断提升、长久维护产业安全发展。

要采取切实的措施把技术引进和消化吸收及创新有机结合起来，以提高本国产业的竞争力，具体措施有：第一，完善政、用、产、学、研相结合的国家创新体系，引导企业形成重视研发投入的观念，树立自主创新的战略意识，促进企业建立现代企业制度。第二、制定和落实鼓励企业自主创新的各项政策。既要引导企业加大对技术开发的投入，鼓励以企业为中心，设立科学技术研究与开发机构，以建立符合市场经济导向的科研与开发机制；又要重视对知识产权的保护，不断完善知识产权的法制保护和知识产权的转化政策体系。第三，要树立科学的人才观。重视科学技术和经济管理人才的培养，同时给在高科技研究、基础研究和高等教育等领域有突出贡献的人才以优待政策。第四，加大国家对基础教育和基础研究的经费投入。重视基础教育可以提升国民的整体素质，重视基础研究可以为装备制造业的科技创新提供基础理论支撑和突破性方向的引导。

## 二、提升中国装备制造业产业集中度和国际知名度

根据本书第三章的分析，目前中国装备制造业整体规模大，但是从世界500强的数据来看，装备制造业类型的中国跨国公司很少，说明中国的本土装备制造业企业个体存在规模不大，难以和国外大型跨国公司同台竞争。本书第七章对日本利用外资政策的分析表明，20世纪70年代日本同样面临了内资企业规模过小、难以同外资企业竞争的问题，日本政府正是利用大企业扶持政策，鼓励企业合并与改组，形成互相持股的大企业集团和产业集群，提高了本土产业的竞争力，有力地抗衡了跨国公司的恶意并购。

　　中国可以借鉴日本等发达国家的经验，通过支持大型企业集团和产业集群建设、装备制造业国际知名品牌建设等方式，提升中国装备制造业的产业安全：其一，政府要出台相关政策鼓励内资企业联合，建立起分工与协作的战略联盟或大企业集团，以战略联盟的形式参与国际竞争。利用相互之间的分工和协作，降低技术创新和市场开发的成本与风险，以共同应对外资的竞争。在一些关系国家产业安全和国计民生的主要产业组建大企业集团时，可以采用反垄断豁免机制，暂时排除适用已有的反垄断法，这在国外是一种常见的做法，并不构成对反垄断法普遍适用性的否定。其二，鼓励本土装备制造业的并购和重组，在不同的子行业内培养一定数量的龙头企业，提高市场集中度。建立动态的核心企业名单加以保护，不仅要限制外资并购或持股，而且要给予重点的发展方面支持。其三，学习美国和德国等发达国家的经验，利用产业集群改进产业布局和产业竞争力。装备制造业的产业链较长，上下游关联产业多，且易于分解，适应集群化的发展模式。政府应该支持建立特定的产业园区，发展有特色的产业集群，支持龙头企业按专业化分工协作来吸引配套企业和相关中小企业加入，形成具有规模经济效应的产业集群，从而提高产业的整体竞争力。其四，重视中国装备制造业国际知名品牌的建设。要积极通过产业政策和技术标准等方面的改革，加大对中国装备制造业的质量升级和技术改造，打造国际知名品牌，提高产业知名度和竞争力。

### 三、充分发挥产业中介组织的作用

　　政府、商会、协会和企业在装备制造业发展中具有不同的分工和定位。其中，商会、行业协会等产业中介组织是维护产业安全的重要力量之一，作为中介性质的组织，是联系政府与企业的纽带。因此，在维护产业安全的方面：其一，政府加强对行业组织的指导和协调，加大与行业组织的联系。政府要不断转变职能，将一些政府不方便直接插手的经济社会发展事务交给商会、行业协会去承担，并加强政府对商会、行业协会的宏观指导。其二，商会、行业协会要积极发挥其组织、协调、监督、援助职能。帮助政府收集企业信息并反映企业的要求和呼声，监督和调查外资企业的不正当竞争和垄断行为，通过制定质量技术标准来提高装备制造业的质量和生产水平，对遭受外资恶意并购的本土装备制造企业提供援助，不断促进行业自律和公平有序发展，充分发挥行业的整体优势，共同维护产业安全。

### 四、鼓励中国装备制造业积极参与国际竞争

引进外资的同时，政府要通过完善鼓励政策、加强宏观指导来完善对外投资促进和保障体制，不断完善对外投资的相关制度，大力鼓励有条件的装备制造企业对外投资，如金属制品制造业、电气及器材设备制造业、通信、计算机及电子设备制造业等行业的对外投资。抓住历史机遇，利用"一带一路"倡议促进中国优势装备制造企业与"一带一路"沿线国家和地区的产能合作。企业要不断提高国际生产水平和技术标准，制定合适的国际营销策略，完善跨国投资项目风险管理能力。通过国际市场竞争来壮大相关企业的跨国经营能力和国际竞争力，通过不断开拓国际市场来提高产业需求容量和充分利用国外生产资源，提高本土装备制造产业抗衡外资企业竞争的整体水平。

## 第四节　建立中国装备制造业利用外资的产业安全监测与预警机制

根据美国、德国和印度等国家的经验，对利用外资过程中的外资技术、市场和资本控制度过高进而危害产业安全的情况，需要建立产业安全检测与预警机制来防范产业安全问题：

首先，要建立专门的产业安全监测机构与组织体系，持续追踪利用外资的信息，建立产业发展相关数据库，履行外资相关产业安全的预警和研究职能。

其次，要依据产业安全的评价指标及预警值参数，建立科学有效的产业安全预警模型，一旦发现相关参数偏离了"安全"的临界值时，就应及时提出预警，提醒政府相关主管部门及相关企业快速做出相应的预防措施。

最后，要建立装备制造业产业安全状况的资料库，对产业安全状态的变化趋势进行分析和研判，并吸收和借鉴国外最新的相关研究成果和经验，不断改进中国维护装备制造业产业安全和国家经济安全的对策体系。

# 第九章　研究总结与研究展望

## 第一节　研究总结

本书的主要研究结论有：

1. 中国作为发展中大国，不能过度依赖外资和忽视产业安全问题

基于资本的逐利性，跨国公司的投资动机和东道国的引资目标可能会存在一定的冲突，进而会给东道国的产业安全带来危害或威胁。通过实证研究，近20年来外资对中国装备制造业产业安全的影响也实际存在，因此高效率的利用外资政策体系对维护东道国装备制造业的产业安全发展非常必要。中国作为发展中大国，不能盲目学习发展中小国的过度依赖外资的经济发展模式，更要重视利用外资过程中维护装备制造业等主导产业安全，以保证中国经济发展的自主性和安全性。

2. 相对于控制外资流入规模，对外资股权的控制更加重要和有效

通过实证分析，发现近20年来，随着利用外资规模的不断提高，中国装备制造业及其子行业产业安全状态的变化基本上呈现 M 型波动且最终略有改善的趋势，但是都没有达到比较安全的状态，尤其是通用设备、交通运输设备制造业、通信设备、计算机及电子设备制造业和仪器及办公机械制造业等子行业的产业安全状况相对比较差。另外实证发现外资利用的方式（外资的股权比例、外资的实际产值）比外资利用的规模对装备制造业的产业安全影响更显著，因此，相对于控制外资流量的方式，对外资经营方式的控制更加

重要和有效。

3. 要灵活利用多边投资协议维护中国装备制造业的安全发展

纵观世界多国的外资管理政策及利用实践，很多国家都非常重视对外资的规制以维护产业安全，不可能无条件地实行多边投资协议中的国民待遇原则。中国要积极参加多边投资协议的谈判，维护发展中国家的利益，同时充分利用 TRIMs 等多边投资协议中例外条款和发展中成员国特殊优惠政策，维护中国装备制造业的安全发展。

4. 要结合发展条件的变化动态调整中国装备制造业利用外资政策

结合规范分析和实证分析的结果，从制度效率的角度看，中国长期实行的是以鼓励为主的利用外资政策，在改革开放前期阶段对刺激外资的大量流入有积极的作用，但是不利于中国装备制造业等主导产业的产业安全维护，进而也不利于经济安全的维护。因此，应该结合中国利用外资的不同阶段特点和国际经济发展大环境的变化，以公平竞争和灵活的产业导向为基本原则，动态调整中国装备制造业利用外资政策。

5. 维护产业安全的政策体系应该以提升自主创新力和竞争力为核心

重视利用外资条件下中国装备制造业的产业安全研究，并不是要否认外资对中国产业安全发展的积极作用，也不能一味地排斥利用外资，而是要认识到外资的逐利行为只是影响产业安全的外因，而产业安全的主要内因应该是一国内资产业的自主创新力和竞争力发展水平。因此，维护中国装备制造业产业安全的政策体系应该以提升中国装备制造业的自主创新力和竞争力为核心，要鼓励中国装备制造业积极参与国际竞争，与外资在竞争与合作中实现可持续的安全发展。

# 第二节　研究展望

由于研究篇幅和研究条件的限制，还有一些相关研究内容有待在后续研究中完成：

1. 利用外资政策变量的中间变量选取，及其与中国装备制造业产业安全关系的实证分析。

2. 中国装备制造业参与"一带一路"区域投资对中国装备制造业产业安全发展的影响分析。

3. 外资政策与外贸政策等相关配套经济政策协调问题。经济全球化条件下，投资与贸易是可以相互转化的，外资也是推动东道国进出口贸易的重要主体，必须协调好投资和贸易政策等相关政策，以更好地维护产业安全。

# 参考文献

[1] 安丽 . WTO 规则与中国外资法重构 [J]. 法商研究，2002（3）.

[2] 边伟 . 跨国并购和产业安全的思考 [J]. 对外经贸实务，2007（7）.

[3] 蔡忠林 . 外资并购与中国外资政策互动影响分析 [D]. 上海：上海交通大学，2007.

[4] 曹军 . 基于外资进入的产业安全评价指标体系研究 [D]. 长春：吉林大学，2008.

[5] 曹琳琳 . 提升中国装备制造业全球价值链地位问题研究 [D]. 大连：东北财经大学，2016.

[6] 曹秋菊，唐新明 . 开放经济下中国产业安全测度 [J]. 统计与决策，2009（17）.

[7] 曹秋菊 . 经济开放条件下中国产业安全问题研究 [D]. 长沙：湖南大学，2007.

[8] 曹秋菊 . 外商直接投资与中国产业安全问题探讨 [J]. 江苏商论，2010（2）.

[9] 曹艳乔 . 基于东道国产业安全的外资利用研究 [D]. 青岛：中国海洋大学，2008.

[10] 曾珠 . 产业安全国际经验的比较与借鉴 [J]. 北京城市学院学报，2014（5）.

[11] 陈灿 .FDI 对中国产业政策安全的影响研究 [D]. 北京：北京交通大学，2014.

[12] 陈春霞，王欢 . 巴西，韩国利用外资的经验才识及借鉴 [J]. 当代

财经，1999（12）.

[13] 陈富良.放松规制与强化规制：论转型经济中的政府规制改革[M].上海：上海三联书店，2001.

[14] 陈昊洁，韩丽娜.中国高端装备制造业产业安全问题研究[J].经济纵横，2017（2）.

[15] 陈健.集聚效应、路径依赖和外商投资分布演化——基于江苏省装备制造业跨国公司的考察[J].世界经济研究，2008（8）.

[16] 陈静.中国引进外商直接投资的制度变迁研究[D].西安：西北大学，2007.

[17] 陈彦.外商直接投资对市场势力的影响——来自中国装备制造业的经验证据[J].上海管理科学，2017（2）.

[18] 成思危.经济全球化背景下的国家产业安全问题[J].财经界，2006（9）.

[19] 程恩富.外商直接投资与民族产业安全[J].财经研究，1998（8）.

[20] 赤旭，姚睿.中国利用外资政策探析[J].金融理论与实践，2004（11）.

[21] 仇荀.发达国家装备制造业竞争力提升经验探讨与借鉴[J].商业经济，2015（10）.

[22] 崔静.德国制造业发展对中国向高端制造业转型的启示——基于"中国制造2025"规划[J].对外经贸实务，2016（2）.

[23] 崔岩，仇继平.中日装备制造业发展与政策推动[J].日本研究，2010（10）.

[24] 单文，申睿波浅析国际直接投资自由化进程中的中国外资政策[J].时代经贸：学术版，2007（5）.

[25] 邓立治，何维达.中国船舶产业安全状况及问题研究[J].技术经济与管理研究，2009（6）.

[26] 邓丽娜，任志新.外商直接投资对中国制造业产业安全的影响[J].对外经贸实务，2014（8）.

[27] 董恺军.利用外资与中国产业安全的研究[D].重庆：重庆大学，

2005.

[28] 董燕 . 基于 FDI 技术溢出视角的辽宁省装备制造业成长效应研究 [D]. 沈阳：辽宁大学，2014.

[29] 杜传忠，杨志坤 . 德国工业 4.0 战略对中国制造业转型升级的借鉴 [J]. 经济与管理研究，2015（7）.

[30] 杜晓君，耿远欣，王小干 . 中国利用外资的市场绩效——基于装备制造业的实证研究 [J]. 运筹与管理，2012（21）.

[31] 段一群 . 国内装备制造业产业安全评价指标与实证测度 [J]. 科技管理研究，2012（32）.

[32] 范晓男，戴明华，鲍晓娜 . 跨国并购对辽宁省装备制造业产业安全的影响研究 [J]. 科技管理研究，2011（31）.

[33] 方子彧 . 中国装备制造业全球价值链升级测度与国际比较 [D]. 大连：大连海事大学，2018.

[34] 傅华，傅宁 . 中国战略产业安全与外资并购立法研究 [J]. 电子科技大学学报（社科版），2007（9）.

[35] 高亢 . 中国机床产业安全评价及对策研究 [D]. 沈阳：沈阳大学，2012.

[36] 高伟凯，徐力行 . 外资并购下发达国家产业安全防范体系的比较研究——对中国装备制造产业安全防范的启示 [J]. 国际贸易问题，2008（1）.

[37] 龚蓉 . 外商直接投资对中国产业结构影响的研究 [D]. 上海：华东师范大学，2010.

[38] 顾德 . 桢外商直接投资对中国西部装备制造业技术进步的影响分析 [D]. 重庆：重庆师范大学，2016.

[39] 桂黄宝，刘奇祥，郝铖文 . 河南省生产性服务业与装备制造业融合发展影响因素 [J]. 科技管理研究，2017（11）.

[40] 郭春丽 . 外资并购引致产业安全风险的途径及防范对策 [J]. 中国经贸导刊，2008（2）.

[41] 郭坦 . 利用外资对中国汽车产业全要素生产率影响研究 [D]. 大连：

东北财经大学，2016.

[42] 郭秀君.加入WTO后中国利用外资政策的内在矛盾及改革[J].管理科学，2001（14）.

[43] 国家发展和改革委员会宏观经济研究院课题组，马晓河，赵苹.中国产业安全态势评估、国际借鉴及若干对策建议[J].改革，2009（4）.

[44] 韩彩珍.中国外资政策和法律的绩效分析[M].北京：中国经济出版社，2007.

[45] 韩冲，屈熠.全球价值链分工对中国产业安全的威胁[J].现代管理科学，2015（5）.

[46] 郝洁.以并购方式利用外资的法律政策问题研究[J].对外经贸统计，2006（4）.

[47] 何维达，杜鹏娇.战略性新兴产业安全评价指标体系研究[J].管理现代化，2013（4）.

[48] 何维达，何昌.当前中国三大产业安全的初步估算[J].中国工业经济，2002（2）.

[49] 何维达，刘亚宁，张凯.基于主成分分析法的中国装备制造业产业安全评估[J].中国管理信息化，2013（16）.

[50] 何维达，潘玉璋，李冬梅.产业安全理论评价与展望[J].科技进步与对策，2007（4）.

[51] 何维达，吴玉萍，刘瑞华.煤炭产业安全评价研究及实证分析[J].商业研究，2017（9）.

[52] 何维达.开放市场下的产业安全与政府规制[M].南昌：江西人民出版社，2003.

[53] 何志勇.外交并购对中国产业安全的作用机制研究[D].哈尔滨：哈尔滨工程大学，2011.

[54] 侯梦薇.山西省装备制造业利用外商直接投资战略研究[D].太原：山西财经大学，2014.

[55] 胡丹凤.FDI对装备制造业产业集聚的影响分析[D].大连：东北财经大学，2016.

[56] 胡峰. 多边投资协议谈判及发展中国家的对策 [J]. 财经理论研究, 2001（4）.

[57] 胡峰. 外资并购下中国产业安全法律保障体系的构建 [J]. 亚太经济, 2011（2）.

[58] 胡静寅, 姚莉, 万永坤. FDI 对中国装备制造业自主创新的影响分析 [J]. 经济问题探索, 2011（1）.

[59] 胡松静. 我国海洋工程装备制造业国际竞争力研究 [D]. 哈尔滨: 哈尔滨工程大学, 2014.

[60] 黄国平, 赵进. 外资优惠政策与外商直接投资的博弈分析 [J]. 国际商务, 2002（3）.

[61] 黄建军. 中国的产业安全问题 [J]. 财经科学, 2001（6）.

[62] 纪宝成, 刘元春. 对中国产业安全若干问题的看法 [J]. 经济理论与经济管理, 2006（9）.

[63] 季良玉. 技术创新影响中国制造业转型升级的路径研究 [D]. 南京: 东南大学, 2016.

[64] 江山. 论中国外商投资国家安全审查制度的法律建构 [J]. 现代法学, 2015（5）.

[65] 江小涓. 跨国公司在华并购投资: 意义、趋势及应对战略 [J]. 管理世界, 2001（3）.

[66] 姜鸿. 国外吸引外资的经验教训及武汉的借鉴 [J]. 中南财经政法大学学报, 2005（2）.

[67] 姜为娟. 外资在华并购的产业安全规制研究 [D]. 济南: 山东财经大学, 2013.

[68] 金成晓. 中国产业安全监测预警指数的构建及其应用 [J]. 吉林大学社会科学学报, 2009（4）.

[69] 金利娟. 对中国外资战略政策调整的理性思考 [J]. 经济问题探索, 2006（3）.

[70] 景玉琴. 产业安全评价指标体系研究 [J]. 经济学家, 2006（2）.

[71] 鞠功宝. 外资并购下中国制造业产业安全预警研究 [D]. 哈尔滨:

哈尔滨工程大学，2012.

[72] 联合国贸发会.跨国公司与技资司世界投资报告[R].1992—2010.

[73] 雷鸣，李碧芳外资在华并购的产业安全政府规制研究[J].大庆社会科学，2015（5）.

[74] 雷世尔·麦卡罗齐，林季红.外国在美国的直接投资[J].经济资料译丛，1994（2）.

[75] 李炳炎.外资并购加速，威胁产业安全[J].科学决策，2007（6）.

[76] 李波.战后中、日经济高速增长期外资政策比较[D].广州：暨南大学，2007.

[77] 李曾速.生态入侵视角的中国汽车产业安全评价[D].海口：海南大学，2010.

[78] 李冬梅.产业安全的多层次综合评价研究[J].科技管理研究，2007（6）.

[79] 李锋，张瑶.基于演化博弈视角的中德装备制造业合作策略研究[J].商业经济与管理，2018（9）.

[80] 李富.国际产业安全的维护实践及中国产业安全体系设计[J].河北地质大学学报，2013（6）.

[81] 李富.中国制造业产业安全两途径评价及比较[J].商业经济研究，2015（5）.

[82] 李根生.美日产业安全政策比较及对中国的启示[J].对外经贸，2009（11）.

[83] 李红.产业安全评价指标体系的构建[J].当代经济，2009（19）.

[84] 李家喜，祝宏辉.装备制造业产业安全研究综述[J].统计与咨询，2012（2）.

[85] 李健旋.美德中制造业创新发展战略重点及政策分析[J].中国软科学，2016（9）.

[86] 李杰.中国利用外资的正负效应分析[J].经济学家，2004（1）.

[87] 李金华.德国"工业4.0"背景下中国制造强国的六大行动路径[J].南京社会科学，2016（1）.

[88] 李金霞.中国装备制造业产业安全综合评价研究 [D].合肥：安徽财经大学，2014.

[89] 李晶，井崇任.促进高端装备制造业发展的财政税收政策研究 [J].财经问题研究，2013（4）.

[90] 李林元.开放经济下振兴中国装备制造业对策研究 [D].北京：对外经济贸易大学，2010.

[91] 李孟刚.产业安全理论的研究 [M].北京：经济科学出版社，2006.

[92] 李朴民，王晓丽，高贺.外资并购对产业安全的影响及对策 [J].中国经贸导刊，2008（22）.

[93] 李姗姗.产业安全视角下中国汽车行业外商直接投资演进和激励研究，2015.

[94] 李绍东.中国装备制造业先进水平实证研究 [M].北京：中国社会科学出版社，2013.

[95] 李双双.中德装备制造业国际竞争力比较分析 [D].大连：东北财经大学，2015.

[96] 李妍.创新生态系统下制造业产业安全评价体系的构建与实证研究 [J].中国科技论坛，2018（9）.

[97] 李焱，原毅军.中国装备制造业价值链升级与技术创新的协调发展研究 [J].国际贸易，2017（6）.

[98] 李毅.当前日本制造业的产业政策动向与制造企业的调整和变革 [J].日本学刊，2005（6）.

[99] 李泳，王爱玲.中国重点行业安全评价指标体系研究 [J].财经研究，2006（10）.

[100] 李云婷.外资并购对中国装备制造业的影响及对策 [J].企业导报，2010（3）.

[101] 李宗卉，鲁明泓.中国外商投资企业税收优惠政策的有效性分析 [J].世界经济，2004（10）.

[102] 李作战.从美国国防产业投资的制度壁垒透视中国的产业安全和外资监管 [J].未来与发展，2008（9）.

[103] 林桂军，何武.中国装备制造业在全球价值链的地位及升级趋势 [J].国际贸易问题，2015（4）.

[104] 林居乐.新形势下的跨国并购与中国的产业安全 [J].对外经贸，2007（3）.

[105] 刘冲.外商投资与产业安全维护问题——发达国家的成功经验及其对中国的启示 [J].湖南社会科学，2012（6）.

[106] 刘丹丹.中国制造业产业安全的分析与估算 [D].南京：南京航空航天大学，2011.

[107] 刘建江，陈海燕，贺平，等.利用外资中的产业安全维护：美、日、韩、墨四国经验 [J].长沙理工大学学报：社会科学版，2008（4）.

[108] 刘磊.中国外国投资国家安全审查制度研究 [J].江南社会学院学报，2016（4）.

[109] 刘力.零和博弈——外资优惠政策的国际竞争 [J].国际贸易，2002（2）.

[110] 刘美美.中国装备制造业出口竞争力及影响因素研究 [D].大连：大连海事大学，2017.

[111] 刘鹏举.FDI 与辽宁装备制造业产业集聚互动关系研究 [D].西安：西安外国语大学，2015.

[112] 刘琦.中国式装备制造业空心化演化研究 [D].南京：南京航空航天大学，2016.

[113] 刘胜题，于剑金.外资市场准入与企业设立的若干法律制度 [J].上海理工大学学报（社会科学版），2002（3）.

[114] 刘爽.中间品进口对中国装备制造业出口技术结构的影响研究，2017.

[115] 刘笋.WTO 法律规则体系对国际投资法的影响 [M].北京：中国法制出版社，2001.

[116] 刘维林，李兰冰，刘玉海.全球价值链嵌入对中国出口技术复杂度的影响 [J].中国工业经济，2014（6）.

[117] 刘卫.完善外资并购法律政策保障国家产业安全 [J].中国管理

信息化，2007（9）.

[118] 刘曦 . 发达国家装备制造业发展特点及经验启示 [J]. 特区经济，2011（10）.

[119] 刘彦鑫 . 理性看待外资并购与中国产业安全 [J]. 对外经贸，2007（10）.

[120] 刘智莉，杨施政 . "双链" 协同视角下的中亚装备制造业市场拓展研究 [J]. 管理观察，2015（28）.

[121] 留晓婷 . 中国外资政策工具选择变化的研究 [D]. 厦门：厦门大学，2006.

[122] 卢圣亮 . 外资政策协调论 [M]. 北京：经济科学出版社，1999.

[123] 卢新德 . 跨国公司本土化战略与中国产业安全 [J]. 世界经济与政治论坛，2004（3）.

[124] 罗天洪，熊中楷 . 创新视角下重庆市装备制造业竞争力提升机理研究 [J]. 科技进步与对策，2011（3）.

[125] 吕富彪 . 辽宁高端装备制造业技术创新能力提升的演进路径研究 [J]. 科学管理研究，2018（10）.

[126] 马蓉 . 跨国并购对国家产业与经济安全的影响与对策 [J]. 对外经贸实务，2004（6）.

[127] 马塾君，谭伟恩 . 印度外资政策演变及其对中国的启示 [J]. 中央财经大学学报，2008（12）.

[128] 马拴友 . 税收优惠与投资的实证分析——兼论促进中国投资的税收政策选择 [J]. 税务研究，2001（10）.

[129] 孟祥宁 . 异质性视角下中国装备制造业绿色全要素生产率的演化效应研究 [D]. 南京：广西大学，2018.

[130] 苗翠琴 . 外资并购中国上市公司的动因、绩效及影响研究 [D]. 南昌：江西财经大学，2012.

[131] 聂名华 . 德国对企业并购投资的法律管制 [J]. 中南财经政法大学学报，2004（4）.

[132] 聂名华 . 美国对跨国并购投资的法制管理 [J]. 国外社会科学，

2003（4）.

[133] 欧阳乐.美德中三国制造业战略分析及对中国的启示 [D].昆明：云南财经大学，2017.

[134] 逄红梅，朱伟，黄宏军.辽宁省装备制造业产业安全评价指标与实证测度 [J].产业与科技论坛，2016（20）.

[135] 濮蕊.东道国外资政策与跨国公司战略的博弈分析，2006.

[136] 齐阳.产业融合对中国装备制造业产业竞争力的影响研究 [D].南京：南京航空航天大学，2015.

[137] 乔东艳.中国装备制造业全要素生产率测度及其影响因素分析 [D].沈阳：辽宁大学，2011.

[138] 秦良娟，张楠，杨前进.中国电子及通信装备制造业国际竞争力评价 [J].机电产品开发与创新，2011（4）.

[139] 邱璐.基于全球价值链视角的中国装备制造业国际竞争力研究 [D].南京：南京信息工程大学，2017.

[140] 邱兆林.中国制造业转型升级中产业政策的绩效研究 [D].济南：山东大学，2016.

[141] 任佳，邱信丰.印度工业政策的演变及其对制造业发展的影响 [J].南亚研究，2014（2）.

[142] 任建群.外商直接投资对中国机械制造业产业安全影响研究 [D].沈阳：辽宁大学，2011.

[143] 阮小雪.中国智能制造能力综合分析及其对制造业的影响 [J].郑州航空工业管理学院学报，2017（5）.

[144] 桑百川.外资并购的分歧与评价 [J].国际贸易，2007（7）.

[145] 中华人民共和国商务部.商务部国别贸易投资环境报告2010——巴西 [R].商务部中国投资指南网，2010.

[146] 邵念荣，付春光.产业安全指标评价体系创新研究 [J].商业时代，2011（1）.

[147] 邵慰，陶晓丽.基于制度创新提高辽宁装备制造业的竞争力研究 [J].中国科技论坛，2009（6）.

[148] 盛新宇，刘向丽.美、德、日、中四国高端装备制造业国际竞争力及影响因素比较分析 [J].南都学坛，2017（3）.

[149] 史世伟.德国国家创新体系与德国制造业的竞争优势 [J].德国研究，2009，（1）.

[150] 史晓红，李金霞.基于 DEA 方法的装备制造业产业安全综合评价 [J].统计与决策，2016（4）.

[151] 史欣向，李善民，王满四，等."新常态"下的产业安全评价体系重构与实证研究——以中国高技术产业为例 [J].中国软科学，2015（7）.

[152] 史忠良.经济全球化与中国经济安全[M].北京：经济管理出版社，2003.

[153] 司林波.国内外装备制造业技术创新研究述评 [J].经济问题探索，2016（8）.

[154] 宋谦，杜伊凡，王静.辽宁省装备制造业国际竞争能力分析——日本经验的借鉴 [J].沈阳工业大学学报：社会科学版，2015（1）.

[155] 宋远芳.跨国并购中的国家安全审查问题研究——以中美外资审查比较为例 [D].上海：复旦大学，2009.

[156] 孙慧莹.中国装备制造业参与全球价值链分工的低端锁定问题研究 [D].大连：大连海事大学，2018.

[157] 孙瑞华，刘广.生产业安全评价指标体系的构建研究 [J].科技进步与对策，2006（5）.

[158] 孙晓华，郭旭."装备制造业振兴规划"的政策效果评价——基于差分内差分方法的实证检验 [J].管理评论，2015（6）.

[159] 孙晓怡.中国装备制造业产业安全评价研究 [D].上海：上海外国语大学，2017.

[160] 谭崇台.发展经济学 [M]：太原：山西经济出版社，2001.

[161] 谭飞燕，张力，李孟刚.低碳经济视角下中国产业安全指标体系构建 [J].统计与决策，2016（16）.

[162] 谭蓉娟，阮娴静.FDI 影响珠三角装备制造业自主创新能力的实证研究 [J].国际贸易问题，2009（6）.

[163] 谭蓉娟，翟青．珠江三角洲装备制造业产业安全测度——基于自主创新视角的实证研究 [J].国际经贸探索，2011，（3）.

[164] 唐晓华，刘相锋．中国装备制造业产业结构调整中外资修复作用的实证研究 [J].数量经济技术经济研究，2016（2）.

[165] 滕家．国外商对华直接投资研究 [D].武汉：武汉大学出版社，2001.

[166] 童志军．利用外资和国家产业安全 [J].中国投资，1996（8）.

[167] 万志远，戈鹏，张晓林．智能制造背景下装备制造业产业升级研究 [J].世界科技研究与发展，2018（3）.

[168] 王成东．中国装备制造业与生产性服务业融合机理及保障策略研究 [D].哈尔滨：哈尔滨理工大学，2014.

[169] 王成龙．外资跨国并购对中国产业安全的影响及对策研究 [D].北京：中国石油大学，2009.

[170] 王春霞 .FDI 对中国装备制造业集聚影响的实证分析 [D].成都：西南财经大学，2011.

[171] 王德显，王跃生．美德先进制造业发展战略运行机制及其启示 [J].中州学刊，2016（2）.

[172] 王东杰．外资并购与中国产业安全研究 [D].济南：山东大学，2009.

[173] 王福君，沈颂东．美、日、韩三国装备制造业的比较及其启示 [J].华中师范大学学报（人文社会科学版），2012（3）.

[174] 王福君．比较优势演化与装备制造业升级研究——基于辽宁省的实证研究 [D].长春：东北师范大学，2009.

[175] 王广勇．外资并购对中国产业安全威胁的二层面防范 [J].经济与管理，2008（4）.

[176] 王健．中国政府规制理论与政策 [M].北京：经济科学出版社，2008。

[177] 王江，陶磊．装备制造业强国竞争力比较及价值链地位测算 [J].上海经济研究，2017（9）.

[178] 王靖，蔡永民 . 跨国并购对中国产业安全的影响及对策研究 [J]. 江海学刊，2007（6）.

[179] 王九云，丁晶晶，王栋 . 国外装备制造业发展经验及对中国的启示 [J]. 学术交流，2011（7）.

[180] 王洛林，江小涓 . 中国的外资引进与经济发展 [J]. 中国社会科学，1997（5）.

[181] 王培志，李文博 . 新形势下中国利用外资对产业安全的影响及对策 [J]. 山东财经大学学报，2008（4）.

[182] 王千里 .FDI、高端装备制造业与增长路径——基于在华 FDI 对中国装备制造业技术创新影响的实证分析 [J]. 亚太经济，2012（5）.

[183] 王秋玉，曾刚，吕国庆 . 中国装备制造业产学研合作创新网络初探 [J]. 地理学报，2016（2）.

[184] 王荣、王英 .FDI 技术溢出效应与长三角装备制造业增加值率 [J]. 管理现代化，2017（5）.

[185] 王淑荣 . 辽宁装备制造业发展路径分析及财政政策研究 [J]. 地方财政研究，2016（6）.

[186] 王思雨，曹瑾 . 德国制造业产业政策对中国制造业产业政策转型升级的启示 [J]. 纳税，2017（14）.

[187] 王苏生，孔昭昆，黄建宏 . 跨国公司并购对中国装备制造业产业安全影响的研究 [J]. 中国软科学，2008（7）.

[188] 王苏生，李金子，黄建宏 . 外资跨国并购对中国汽车产业安全影响的实证分析 [J]. 中国科技论坛，2008（5）.

[189] 王潇健 . 外资企业在华并购对中国产业安全的影响及对策 [J]. 对外经贸实务，2009（2）.

[190] 王晓红 . 关于跨国公司制造业转移中值得注意的几个问题 [J]. 中国社会科学院研究生院学报，2005（1）.

[191] 王晓蓉 . 外资流入与产业安全 [J]. 中国投资，1996（2）.

[192] 王欣 . 中国装备制造业全要素生产率测度 [D]. 成都：西南财经大学，2010.

[193] 王学人，张立.产业安全问题制度非均衡成因探讨 [J].求索，2005（4）.

[194] 王勇，卢柯羽.外商直接投资与中国产业安全：基于产业控制的视角 [J].经济研究参考，2014（5）.

[195] 王允贵.跨国公司的垄断优势及其对东道国的产业控制——跨国公司对中国电子及通信设备制造业的投资与控制 [J].管理世界，1998（2）.

[196] 王志乐.也谈外资并购与中国经济安全 [J].经济导刊，2006（9）.

[197] 王中美.外资在华并购的反垄断规制问题研究 [J].世界经济研究，2007（8）.

[198] 魏浩.经济全球化条件下中国外资优惠政策与国家经济安全的考虑 [J].财贸研究，2002（5）.

[199] 魏后凯，贺灿飞，王新.外商在华直接投资动机与区位因素分析——对秦皇岛市外商直接投资的实证研究 [J].经济研究，2001（2）.

[200] 巫云仙."德国制造"模式：特点、成因和发展趋势 [J].政治经济学评论，2013（3）.

[201] 巫云仙.改革开放以来中国引进和利用外资政策的历史演进 [J].中共党史研究，2009（7）.

[202] 巫云仙.利用与规制外资政策的国际经验比较及启示 [J].中国经贸导刊，2007（8）.

[203] 吴强，刘海云.外国直接投资对国内投资的影响及区域差异——基于省级面板数据的广义矩法估计 [J].中南财经政法大学学报，2007（3）.

[204] 吴珊.中国品牌外资控制状况研究：基于产业安全理论视角的研究综述 [J].宁夏社会科学，2011（3）.

[205] 吴玉萍.国内产业安全研究新进展及展望 [J].经济研究导刊，2010（15）.

[206] 向一波，郑春芳.中国装备制造业产业安全的含义及对策研究 [J].兰州学刊，2013（3）.

[207] 向一波.中国装备制造业产业安全研究 [D].北京：中国人民大学，2013.

[208] 谢代刚.论印度外资政策的演变 [J].南亚研究季刊，2008（4）.

[209] 熊琼.与贸易有关的投资措施与东道国外资政策调整 [D].上海：华东师范大学，2006.

[210] 熊燕.中国利用外资对装备制造业产业安全的影响研究 [D].北京：北京交通大学，2011.

[211] 徐立军，马安家.日本对并购式外资的法律规制及其启示 [J].现代日本经济，2007（4）.

[212] 许民.入世与中国外资政策调整 [M].北京：中国社会科学院，2001.

[213] 许铭.中国产业安全问题分析 [M].太原：山西经济出版社，2005.

[214] 许石慧.外资并购中产业安全的法律保障机制研究 [J].内蒙古社会科学，2007（2）.

[215] 杨海洋.德国制造业优势产生并保持的原因分析 [J].改革与战略，2013（1）.

[216] 杨宏斌，杨志宁.印度利用外国直接投资政策的特点及新发展 [J].南亚研究季刊，2002（3）.

[217] 杨建龙.关于外商投资与外资政策的博弈分析 [M].北京：经济科学出版社，2000.

[218] 杨玉真.浅议外资主导的加工贸易对中国产业安全的影响 [J].对外经贸实务，2008（11）.

[219] 殷华方，鲁明泓.中国外商直接投资政策"渐进螺旋"模式：递推与转换 [J].管理世界，2005（2）.

[220] 殷华方，鲁明泓.中国吸引外商直接投资政策有效性研究 [J].管理世界，2004（1）.

[221] 于新东.产业保护和产业安全的理论分析 [J].上海经济研究，1999（11）.

[222] 俞婷婷，徐明玉.中国产业安全研究的最新进展：一个文献综述 [J].经济研究导刊，2009（28）.

[223] 袁全."十二五"时期外资并购对中国产业安全影响研究 [D]. 泉州：华侨大学，2012.

[224] 原毅军，谭绍鹏，吕萃婕."市场换技术"政策实施效果评价——来自装备制造业的经验证据 [J]. 科学学与科学技术管理，2010（2）.

[225] 岳良运. 高新技术产业安全评价及其维护对策 [D]. 青岛：山东科技大学，2007.

[226] 翟洪敏. 外资并购对中国产业安全的影响及其法律对策 [D]. 北京：北京交通大学，2007.

[227] 张迪. 基于产业链理论的中国钢铁产业的安全性研究 [D]. 沈阳：沈阳工业大学，2015.

[228] 张福军，刘晔. 国外产业安全政策模式比较及对中国的启示 [J]. 当代经济研究，2015（4）.

[229] 张厚明."一带一路"战略下中国装备制造业"走出去"研究 [J]. 工业经济论坛，2015（6）.

[230] 张建清. 战后外国在美国投资发展研究 [M]. 武汉：武汉大学出版社，1995.

[231] 张建忠. 链主控制与中国产业安全 [D]. 南京：南京大学，2011.

[232] 张劲辉. 全球价值链下中国装备制造业转型升级路径研究 [D]. 南京：南京大学，2017.

[233] 张婧. FDI 的流入与中国产业结构：影响及对策 [J]. 改革与战略，2001（6）.

[234] 张凯，何维达，牛充山. 低碳视角下产业安全评估体系的构建 [J]. 生产力研究，2012（12）.

[235] 张立. 经济全球化条件下的中国产业安全问题 [D]. 成都：四川大学，2002.

[236] 张林超. 中国重大装备产业安全研究——基于发电设备制造产业安全的实证分析 [D]. 成都：西南财经大学，2008.

[237] 张律律. 外资与产业安全若干问题分析与思考 [J]. 国际贸易，2011（1）.

[238] 张培.刚发展经济学往何处去——建立新型发展经济学刍议 [J].经济研究，1989（6）.

[239] 张双文.中国机械制造业产业安全评价模型初探 [J].中国外资，2012（2）.

[240] 张新民，黄晓蓓，郑建明.外资并购与中国产业安全：综述及研究展望 [J].国际贸易问题，2012（4）.

[241] 张岩贵，刘晨阳.APEC 成员外商投资制度及其比较 [M]：天津：南开大学出版社，2005.

[242] 张迎新，武兴华.装备制造业产业安全政策作用机理研究——基于国家顶层设计视角 [J].科技管理研究，2017（20）.

[243] 张勇.外资并购中政府的角色与法律规制 [J].国际贸易，2006（4）.

[244] 张玉波，李连成.FDI 对中国产业安全的影响和对策探讨 [J].新东方，2001（6）.

[245] 张寓钦.跨国公司对华投资独资化对中国产业安全的负面效应和应对机制 [D].青岛：中国海洋大学，2013.

[246] 章孟琦.中美外资并购安全审查制度比较研究 [D].南昌：南昌大学，2016.

[247] 赵蓓文.WTO 规则与中国外资政策 [M].上海：上海远东出版社，2004.

[248] 赵世洪.国民产业安全概念初探 [J].经济改革与发展,1998(3).

[249] 赵寅寅.美国规制外资并购维护经济安全的经验及其借鉴 [J].当代经济管理科学，2010（2）.

[250] 赵志泉.装备制造业转型竞争中的国家和地区政府行为及政策选择研究 [J].中原工学院学报，2017（5）.

[251] 郑亮.中国装备制造业竞争力研究 [D].福州：福建师范大学，2013.

[252] 郑瑞芳.中国装备制造业"市场换技术"政策效果评价 [D].大连：东北财经大学，2017.

[253] 郑先勇，胡纯.制度稳定性和变迁视角下的中国外商直接投资政策评价 [J].特区经济，2010（8）.

[254] 国家统计局.中国统计局中国统计年鉴 [R]. 1996-2010.

[255] 朱广平.美国外国投资国家安全审查制度研究 [D].北京：外交学院，2016.

[256] 朱建民，魏大鹏.中国装备制造业产业安全评价体系构建与实证研究 [J].亚太经济，2012（2）.

[257] 朱建民.中国产业安全评价指标体系的再构建与实证研究 [J].科研管理，2013（7）.

[258] 祝金龙，解志韬，李小星.FDI 对我国产业安全的影响及对策分析 [J].中国科技论坛，2009（3）.

[259] 朱琳.轨道交通装备制造业并购重组绩效评价研究 [D].镇江：江苏大学，2017.

[260] 6左世全美国推进智能制造对中国的启示 [J].中国国情国力，2016（6）.

[261] Alejandro Diaz-Bautista. An economic growth model，institutions，economic integration and foreign direct investment of Mexico with the United States[D].Universidad de California，2006.

[262] Alesina A，Ardagna S，Nicoletti G. Regulation and Investment[J]. Journal of the European Economic Association，2005，3（4）：791-825.

[263] Anna M，Williams. How European FDI Transformed Turkey and How Turkey Risks Losing It All [D]. Indiana University，2017.

[264] Anu Wadhwa，Suresh Kotha. Knowledge Creation through External Venturing：Evidence from the Telecommunications Equipment Manufacturing Industry [J]. Academy of Management Journal，2006，49（4）：819-835.

[265] Ashoka Mody，Shoko Negishi. The Role of Cross-Border Mergers and Acquisitions in Asian Restructurin [R]. Working Paper of World Bank，2001.

[266] Asiedu E. Foreign Direct Investment in Africa：The Role of Natural Resources，Market Size，Government Policy，Institutions and Political

Instability[J]. World Economy, 2006, 29（1）：63–77.

[267] Beata K. Smarzynska, Shang-Jin Wei.    Corruption and Composition of Foreign Direct Investment：Firm-level Evidence[D]. NBER Working Paper NO：7969, 2000.

[268] Beata Smarzynska Javorcik. Does Foreign Direct Investment Increase the Productivity of Domestic Firms? In Search of Spillovers through Backward Linkages[J]. The American Economic Review, 2004, 94（3）：605-627.

[269] Bernard Hoekman, Multilateral Disciplines for Investment-Related Policies [R] World Bank and CEPR Paper, 1999.

[270] Blomstr M Magnus. Foreign investment, technical efficiency, and structural change：Evidence from the Mexican manufacturing industry[D]. Nationalekonomiska Institutionen Vid G Teborgs Universitet, 1983.

[271] P J, Casson M C. Analyzing Foreign Market Entry Strategies：Extending the Internalization Approach [J]. Journal of International Business Studies, 1998, 29（3）：539-561.

[272] Byeong Seon Yoon. Who Is Threatening Our Dinner Table? The Power of Transnational Agribusiness [J]. Monthly Review, 2006, 58（5）：56.

[273] Catherine J, Morrison. Assessing the Productivity of Information Technology Equipment in US：Manufacturing Industries[J]. Review of Economics and Statistics, 1997, 79（3）：471-481.

[274] Cesar Calderon, Norman Loayza and Luis Serven. Greenfield FDI vs：Mergers and Acquisitions：Does the Distinction Matter[R]. Central Bank of Chile Working Papers , 2002.

[275] Charles R. Hulten, Esra Bennathan, Sylaja Srinivasan：Infrastructure, Externalities, and Economic Development：A Study of the Indian Manufacturing Industry [J].World Bank Economic Review, 2006, 20（2）：291-308.

[276] Colin Kirkpatrick, David Parker, Yin-Fang Zhang. Foreign direct investment in infrastructure in developing countries：does regulation make a

difference? [J]. Transnational Corporations, 2006( 15).

[277] Cristiano C. Keynes and India, 1909–1913: a study on foreign investment policy[J].European Journal of the History of Economic Thought, 2009, 16（2）: 301-324.

[278] Ellison J N, Frumkin J W, Stanley T W.Mobilizing USindustry: a vanishing option for national security?[M]. Westview Press, 1988.

[279] Giulio Bottazzi, Elena Cefis, Giovanni Dosi. Corporate growth and industrial structures: some evidence from the Italian manufacturing industry[J]. Lem Papers, 2002, 11（4）: 705-723.

[280] Globerman S. Foreign Direct Investment and Spillover Efficiency Benefits in Canadian Manufacturing Industries[J].Canadian Journal of Economics, 1979, 12（1）: 42-56.

[281] Harrison A, Rodríguez-Clare A . Chapter 63 – Trade, Foreign Investment, and Industrial Policy for Developing Countries [J]. Mpra Paper, 2009, 5（15261）: 4039-4214.

[282] Hasnat, Baban . US National Security and Foreign Direct Investment [J]. Thunderbird International Business Review, 2015, 57（3）: 185-196.

[283] He Z, Modeling the locational behavior of the communications equipment manufacturing industry in US metropolitan areas[J].Dissertations & Theses - Gradworks, 2011.

[284] Heinz‐Josef Tüselmann. Standort Deutschland -is Germany losing its appeal as an international manufacturing location? [J]. European Business Review, 1995, 95（5）: 21-30.

[285] Huang H. The Regulation of Foreign Investment in Post-WTO China: A Political Economy Analysis[J].Columbia Journal of Asian Law, 2009.

[286] Jack W. How Chinas FDI Policy and Taiwanese Direct Investment（TDI）in China[D].California State University, 2004.

[287] James K.Jackson , Foreign direct investment- Current issues[J]. United Nations Conference on Trade and Development, 2007.

[288] JasonCox. Regulation of Foreign Direct Investment[Z].United Nations Conference on Trade and Development, 2008.

[289] Jiang Yong. Economic Security: Redressing Imbalance[J]. China Security , 2007(3).

[290] Jing Zhanga , Xiaolan Fu. FDI and environmental regulations in China[J].Journal of the Asia Pacific Economy, 2008( 13):332-353.

[291] Joachim Wagne. Is export diversification good for profitability? First evidence for manufacturing enterprises in Germany[J].Applied Economics, 2014, 46（33）: 4083-4090.

[292] Joanna Rubin Travalini. Foreign Direct Investment in the United States: Achieving a Balance Between National Economy Benefits and National Security Interests[J].Northwestern Journal of International Law & Business , 2009.

[293] Joseph P, H.Fan, Randall Morck, Lixin Colin Xu and Bernard Yeung. Institutions and Foreign Investment China Versus The World[R].NBER Working Paper NO: 13435, 2007.

[294] Judit Gergely.Trends in Foreign Direct Investment Incentives[R]. Working Paper of ECSA, 2003.

[295] Julius H . Johnson. An Empirical Analysis of the Integration-Responsiveness Framework: USConstruction Equipment Industry Firms in Global Competition[J].Journal of International Business Studies, 1995, 26（3）: 621-635.

[296] Karl P. Sauvant, Special Feature: Foreign Portfolio and Direct Investment [M].Transnations Corporations, 1999.

[297] Kevin P. Gallagher and Lyuba Zarsky, Sustainable Industrial Development-The Performance of Mexicos FDI-led Integration Strategy[D]. Tufts University, 2004.

[298] Khamfula Y. Foreign Direct Investment and Economic Growth in EP and IS Countries: The Role of Corruption [J]. World Economy, 2010, 30（12）:

1843-1854.

[299] Kimberly C. Gleason, Lynette Knowles Mathur, IkeMathur and Jerry Haar. Expansion Strategies of US: MNCs in Latin America and The Caribbean[J].The International Trade Journal, 1999(13).

[300] Kotha W S. Knowledge Creation through External Venturing: Evidence from the Telecommunications Equipment Manufacturing Industry[J]. The Academy of Management Journal, 2006, 49（4）: 819-835.

[301] Krishnan A . Legal Regulation of Foreign Direct Investment and its Role in the Growth of National Economies[M]. Social Science Electronic Publishing, 2009.

[302] Kumar N. WTOs Emerging Investment Regime: Way Forward for Doha Ministerial Meeting [J]. Economic & Political Weekly, 2001, 36（33）: 3151-3158.

[303] Kyoji Fukao, Keiko Ito, Hyeog Ug Kwon. Do out-in M&As bring higher TFP to Japan? An empirical analysis based on micro-data on Japanese manufacturing firms[J]. Journal of the Japanese & International Economies, 2004, 19（2）: 272-301.

[304] LI, Fu. The Research of Manufacturing Industry Security in China-Based on the Perspective of the Productive Service Industry Development[J]. Technoeconomics & Management Research, 2015.

[305] Larry Cata Backer. Multinational Corporations as Objects and Sources of Transnational Regulation[D].Pennsylvania State University, 2008.

[306] Laurids S. Lauridsen, Foreign Direct Investment, Linkage Formation and Supplier Development in Thailand during the 1990s: The Role of State Governance[J].The European Journal of Development Research, Vol.16, 2004.

[307] Lee A H I , Chen W C , Chang C J. A Fuzzy AHP and BSC approach for evaluating performance of IT department in the manufacturing industry in Taiwan [J]. Expert Systems with Applications, 2008, 34（1）: 96-107.

[308] Liesbeth Colen, Miet Maertens and Jo Swinnen . Foreign Direct Investment as an Engine for Economic Growth and Human Development[R].IAP Working Paper, 2008.

[309] Madina Kukenova and Jose Antonio Monteiro. Does Lax Environmental Regulation Attract FDI when accounting forthird-countryeffects?[J]. Environmental and Resource Economics, 2008.

[310] Mahr Muhammad Yousaf, Zakir Hussain, Nisar Ahmad. Economic Evaluation of Foreign Direct Investment In Pakistan[J].Pakistan Economic and Social Review, 2008(46).

[311] Marttn Berger and Javier Revilla Dtez. Can Host Innovation Systems in Late Industrializing Countries Benefit from the Presence of Transnational Corporations ? Insights from Thailands Manufacturing Industry [J].VEuropean Planning Studies, 2008(16).

[312] Matthias Busse and Jose Luis Groizard.Foreign Direct Investment : Regulations and Growth[J].The World Economy, 2008.

[313] Matthias Busse. FDI Regulations and Growth[R].HWWA Discussion Paper, 2006.

[314] Michael A, Cusumano. Manufacturing Innovation: Lessons From The Japanese Auto Industry[J]. Sloan Management Review, 1988, 30（1）: 29.

[315] Michael L. Hess , Foreign direct investment policies in developing countries[Z].A Dissertation of University of New Orleans, 2008.

[316] Michael Mortimore and Sebastian Vergara. argeting Winners: Can Foreign Direct Investment Policy Help Developing Countries Industrialise[J]. The European Journal of Development Research, 2004(16):500.

[317] Min, Gong. A policy study on the development of the telecommunications equipment manufacturing industry with two empirical studies on mobile data communications service acceptance in China and Hong Kong[Z]. Hong Kong University of Science and Technology, 2006 .

[318] Nagaraj R. Foreign Direct Investment in India in the 1990s: Trends

and Issues[J].Economic and Political Weekly, 2003(36).

[319] Nguyen Thi Tue Anh. The Impacts of Foreign Direct Investment on Economic Growth in Vietnam[J].GIEM Reaserch Report , 2001.

[320] Olley G S , Pakes A. The Dynamics of Productivity in the Telecommunications Equipment Industry[J].Econometrica, 1996, 64.

[321] Parviz Asheghiam. Determinants of Economic Growth in The United States: The Role of Foreign Direct Investment[J]. The International Trade Journal, 2004(15):63-66.

[322] Paul Civello. The TRIMS Agreement: A Failed Attempt at Investment Liberalization[J].Global Trade, 1999, .

[323] Peter Egger, Mario Larch , Michael Pfaffermayr etal. The impact of endogenous tax treatieson foreign direct investment: theory and evidence[J]. Canadian Journal of Economics, 2006(39).

[324] Ramkishen S. Rajan, Measures to Attract FDI-Investment Promotion, Incentives and Policy Intervention[J].Economic and Political Weekly, 2004(39):12-16.

[325] Robert E. Lipsey, Foreign Direct Investment in the United States: Changes over Three Decades, Foreign Direct Investments[J].University of Chicago Press, 1994.

[326] Robert E. Lipsey, Home and Host Country Effects of FDI[J].Paper for ISIT Conference on Challenges to Globalization, 2002.

[327] Robertson C J, Watson A. Corruption and change: the impact of foreign direct investment[J]. Strategic Management Journal, 2004, 25（4）: 385-396.

[328] Rosa Bernardini Papalia, Silvia Bertarelli, Susanna Mancinelli. Innovation, complementarity, and exporting, Evidence from German manufacturing firms[J]. International Review of Applied Economics, 2018 (32): 1-36.

[329] Roselyn Ying-Yueh Hsueh. Chinas new regulatory state: The governments bifurcated strategy toward foreign investmen[J].A dissertation of

University of California, 2008.

[330] Sebastian G, Kessing, Kai AKonrad, and Christos Kotsogiannis. Foreign Direct Investment and the Dark Side of Decentralization[J].Paper prepared for the 43rd Panel Meeting of Economic Policy in Vienna, 2005.

[331] SiddharthanN . Business Environment, Investment Climate and FDI: Chinese and Indian Experiences[J].Economic and Political Weekly, 2004(39).

[332] Simon Gilchrist.Investment During the Korean Financial Crisis: the Role of Foreign-Denominated Debt[M].Boston University and NBER, 2006.

[333] Sineeant, Sermcheep. FDI Foreign direct investment and technology spillover in Thailands manufacturing industry[M].The University of Utah, 2006.

[334] Stephen J. Kobrin. The determinants of liberalization of FDI policy in developing countries: A cross-sectional analysis, 1992–2001[J]. International Corporations, Vol, 4, 2005.

[335] Stephen Thomsen. Southeast Asia: The role of foreign direct investment policies in development[J]. Working Papers on International Investment , 1999.

[336] Steven Rattner. Secrets of Germanys Success: What Europes Manufacturing Powerhouse Can Teach America[J].Foreign Affairs, 2011, 90（4）: 7-11.

[337] Stuart S. Malawer, Global Mergers and National Security[J]. International Practice Section, 2006.

[338] Sumner A . Foreign Direct Investment in Developing Countries: Have We Reached a Policy Tipping Point?[J]. Third World Quarterly, 2008, 29（2）: 239-253.

[339] Sun H, Chai J. Direct foreign investment and inter‐regional economic disparity in China[J]. International Journal of Social Economics, 1998, 25（2/3/4）: 424-447.

[340] Sun H. Foreign investment and regional economic development in China[J]. Australasian Journal of Regional Studies, 1995(1).

[341] Susan W, Liebeler, William H. Lash III, Exon-Florio Harbinger of Economic Nationalism[J].The Cato Review of Business Government, 2009.

[342] Swapna S, Sinha. Comparative analysis of FDI in China and India-Can laggards learn from leaders[J].A Dissertation of Golden Gate University, 2007.

[343] TMagnusson. From CoPS to mass production? Capabilities and innovation in power generation equipment manufacturing[J].Industrial and Corporate Change, 2005, 14（1）: 1-26.

[344] Tolchin M, Tolchin S J. Buying into America : how foreign money is changing the face of our nation[J]. Foreign Affairs, 1988, 103（3）: 568.

[345] VCHARI. Disscussion of Growth and Foreign Direct Investment: Does Policy Play a Role[J]. American Journal of Agricultural Economics, 2004.

[346] Vincenzo Franco. FDI Regulation and Corporate Accountability: A Discussion of Policy Options[A].Discussion Paper for Working Conference, 1998.

[347] Vissak T , Roolaht T. The Negative Impact of Foreign Direct Investment on the Estonian Economy[J]. Problems of Economic Transition, 2005, 48（2）: 43-66.

[348] Vivienne Bath. Foreign Investment, the National Interest and National Security - Foreign Direct Investment in Australia and China[J]. Social Science Electronic Publishing, 2012, 34（1）.

[349] Walid He, jazi and Pauly P. Motivations for FDI and Domestic Capital Formation[J]. Journal of International Business Studies, 2003(34):283.

[350] Wenhui Wei. Foreign direct investment in China[J].Dissertation of the State University of New Jersey, 2004.

[351] Willaam M. Hannay, Transnational Competition Law Aspects of Mergers and Acquisitions[J]. Northwestern Journal of International Law and Business, 2000.

[352] William A. Stoever, Attempting to resolve the attraction-aversion

dilemma: A study of FDI policy in the Republic of Korea[J].Transnational Corporations, 2005(11).

[353] Wolfgang Becker, Jürgen Dietz R&D cooperation and innovation activities of firms—evidence for the German manufacturing industry[J]. Research Policy, 2004, 33（2）: 209-223.

[354] Xianyong Zheng and Hanmin Huang.Evaluation on the Reforming Performance of RMB Exchange Rate[Z].International Conference on Services Science, Engineering and Management, 2009.

[355] Xianyong Zheng and Hanmin Huang. The Game Analysis of the Reasons for Chinese Defeat in Iron Ore Negotiation-Based on the Bargain Model[Z].International Conference on Business, Management Information, 2010.

[356] Yan Liang. a critical assessment of the role of FDI in Chinas development and a proposal for a new policy agenda[J]. Dissertation of the University of Missouri-Kansas City, 2007.

[357] Younghwan Kim. FDI and Determinants of Capital Structure[J].A Dissertation of University of Missouri-Columbia, 2005.

# 附录数据

附表 1　装备制造业规模以上工业企业实际利用外资金额变化趋势

（1978 不变价格）（亿元）

| | 2000 年 | 2001 年 | 2002 年 | 2003 年 | 2004 年 | 2005 年 | 2006 年 |
|---|---|---|---|---|---|---|---|
| I1 金属制品 | 69.9147 | 79.0870 | 87.4302 | 81.3905 | 98.0935 | 109.6897 | 126.1720 |
| I2 通用设备 | 65.4562 | 77.5469 | 83.1303 | 98.6665 | 135.1580 | 152.1681 | 177.1486 |
| I3 专用设备 | 24.9516 | 30.4828 | 34.3991 | 44.3925 | 79.2935 | 85.7177 | 107.8832 |
| I4 交通运输设备 | 98.5553 | 108.9039 | 122.0115 | 144.3675 | 209.6600 | 217.3039 | 288.3737 |
| I5 电气及器材 | 103.0714 | 118.6270 | 132.6482 | 150.3396 | 201.5750 | 214.6875 | 248.2590 |
| I6 通信计算机电子 | 196.2327 | 230.5652 | 291.3564 | 359.9362 | 525.7960 | 632.0539 | 729.3758 |
| I7 仪器及办公 | 24.6037 | 27.0206 | 33.0842 | 45.0011 | 58.6398 | 64.0754 | 70.2336 |
| I8 装备制造业 | 582.7857 | 672.2334 | 784.0600 | 924.0939 | 1308.2200 | 1475.6960 | 1747.4460 |
| 装备制造业占制造业利用外资比重 % | 40.2684 | 41.0885 | 41.8719 | 42.7001 | 45.3183 | 41.0697 | 46.6011 |

| 2007 年 | 2008 年 | 2009 年 | 2010 年 | 2011 年 | 2012 年 | 2013 年 | 2014 年 | 2015 年 | 2016 年 |
|---|---|---|---|---|---|---|---|---|---|
| 148.1422 | 168.029 | 180.218 | 183.5478 | 158.9982 | 183.7174 | 186.175 | 195.571 | 192.193 | 198.5641 |
| 209.1734 | 254.639 | 283.383 | 283.5628 | 284.7628 | 275.0975 | 299.812 | 313.295 | 303.917 | 295.8821 |
| 138.2516 | 182.774 | 222.528 | 213.2494 | 198.1593 | 219.0409 | 229.477 | 292.988 | 218.309 | 200.1833 |

| | | | | | | | | | |
|---|---|---|---|---|---|---|---|---|---|
| 345.1256 | 392.598 | 426.272 | 457.978 | 447.1504 | 462.0976 | 487.118 | 510.529 | 520.323 | 713.0518 |
| 292.5831 | 344.903 | 367.16 | 378.7689 | 361.2372 | 379.8137 | 376.135 | 373.122 | 352.276 | 337.2414 |
| 860.231 | 960.396 | 994.642 | 1045.693 | 989.6602 | 1050.464 | 1054.69 | 1070.46 | 1047.27 | 1074.043 |
| 75.58752 | 85.5175 | 91.9133 | 89.76683 | 80.54867 | 64.06245 | 62.0847 | 59.1347 | 60.3495 | 59.83426 |
| 2069.094 | 2388.86 | 2566.12 | 2652.567 | 2520.517 | 2634.294 | 2695.49 | 2815.1 | 2694.64 | 2878.8 |
| 47.72346 | 48.7948 | 49.1804 | 48.96616 | 48.78399 | 39.74129 | 48.7237 | 50.2068 | 49.5435 | 51.3448 |

### 附表 2  装备制造业规模以上工业企业实际销售产值变化趋势
### （1978 不变价格）（亿元）

| | 2000 年 | 2001 年 | 2002 年 | 2003 年 | 2004 年 | 2005 年 | 2006 年 |
|---|---|---|---|---|---|---|---|
| I1 金属制品 | 566.3733 | 631.9405 | 738.7843 | 860.0046 | 1104.2431 | 1388.1310 | 1772.3864 |
| I2 通用设备 | 678.4447 | 774.8970 | 951.1326 | 1262.7399 | 1812.4221 | 2226.6830 | 2855.9554 |
| I3 专用设备 | 488.0806 | 515.5767 | 626.8074 | 849.0517 | 1080.4015 | 1270.3750 | 1640.0722 |
| I4 交通运输设备 | 1227.8410 | 1457.9085 | 1895.7070 | 2510.5562 | 2972.3453 | 3365.6700 | 4233.9618 |
| I5 电气及器材 | 1079.2350 | 1216.0595 | 1376.6113 | 1745.8537 | 2403.2953 | 2923.4680 | 3774.3015 |
| I6 通信计算机电子 | 1701.6982 | 2037.4760 | 2567.6955 | 3538.2106 | 4785.1909 | 5690.4400 | 6871.0701 |
| I7 仪器及办公 | 196.2765 | 211.5927 | 253.3449 | 366.4440 | 473.7385 | 589.8190 | 737.0573 |
| I8 装备制造业 | 5937.9493 | 6845.4508 | 8410.0830 | 11132.8610 | 14631.6367 | 17454.5900 | 21884.8050 |
| 装备制造业占制造业产值的比值 % | 35.3090 | 36.4718 | 37.9754 | 39.1923 | 38.8755 | 37.9539 | 38.3070 |

| 2007 年 | 2008 年 | 2009 年 | 2010 年 | 2011 年 |
|---|---|---|---|---|
| 2271.9368 | 2803.5164 | 3009.7920 | 3665.2990 | 4049.9965 |
| 3639.1592 | 4591.3105 | 5147.3970 | 6391.1400 | 7078.2620 |
| 2085.6686 | 2678.8980 | 3150.4720 | 3894.5180 | 4487.5080 |

| | | | | |
|---|---|---|---|---|
| 5378.7318 | 6287.9338 | 7859.9310 | 10168.3700 | 11018.8336 |
| 4740.3140 | 5671.2914 | 6273.3260 | 7845.0310 | 8874.6177 |
| 7807.5729 | 8212.7741 | 8416.2310 | 10108.3700 | 11073.8549 |
| 858.7196 | 923.0782 | 958.9171 | 1169.0650 | 1317.5504 |
| 26782.1030 | 31168.8024 | 34816.0700 | 43241.7900 | 47900.6230 |
| 38.1473 | 37.8277 | 38.6127 | 38.8364 | 37.6440 |

| 2012 年 | 2013 年 | 2014 年 | 2015 年 | 2016 年 |
|---|---|---|---|---|
| 4997.5194 | 5582.9556 | 6034.6877 | 6123.4867 | 6268.5211 |
| 6522.8774 | 7282.2461 | 7771.7010 | 7667.8641 | 7703.1267 |
| 4902.7359 | 5458.5995 | 5775.3453 | 5881.8319 | 6003.6510 |
| 11414.9767 | 12672.7270 | 14009.5467 | 14655.6010 | 16053.1538 |
| 9348.8839 | 10329.8722 | 11030.4220 | 11306.6030 | 11818.9323 |
| 11985.6615 | 13167.2226 | 14055.5052 | 14853.5210 | 15690.3968 |
| 1142.0925 | 1264.5461 | 1365.7936 | 1422.1895 | 1504.6072 |
| 50314.7473 | 55758.1691 | 60043.0015 | 61911.0970 | 65042.3888 |
| 36.8170 | 37.0388 | 37.6178 | 38.4972 | 39.1756 |

### 附表 3　外资装备制造业规模以上工业企业实际销售产值变化趋势
### （1978 不变价格）（亿元）

| | 2000 年 | 2001 年 | 2002 年 | 2003 年 | 2004 年 | 2005 年 | 2006 年 |
|---|---|---|---|---|---|---|---|
| I1 金属制品 | 217.9701 | 228.3089 | 268.2491 | 305.3590 | 412.3102 | 509.8922 | 622.4841 |
| I2 通用设备 | 147.5023 | 173.4188 | 226.5352 | 317.2008 | 523.1703 | 619.5366 | 790.7155 |
| I3 专用设备 | 75.1452 | 92.1762 | 122.3852 | 171.2104 | 272.9882 | 317.8836 | 431.0722 |
| I4 交通运输设备 | 372.2489 | 453.5767 | 606.9781 | 1016.6879 | 1271.2637 | 1441.1272 | 1956.5902 |

| | | | | | | | |
|---|---|---|---|---|---|---|---|
| I5 电气及器材 | 358.0530 | 406.8055 | 458.9550 | 621.0303 | 934.6621 | 1111.7974 | 1422.3355 |
| I6 通信计算机电子 | 1224.8065 | 1496.6293 | 1881.8985 | 2746.3665 | 3996.3624 | 4792.1552 | 5673.5478 |
| I7 仪器及办公 | 112.4908 | 124.9565 | 159.9377 | 248.0556 | 325.6297 | 394.3319 | 482.0573 |
| I8 装备制造业 | 2508.2166 | 2975.8719 | 3724.9389 | 5425.9106 | 7736.3866 | 9186.7241 | 11378.8026 |

| 2007 年 | 2008 年 | 2009 年 | 2010 年 | 2011 年 |
|---|---|---|---|---|
| 796.596434 | 870.376889 | 760.185 | 926.21 | 990.1947 |
| 1005.14992 | 1171.69887 | 1168.37 | 1460.62 | 1598.011 |
| 566.148703 | 727.074804 | 763.784 | 966.439 | 1045.915 |
| 2456.3675 | 2828.04477 | 3521.98 | 4533.29 | 4901.048 |
| 1775.67666 | 2000.19705 | 2025.29 | 2480.45 | 2672.956 |
| 6578.82901 | 6686.54678 | 6577.69 | 7841.32 | 8465.579 |
| 543.982982 | 530.242969 | 473.096 | 569.103 | 609.5912 |
| 13722.7512 | 14814.1821 | 15290.4 | 18777.4 | 20283.29 |

| 2012 年 | 2013 年 | 2014 年 | 2015 年 | 2016 年 |
|---|---|---|---|---|
| 1015.03709 | 1055.5161 | 1085.23982 | 1020.5787 | 1001.299 |
| 1704.57306 | 1809.0871 | 1873.36575 | 1768.6785 | 1729.087 |
| 1014.51785 | 1050.3766 | 1083.27015 | 1018.6606 | 975.1745 |
| 4469.80507 | 5246.3484 | 5722.26636 | 5800.1512 | 6277.412 |
| 2609.9034 | 2765.1715 | 2827.89187 | 2719.8147 | 2738.268 |
| 8913.51734 | 9421.1113 | 9452.24823 | 9279.6115 | 8891.943 |
| 350.345006 | 378.9341 | 394.920059 | 390.67295 | 408.2821 |
| 20077.6988 | 21726.545 | 22439.2022 | 21998.168 | 22021.46 |

#### 附表 4　据 2010 不变价格计算的中德日美四国出口复杂度 ESI 值比较

| 国别 ＼ 年度 | 1997 | 2002 | 2007 | 2012 | 2017 |
|---|---|---|---|---|---|
| 中国 | 32196.86 | 30345.61 | 30007.24 | 30374.89 | 33177.15 |
| 德国 | 35157.35 | 35917.46 | 37946.31 | 38100.32 | 40577.2 |
| 日本 | 34663.05 | 35082.59 | 37622.27 | 37805.32 | 40812.61 |
| 美国 | 34528.38 | 34783.98 | 37001.63 | 36097.23 | 38370.05 |

#### 附表 5　外资对中国装备制造业的控制程度值

| 行业 ＼ 年度 | 1997 | 2002 | 2007 | 2012 | 2017 |
|---|---|---|---|---|---|
| 外资资本控制程度 | 24.5711 | 33.4861 | 44.5738 | 32.7082 | 30.4042 |
| 外资股权控制程度 | 29.4045 | 38.5412 | 46.2014 | 35.3504 | 30.1140 |
| 外资市场控制程度 | 31.4510 | 44.9307 | 51.3966 | 39.9661 | 34.6027 |
| 外资技术控制程度 | 25.1402 | 31.6418 | 38.2007 | 32.0000 | 30.0000 |

#### 附表 6　产业发展环境指标相关的产业安全评价值汇总

| 行业 ＼ 年度 | 1997 | 2002 | 2007 | 2012 | 2017 |
|---|---|---|---|---|---|
| I1 金属制品 | 71.0295 | 88.9110 | 85.3161 | 84.7837 | 19.3995 |
| I2 通用设备 | 54.9077 | 95.4487 | 85.1749 | 44.4949 | 35.3995 |
| I3 专用设备 | 49.9249 | 93.4757 | 85.7198 | 79.8645 | 36.8744 |
| I4 交通运输设备 | 73.1266 | 89.6298 | 85.3340 | 65.5855 | 52.9586 |
| I5 电气及器材 | 73.2606 | 79.8278 | 82.6567 | 77.6818 | 43.2043 |
| I6 通信计算机电子 | 88.5746 | 85.0468 | 61.3146 | 76.9057 | 67.2514 |
| I7 仪器及办公 | 81.8929 | 87.1026 | 72.5095 | 46.2953 | 61.3907 |
| I8 装备制造业 | 75.1798 | 91.4057 | 78.0827 | 76.0839 | 49.7102 |
| I9 制造业 | 71.9449 | 89.3698 | 82.5834 | 76.6199 | 44.8725 |

附表 7   产业竞争力相关的产业安全评价值汇总

| 行业 \ 年度 | 1997 | 2002 | 2007 | 2012 | 2017 |
|---|---|---|---|---|---|
| I1 金属制品 | 65.9525 | 69.9282 | 74.2288 | 76.9722 | 77.9678 |
| I2 通用设备 | 27.1176 | 34.1813 | 45.3412 | 53.3239 | 56.4541 |
| I3 专用设备 | 15.3710 | 20.0730 | 30.9273 | 39.5557 | 42.2108 |
| I4 交通运输设备 | 24.7085 | 25.4598 | 34.2765 | 38.2326 | 32.7736 |
| I5 电气及器材 | 55.6758 | 55.6634 | 61.0597 | 57.1033 | 53.3035 |
| I6 通信计算机电子 | 60.8394 | 75.4542 | 89.1204 | 89.3129 | 90.4659 |
| I7 仪器及办公 | 49.4130 | 60.0826 | 67.3891 | 68.1802 | 69.9802 |
| I8 装备制造业 | 39.3792 | 50.8827 | 62.8856 | 67.4533 | 67.0344 |
| I9 制造业 | 54.9685 | 56.7915 | 64.1746 | 68.3247 | 68.0210 |

附表 8   产业对外依存度相关的产业安全评价值汇总

| 行业 \ 年度 | 1997 | 2002 | 2007 | 2012 | 2017 |
|---|---|---|---|---|---|
| I1 金属制品 | 78.7052 | 73.9089 | 74.3484 | 72.6559 | 74.8144 |
| I2 通用设备 | 78.4612 | 72.1544 | 79.5265 | 79.7893 | 78.1770 |
| I3 专用设备 | 74.6321 | 72.6312 | 78.4684 | 78.6586 | 79.8329 |
| I4 交通运输设备 | 81.8611 | 79.7217 | 75.9200 | 76.9744 | 70.4383 |
| I5 电气及器材 | 79.2925 | 63.2491 | 62.9608 | 75.8158 | 77.7186 |
| I6 通信计算机电子 | 71.1135 | 61.2916 | 43.9221 | 57.2001 | 60.4188 |
| I7 仪器及办公 | 68.9810 | 56.5841 | 48.0426 | 60.1936 | 63.9857 |
| I8 装备制造业 | 80.3557 | 74.3245 | 70.9021 | 79.4482 | 78.8303 |
| I9 制造业 | 83.0513 | 81.9499 | 77.6408 | 76.4170 | 79.2999 |

#### 附表 9 产业外资控制程度（控制力）相关的产业安全评价值汇总

| 行业 ＼ 年度 | 1997 | 2002 | 2007 | 2012 | 2017 |
|---|---|---|---|---|---|
| I1 金属制品 | 63.8538 | 33.3357 | 43.4223 | 60.6460 | 67.8017 |
| I2 通用设备 | 68.6118 | 58.9890 | 42.0857 | 50.2230 | 54.8125 |
| I3 专用设备 | 83.6281 | 75.3338 | 53.9761 | 67.3347 | 73.2323 |
| I4 交通运输设备 | 62.7588 | 47.3276 | 29.5148 | 39.0172 | 41.0548 |
| I5 电气及器材 | 57.3757 | 55.8531 | 45.1077 | 57.9867 | 66.5963 |
| I6 通信计算机电子 | 22.3043 | 18.8043 | 15.4503 | 19.6097 | 24.6279 |
| I7 仪器及办公 | 26.4973 | 32.2428 | 25.3952 | 43.1250 | 49.0369 |
| I8 装备制造业 | 49.5777 | 37.0668 | 27.3022 | 38.8812 | 43.5471 |
| I9 制造业 | 61.6157 | 50.8787 | 42.1392 | 53.5641 | 59.3910 |

#### 附表 10 产业创新力相关的产业安全评价值汇总

| 行业 ＼ 年度 | 1997 | 2002 | 2007 | 2012 | 2017 |
|---|---|---|---|---|---|
| I1 金属制品 | 20.3298 | 19.1502 | 24.7284 | 37.6897 | 37.0163 |
| I2 通用设备 | 42.0171 | 55.3828 | 52.9395 | 50.6522 | 46.7203 |
| I3 专用设备 | 43.9708 | 45.2409 | 58.7309 | 51.5049 | 47.8673 |
| I4 交通运输设备 | 48.6269 | 57.8487 | 67.3849 | 61.4517 | 63.8968 |
| I5 电气及器材 | 59.5446 | 72.7335 | 55.2848 | 53.5998 | 59.7322 |
| I6 通信计算机电子 | 53.2454 | 73.1328 | 57.0569 | 60.5499 | 62.7301 |
| I7 仪器及办公 | 45.9145 | 58.2736 | 40.3953 | 49.8026 | 55.0476 |
| I8 装备制造业 | 50.9196 | 69.4663 | 57.9494 | 60.1196 | 56.3541 |
| I9 制造业 | 27.5340 | 57.8442 | 49.7835 | 43.0668 | 42.5627 |